21 世纪高职高专旅游服务与管理专业工学结合系列教材

旅游电子商务

主　编　陆　刚
副主编　丁　超　杨建朝

中国物资出版社

图书在版编目（CIP）数据

旅游电子商务/陆刚主编．—北京：中国物资出版社，2011.6（2016.1 重印）
（21 世纪高职高专旅游服务与管理专业工学结合系列教材）
ISBN 978－7－5047－3719－9

Ⅰ.①旅…　Ⅱ.①陆…　Ⅲ.①旅游业—电子商务—高等职业教育—教材
Ⅳ.①F590.6－39

中国版本图书馆 CIP 数据核字（2011）第 104685 号

策划编辑	寇俊玲	**责任印制**	何崇杭
责任编辑	张利敏	**责任校对**	孙会香　梁　凡

出版发行	中国物资出版社		
社　　址	北京市丰台区南四环西路 188 号 5 区 20 楼	**邮政编码**	100070
电　　话	010－52227568（发行部）		010－52227588 转 307（总编室）
	010－68589540（读者服务部）		010－52227588 转 305（质检部）
网　　址	http://www.cfpress.com.cn		
经　　销	新华书店		
印　　刷	三河市西华印务有限公司		
书　　号	ISBN 978－7－5047－3719－9/F·1523		
开　　本	787mm×1092mm　1/16	**版　　次**	2011 年 6 月第 1 版
印　　张	16.25	**印　　次**	2016 年 1 月第 2 次印刷
字　　数	385 千字	**定　　价**	29.80 元

---

21 世纪高职高专旅游服务与管理专业
工学结合系列教材编审委员会

出版说明

为了编写这套教材，中国物资出版社筹备的“21世纪高职高专旅游服务与管理专业工学结合系列教材编审委员会工作会议”第一次会议和第二次会议先后在杭州和北京召开，会议贯彻以职业技能训练为中心任务、以工学结合为体系的现代化高职教育教材编写理念，探索具有旅游服务与管理专业特色的工学结合的教材编写模式，搭建了企业管理人员与一线教师交流的平台。

工学结合的教材应该根据具体的专业所属的行业领域和职业岗位（群）的任职要求，参照相关的职业资格标准，按照职业岗位编排教材体系与实训项目内容，从而使教材有效地体现知识与职业岗位的一体化。这样的教材必然具备两个特点：一是必须由企业人员参与教材编写，体现校企合作、工学结合；二是必须与相关职业资格标准相结合。

那么，旅游服务与管理专业工学结合的教材应该是怎样的？

旅游服务与管理专业工学结合的教材应该是以岗位（群）为依据划分项目，再将项目分解成任务，并且具体地讲解完成任务所需要的步骤，从而同时实现技能目标和知识目标。它不同于传统的“实训教程”，也不等于众多小模块的拼凑，更不是简单地将“章”变“项目”，“节”变“任务”。而是将系统的知识与技能有机地结合起来表述，有严格的项目、任务分解依据，读来既轻松又不失严谨。

本系列教材还配有电子教学资料，包括电子教案、教学指南、课时建议、练习题答案、实训设置期末考试A、B试卷等，能够为老师授课和学生学习提供诸多便利，起到小型“资料库”的作用，欢迎登录中国财富出版社网站（http：//www.cfpress.com.cn）进行下载，同时将本书最后一页填好传真回我社索要密码即可使用电子教学资料。

本系列教材从策划伊始到问世，都伴随着策划人的详尽调研、行业专家的认真解惑和编写老师的严谨耕耘，并具备如下特点：

1. 通俗易读，深浅有度。理论知识广而不深，基本技能贯穿教材的始终。图文并茂，以例释理的方法得到广泛的应用，十分符合职业院校学生的学习特点。

2. 工学结合的编写思路。一方面注重企业的参与，另一方面注重与相关职业资格标准相结合。

3. “套餐式”教材，电子教学资料请专业人士制作。现代化的手段可以帮助丰富和发展传统的教材，PPT 可以使学生的注意力更加集中，书本的附加内容可以使书本内容形象生动，适量的配套练习、详细的参考答案可以培养学生自学自测的能力。

4. 兼顾老师授课和学生学习。教材不仅设置电子教学资料减少老师备课的工作量，还在内容安排上兼顾了可读性，使学生能够自主学习。

“21 世纪高职高专旅游服务与管理专业工学结合系列教材”符合职业教育的教学理念和发展趋势，能够成为广大教师和学生教与学的优秀教材，同时也可以作为饭店管理人员、相关从业人员的自学读物。

前　言

自2000年我国推出金旅工程建设以来，旅游信息化浪潮席卷了各种游客群体，各类信息技术尤其是互联网技术渗透到旅游行业的方方面面。本教材从信息技术应用的角度，讨论了旅游行业不断变化的环境及其对信息技术的需求；重点叙述了旅游电子商务的需求特征及技术适应性，描述了旅游电子商务的基本技术与方法；同时还讲述了信息技术在酒店、旅行社、景区、餐饮等行业中的具体应用，总结了旅游电子商务的运营特征，提出了电子商务战略的规划思路与设计方法。

本教材内容重点放在旅游电子商务的具体应用方面。相关内容都是从实际的应用需求和商业问题的分析出发确定的，强调技术的实用性。教材中运用实训案例进行说明，并设有相关的拓展小知识，丰富教学内容和开阔读者眼界，实用性和可操作性较强。本书区别于其他教材过于重视知识的系统性的现状，一方面注重知识性，培养学生的专业知识和管理理论；另一方面注重实践性，培养学生的实践操作能力；同时注重理论与实践的结合，培养学生思考、解决问题的能力。这些知识和能力既符合高技能人才培养目标的要求，又适应旅游相关岗位群应用电子商务的任职要求。项目设计上有一定的难度和挑战性，先要求学生自己借助各类资源，通过自主学习，进行项目相关知识准备，然后根据要求进行相关体验和分析设计等活动，符合高职教育教改理念，适应了时代的发展需要。

通过本教材的学习，学生能综合运用已有的知识技能，解决现实旅游电子商务环境中的实际问题，形成实际技能，使学生具有解决问题的态度、方法、思维，从而养成主动积极地获取、加工和处理信息的习惯。

本教材可用作高等职业院校电子商务、旅游管理和企业管理等专业的教材；也可作为从事旅游电子商务研究、应用与技术开发的专业人员和高等职业学校教师的研修参考书；同时还可供从事各类经济管理、企业管理的专业人员学习使用。

编　者

2011年3月

目 录

项目一　旅游电子商务认知

知识目标

- 掌握电子商务的概念、分类和特点
- 了解电子商务与传统商务的区别
- 了解我国电子商务的发展现状
- 熟悉我国旅游电子商务的背景和发展历史
- 掌握旅游电子商务的概念和内涵
- 掌握旅游电子商务的体系结构和功能
- 了解旅游电子商务对旅游产业带来的影响

能力目标

1. 能够结合网络购物说明电子商务流程及其中包含的信息流、资金流和物流
2. 掌握 B2B、B2C 和 C2C 等电子商务平台的运作及赢利模式
3. 掌握旅游电子商务平台的运作环节

任务一　认知电子商务

任务引入

小陈是深圳一家服装厂的老板，他的工厂生产了一批韩版女装，但是由于全球金融风暴的影响，商品销售情况不好。为了扩大自己商品的销售渠道，增加商品销售量，使企业走出困境，他把商品的供应信息发布到了网络上。过了两天，上海一家经销商看中了小陈的商品，通过网络洽谈，他们达成了交易意向——网络不仅可以给我们带来娱乐信息，也可以给我们提供有价值的商业信息。电子商务已经悄然进入了我们的经济生活，那么什么是电子商务呢？让我们一起来了解电子商务。

任务分析

随着网络的普及，网络交易已经成为了一种趋势。越来越多的年轻消费者甚至中老年消费者爱上了网购，不论你是珠光宝气的富人、时尚的企业白领还是普通的工薪阶层，相信大部分消费者都有过网络交易的经历。在这些消费者中间也许有的仅仅是想体验一下网络交易的感觉，有的可能将此作为“知识人士”的标志，有的则可能将网络交易作为自己日常生活的重要组成部分而取代传统上街购物的方式。之所以很多消费者喜爱网络交易，是因为网络交易最大的特点——方便、快捷、实惠。

知识准备

一、电子商务概念

很多人认为，电子商务就是在 Internet 上购物。近几年消费者网上购物的总金额在逐年递增。但电子商务的业务领域却并不局限于网上购物，它包括很多商业活动。那么，究竟什么是电子商务呢？电子商务，指的是利用计算机技术和网络技术进行的买卖双方互不谋面的交易或信息的交换，其目的是满足企业、消费者（个人或集团）对提高产品质量、加快服务速度、降低费用等方面的要求。其中，网络购物、公司间账务支付或电子公文通信等均是电子商务的重要环节。

对电子商务的理解，应从“现代信息技术”和“商务”两个方面考虑。一方面，“电子商务”概念所包括的“现代信息技术”应涵盖各种使用以电子技术为基础的通信方式；另一方面，对“商务”一词应作广义解释，使其包括不论是契约型还是非契约型的一切商务性质的关系所引起的种种事项。如果将“现代信息技术”看做一个子集，“商务”看做另一个子集，电子商务所覆盖的范围应当是这两个子集所形成的交集，如图 1－1 所示，即“电子商务”标题之下可能广泛涉及的互联网（也称为 Internet，因特网）、内部网络和电子数据交换在贸易方面的各种用途。

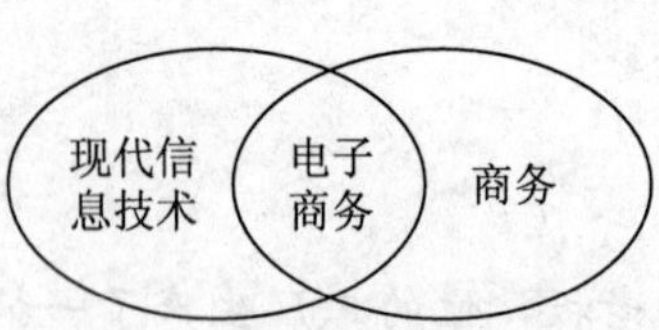

图 1－1　电子商务概念模型

狭义的电子商务，也称为电子交易（Electronic Commerce），主要是指通过 Internet 网络进行的网上交易，以及电子商情、电子合同等；而广义的电子商务，则是指通过 Internet、Intranet、LAN 等一切以计算机网络进行的包括电子交易在内的全部商贸活动。从发展的观点看，在考虑电子商务的概念时，仅仅局限于利用 Internet 网络进行的商业贸易是不全面的，应将利用各类电子信息网络进行的广告、设计、开发、推销、采购、结算等全部贸易活动都纳入电子商务的范畴。美国学者瑞维·卡拉可塔和安德鲁·惠斯顿提出：电子商务是一种现代商业方法。这种方法通过改善产品和服务质量、提高服务传递速度、降低交易费用，以满足政府、企业、厂商和消费者的需求。一般地讲，今天的电子商务通过少数计算机网络将买方和卖方的信息、产品和服务联系起来，而未来的电子商务则通过构成信息高速公路的无数计算机网络中的任一网络进行交易。

二、电子商务的特点

电子商务是 Internet 飞速发展的产物，是网络技术应用的全新发展方向。因特网本身的开放性、全球性、低成本、高效率的特点，也成为基于 Internet 的电子商务快速发展的重要原因。电子商务作为一种新的贸易形式，为企业提供了虚拟的全球性贸易环境，改变了企业本身的生产、经营、管理活动，同时使买卖双方之间的交易更加简单、高效，使企业可以集中更多的力量满足客户需要，提高服务质量，创造更具竞争力的经营优势。与传统的商务活动方式相比，电子商务具有以下几个特点。

1. 交易过程虚拟

电子商务，是通过计算机网络进行的贸易，在贸易过程中，买卖双方从贸易磋商、签订合同到费用支付等，均通过互联网络完成，无须当面进行，整个交易完全虚拟化。对卖方来说，可以到网络管理机构申请域名，建立自已的商务网站，发布产品信息。而虚拟现实、实时客服、数据库等新技术的应用，使买方能够根据自已的需求选择产品，并将信息反馈给卖方。通过双方信息的交流，签订电子合同，完成交易并进行电子支付。整个交易都在网络这个虚拟的环境中进行。

2. 交易成本低廉

电子商务，使得买卖双方的交易成本大大降低。一是，在网络上进行信息传递的成本相对于信件、电话、传真等传统通信方式而言较低。二是，交易双方通过网络进行商务活动，无须中介者参与，减少了交易的有关中间环节，降低了运作成本。三是，卖方可通过互联网进行产品介绍、宣传，避免了在传统营销方式下做广告、发印刷品等产生的大量费用。四是，电子商务实行“无纸贸易”，可减少 90%的文件处理费用。五是，互联网使买卖双方能够即时沟通供需信息，使无库存生产和无库存销售成为可能，从而使库存成本降为零得以实现。六是，企业利用内部网络可实现“无纸办公(OA)”，提高了内部信息传递的效率，并降低了管理成本。通过互联网络把公司总部、代理商以及分布在其他国家的子公司、分公司联系在一起，及时对各地市场情况做出反应，即时生产，即时销售，降低存货费用，采用高效快捷的配送公司提供送货服务，从而降低产品成本。七是，传统的贸易平台是实体店铺，电子商务贸易平台则是网吧或办公室，大大降低了店面的租金。

3. 交易快速高效

运用计算机自动处理商业报文，企业可以在世界范围内迅速完成商业信息的传递，同时交易过程精简了中间环节，压缩了辅助设施，使得原料采购、产品生产、需求与销售、银行汇兑、保险、货物托运及申报等过程不受人为因素干预，加快了交易的速度。

4. 交易市场庞大

互联网应用遍及全球的各个领域，使得电子商务一方面突破了时间和空间的限制，交易活动可以随时随地进行；另一方面又提供了丰富的信息资源，为巨大的网上商业市场奠定了基础。同时，网络商务的发展又拓宽了企业的发展空间和贸易机会，形成了庞大的贸易体系。

5. 交易环节透明

电子商务交易的各个环节（包括买卖双方交易的洽谈、签约以及货款的支付、交货通知等）均直接显示在电子屏幕上，整个交易过程显得比较透明。同时网上通畅、快捷的信息传输也可以保证双方能够及时进行各种信息的核对，有效地防止了伪造信息的流通。

三、电子商务的分类

在应用电子商务的过程中，我们可以按电子商务交易涉及的对象、商品内容和进行电子业务的企业所使用的网络类型等方式，对电子商务进行不同的分类。

1. 按参与电子商务交易涉及的对象划分

按参与电子商务交易涉及的对象不同，电子商务可分为五种类型，即企业对消费者、企业对企业、企业对政府机构、消费者对政府、消费者对消费者的电子商务。

（1）企业与消费者之间的电子商务（Business to Consumer，B2C）。这是消费者利用 Internet 直接参与经济活动的形式，基本等同于电子零售商业。随着国际互联网的发展，网上销售迅速地发展起来。目前，Internet 已遍布各种类型的虚拟商店和虚拟企业，提供各种与商品销售有关的服务。通过网上商店买卖的商品有实体化的，如鲜花、书籍、服装、食品、计算机、汽车、电视等；也有数字化的，如新闻、音乐、电影、数据库、软件及各类基于知识的商品；还有提供各类服务的，如安排旅游、在线医疗诊断和远程教育等。

（2）企业与企业之间的电子商务（Business to Business，B2B）。B2B 的方式，是电子商务应用中最重要和最受企业重视的形式，企业可以使用 Internet 或各种其他商务网络对每笔交易寻找最佳合作伙伴，完成从订购到结算的全部交易过程，包括向供应商（企业或公司）订货、签约、接收发票和使用电子资金转移、信用证、银行托收等方式进行付款，以及解决在商贸过程中发生的其他问题，如索赔、商品发送管理和运输跟踪等。企业对企业的电子商务经营额大，所需的各种硬软件环境较复杂，但是通过增值网络（Value Added Network，VAN）上运行的电子数据交换（EDI），使企业对企业的电子商务得到了迅速扩大和推广。

(3) 企业与政府机构之间的电子商务(Business to Government, B2G)。B2G 的商务活动，覆盖企业与政府组织间的许多事务。如企业与政府之间进行各种手续的报批、政府通过 Internet 发布采购清单、企业以电子化方式响应、政府在网上以电子交换方式来完成对企业电子交易的征税等。目前，我国许多地方政府已经推行网上采购，这也成为政府机关政务公开的手段和方法之一。

(4) 消费者与政府之间的电子商务(Consumer to Government, C2G)。C2G 的电子商务，是指个人与政府之间开展的电子商务活动。目前，这类电子商务活动尚未真正形成，但其应用前景却十分广阔。其内容涉及人们生活的方方面面，如居民的登记、统计、户籍管理，发放养老金、失业救济金和其他社会福利，征收个人所得税和其他契税等。开展消费者与政府之间的电子商务，一方面可以有效地提高政府部门的办事效率；另一方面则可以增加政府工作的透明度，提高公众参政议政意识，树立良好的政府形象。目前，这些内容也被称为“电子政务”。

(5) 消费者与消费者之间的电子商务(Consumer to Consumer, C2C)。C2C 的交易模式，其特点类似于现实商务世界中的跳蚤市场。其构成要素，除了包括买卖双方外，还包括电子交易平台提供商，也即类似于现实中的跳蚤市场场地提供者和管理员。数据显示，截至 2009 年年底，网络购物总体交易额达到 2630 亿元，C2C 市场规模同比增加 85%，增长速度超过网络购物的整体增速。

2. 按照电子商务交易所涉及的商品内容划分

按照电子商务交易所涉及的商品内容不同，可以将电子商务分为两类，即间接电子商务和直接电子商务。

(1) 间接电子商务。间接电子商务，所涉及的商品是有形货物的电子订货，如鲜花、书籍、食品、汽车等，交易的商品仍然需要通过传统的渠道如邮政服务和商业快递服务来完成送货，因此，间接电子商务要依靠送货的运输系统等外部要素。

(2) 直接电子商务。直接电子商务，所涉及的商品是无形的货物和服务，如计算机软件的联机订购、付款和交付，或者是全球规模的信息服务。直接电子商务能使买卖双方越过地理界线直接进行交易，充分挖掘全球市场的潜力。

3. 根据企业所使用的网络类型划分

根据开展电子商务的企业所使用的网络类型不同，可以将电子商务划分为三种形式，即 EDI 商务、互联网商务、内联网商务。

(1) EDI 商务(Electronic Data Interchange，电子数据交换)。是指按照一个商定的标准和协议，将商务文件标准化和格式化，并通过计算机网络，在贸易伙伴的计算机网络系统之间进行数据交换和自动处理。EDI 较好地解决了安全保障问题，所以主要应用于企业与企业、企业与批发商、批发商与零售商之间的批发业务。EDI 商务，在 20 世纪 90 年代已得到较大的发展，技术上也较为成熟，但是因为开展 EDI 商务对企业的管理、资金和技术都有较高的要求，因此至今尚不太普及。

(2) 互联网电子商务（Internet 商务）。互联网电子商务，是指利用 Internet 网络在全世界范围内开展的电子商务活动，参加交易的各方可以在因特网上进行各种形式的电子商务业务。它突破了传统商业生产、批发、零售及进、销、存、调的流转程序与营销模式。所涉及的领域广泛，不受时间、空间、厂商的限制，全世界各个企业和个人都可以参与。互联网电子商务正以飞快的速度发展起来，前景十分广阔，是目前电子商务的主要形式。

(3) 内联网电子商务（Intranet 商务）。Intranet 指的是企业内部网，或称内联网。Intranet 商务，则是指在一个大型企业的内部或一个行业内开展的电子商务活动。在 Intranet 内利用在线业务申请和注册，代替纸张贸易在内部流通的形式，从而大大降低了业务成本，提高了工作效率。但与 Internet 商务相比，内联网仍不可避免地存在局限性。

四、我国电子商务的发展

随着全球信息化的日益广泛深入，各国的电子商务也正在不断地改进和完善。在我国，随着计算机与网络技术的普及与发展，电子商务迅速发展起来，在我国经济生活中已经占据了越来越重要的地位。

20 世纪 90 年代末以来，我国电子商务在基础设施建设、企业参与以及商务实践等方面，都取得了显著的进展。电子商务的应用，为我国信息产业的发展提供了有力的支持，使其能够迅速成长为国民经济的重要支柱产业。

我国在 1994 年开始出现电子商务，但到 1999 年电子商务才得以全面展开。在 20 世纪 90 年代，我国相继实施了“金桥”“金关”“金卡”“金税”工程，外贸、银行、证券、保险、民航、信用卡发放等方面均成功进入电子商务领域。2001 年开始，我国五大银行在各大中城市实现联网，消费者可跨行结算。同时增值税发票也可在五大省市联网核查。这些“金”字头工程，为我国电子商务的发展打下了坚实的基础。

近年来，我国电子商务在经历了探索和理性调整后，步入了务实发展的轨道，取得了较为突出的成绩。电子商务应用初见成效，电子商务基础环境建设取得重要进展，创新能力进一步提高，发展环境不断改善。从市场需求来看，随着互联网应用的广泛普及，越来越多的人清晰地认识到电子商务的价值所在，而传统企业为了能在电子商务这个巨大的市场空间上展示更多的产品、提供更个性化的服务、寻求更大的发展，也纷纷加入其中。调研结果表明，我国一些大中型企业在运用先进信息技术改造企业传统生产管理流程、开展在线交易等方面，已经进行了大胆的探索和有益的实践。

我国电子商务应用呈现出以下特征：一是，支持电子商务发展的力度进一步加大；二是，企业电子商务有了突破性进展，电子商务交易额形成了一定规模；三是，电子商务的行业应用进一步普及；四是，电子商务服务业正在形成；五是，电子商务模式创新日益活跃，基于网络的数字化产品与服务不断涌现；六是，电子商务呈现出多层次、多元化的发展态势。据相关调查数据显示，2008 年我国电子商务交易总额达 3.1 万亿元，比 2007 年增长了 43%，未来几年内仍将以较快速度发展。

电子商务将成为21世纪人类信息世界的核心，也是网络应用的发展方向，具有不可估量的增长前景。电子商务还将构筑21世纪新型的经济贸易框架。发展电子商务，对于国家以信息化带动工业化的战略、实现跨越式发展、增强国家竞争力，具有十分重要的战略意义。

小资料

电子商务的概念是在1993年引入中国的。1996年中国出现了第一笔网络交易。1998年以推动国民经济信息化为目标的企业间电子商务示范项目开始启动。自1999年以来，电子商务在中国开始了由概念向实践的转变。从最初的B2C模式扩展到1999年的C2C网上拍卖以及1999年年末兴起的B2B模式，电子商务在中国取得了良好的发展。2000年互联网泡沫破裂，对电子商务发展造成了沉重的打击，但2002年增值服务的兴起和运营环境的成熟又进一步促进了电子商务的发展。2004年，中国电子商务的增长率为73.7%，营业额达到4800亿元人民币，约为全球电子商务营业额的2%。2009年以来中国的网络交易不断发展，网络交易的主体得益于网民的发展与中国中小企业的发展。

中国网民规模继续呈现持续快速发展的趋势。截至2010年6月底，中国网民数量达到4.2亿人（如图1-2所示），突破了4亿关口，较2009年年底增加3600万人；互联网普及率攀升至31.8%，较2009年年底提高2.9个百分点。在4.2亿的网民数量中，宽带网民规模为36381万，使用电脑上网的群体中宽带普及率已经达到98.1%。农村网民规模达到11508万，占整体网民的27.4%，半年增长7.7%，低于城镇网民相应增幅。中国网民规模位居世界第一位。越来越多的居民认识到互联网的便捷，随着上网设备成本的下降和居民收入水平的提高，互联网正逐步走进千家万户。

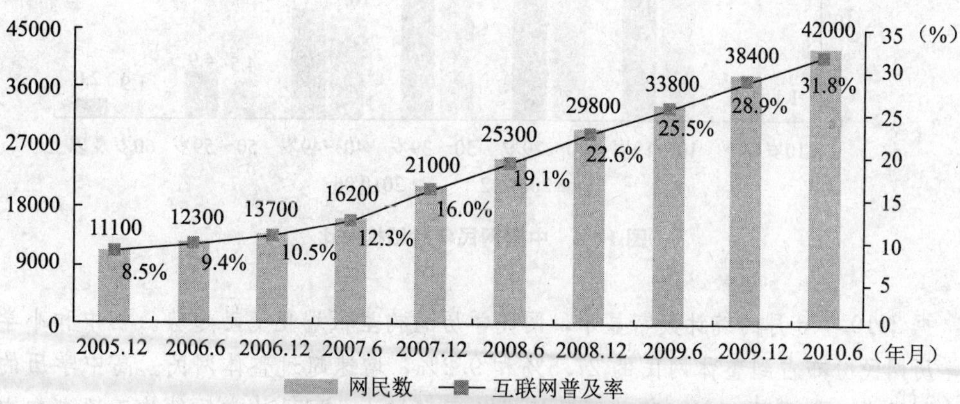

图1-2　中国网民规模与普及率

2008年6月，中国网民男女性别比例为54.8∶45.2，男性群体占比高出女性近10个百分点，女性互联网普及程度较低。2010年6月中国网民性别结构如图1-3所示。

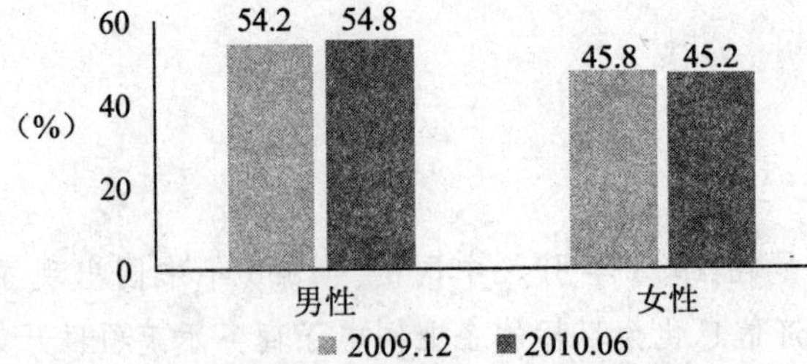

图1-3　中国网民性别结构对比

中国网民的主体是30岁及以下的年轻群体，这一网民群体占到中国网民数量近60%。这一群体的年龄结构对中国互联网深层应用的影响较大，中国互联网应用呈现出与年轻网民特征较为相符、仍以娱乐为主的特点。

从最近几年发展来看，我国网民年龄结构继续向成熟化发展。30岁以上各年龄段网民占比均有所上升，整体从2009年年底的38.6%攀升至2010年年中的41%。这主要是由于互联网的门槛降低，网络渗透的重点从低龄群体逐步转向中高龄群体所致。2010年6月中国网民年龄结构如图1-4所示。

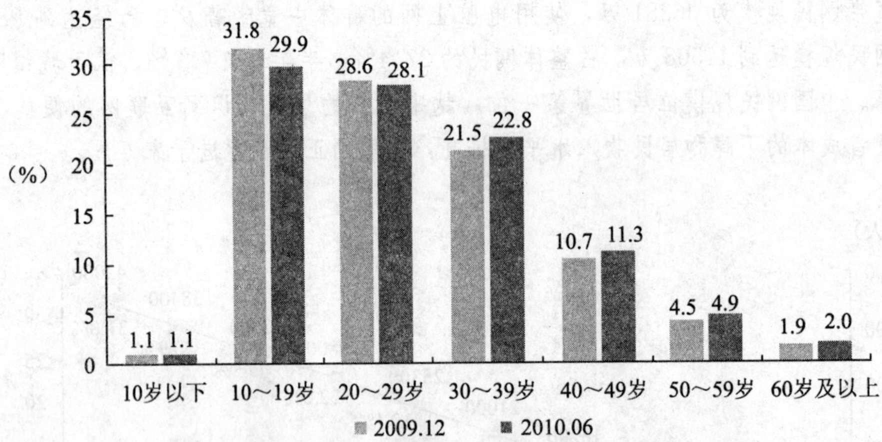

图1-4　中国网民年龄结构对比

据2010年6月的统计数字显示，网民学历结构呈低端化变动趋势。初中和小学以下学历网民分布占到整体网民的27.5%和9.2%，增速超过整体网民。高中学历的网民比例最大，占到近41%。随着网民规模的逐渐扩大，网民的学历结构正逐渐向中国总人口的学历结构靠拢，这是互联网大众化的表现。中国网民学历结构如图1-5所示。

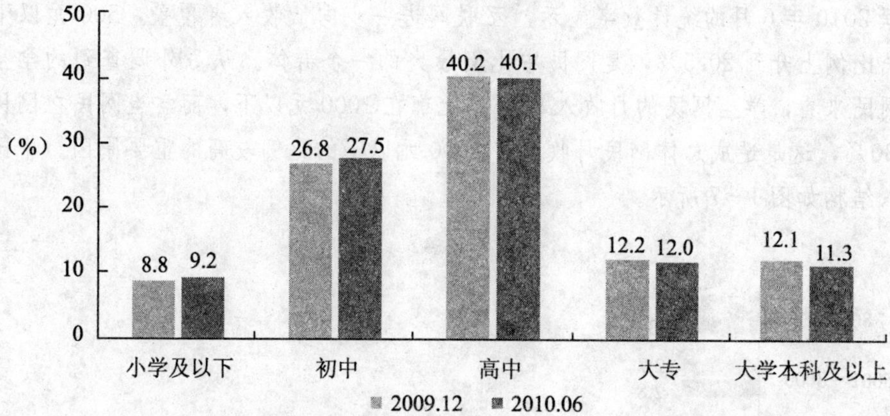

图 1－5　中国网民学历结构对比

据 2010 年 6 月的统计数字显示，学生群体在整体网民中的比例仍远远高于其他群体，占到 30.7%。网民规模居于第二位的个体户/自由职业者，比例占到 16.7%。第三位的是公司职员，占到了网民总数的 15.1%。从职业看，网民中学生、个体户/自由职业者、农林牧渔劳动者等群体占比上升较快，无业/下岗/失业、农村外出务工人员、服务员、产业工人等职业占比下降。中国网民身份结构如图 1－6 所示。

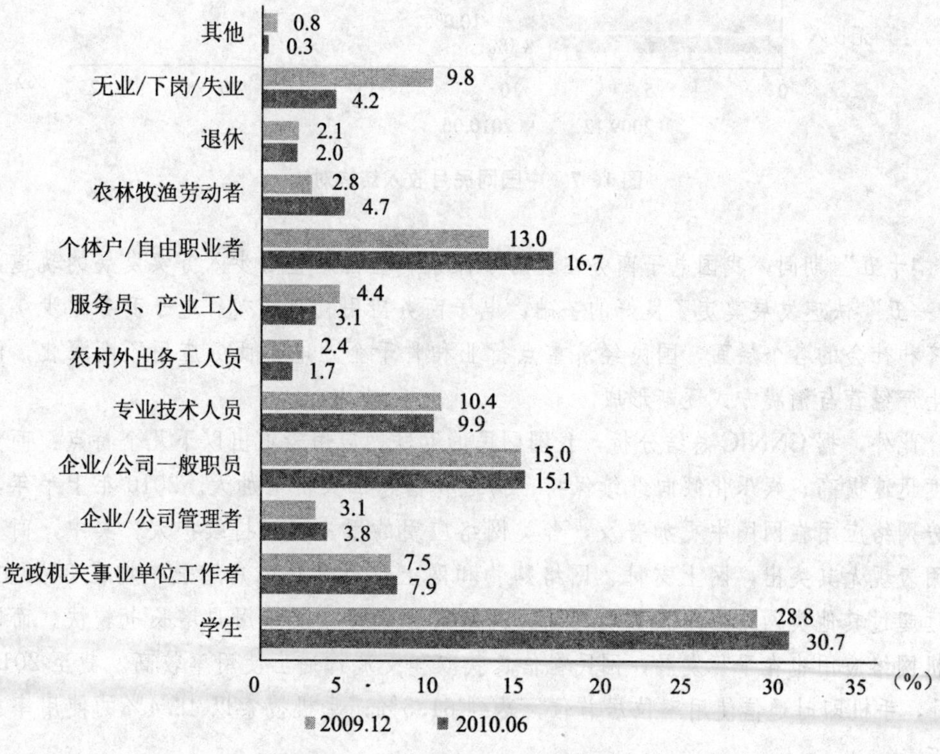

图 1－6　中国网民身份结构对比

据2010年6月的统计数字显示，互联网进一步向低收入者覆盖，500元以下收入的网民比例上升到20.5%，是网民中比例最大的一个群体。从另外调查到的学生、非学生网民来看，学生网民的月收入90%以上都在1000元以下，而学生网民在网民中占到了30%，这是造成总体网民月收入中1000元以下的比例较高的重要原因。中国网民月收入结构如图1-7所示。

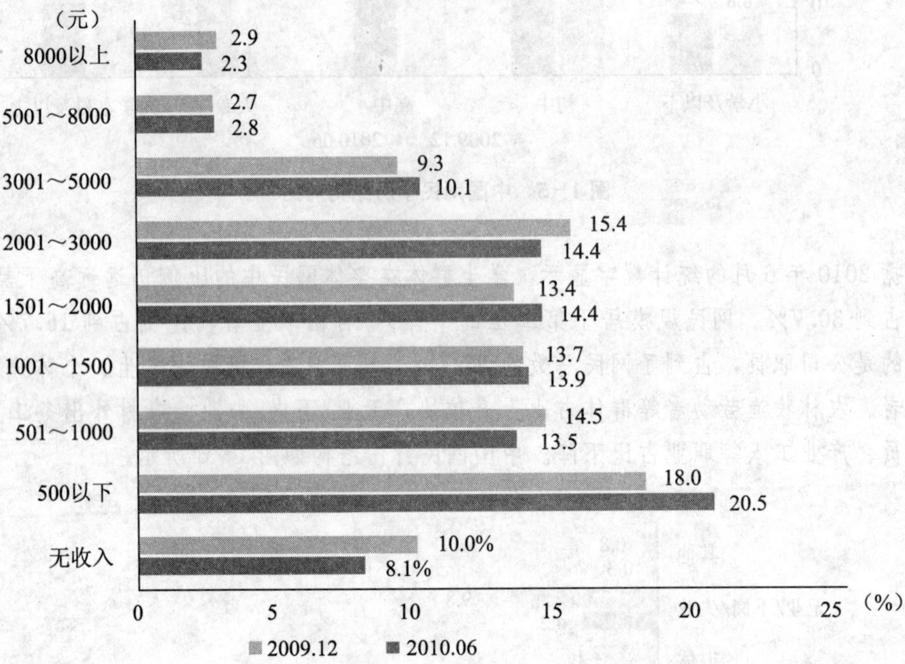

图1-7 中国网民月收入结构对比

“十五”期间，我国电子商务在经历了探索和理性调整后步入务实发展的轨道，为“十一五”快速发展奠定了良好的基础，电子商务应用初见成效。电子商务逐步渗透到经济和社会的各个层面，国民经济重点行业和骨干企业电子商务应用不断深化，网络化生产经营与消费方式逐渐形成。

此外，据CNNIC总结分析，我国网民的互联网应用表现出以下几个特点：商务化程度迅速提高、娱乐化倾向继续保持、沟通和信息工具价值加大。2010年上半年，大部分网络应用在网民中更加普及，各类网络应用的用户规模持续扩大。其中，商务类应用表现尤其突出，网上支付、网络购物和网上银行半年用户增长率均在30%左右，远远超过其他类网络应用。社交网站、网络文学和搜索引擎用户增长也较快。而网民手机网络应用也在平稳发展，网民在信息获取和交流沟通上使用率较高。截至2010年6月，手机即时通信使用率位居首位，达到61.5%；手机搜索以48.4%的使用率排名第二。

中小企业成为电子商务的积极实践者，经常性应用电子商务的中小企业约占全国中小企业总数的 2%。面向消费者的电子商务模式日益创新，基于网络的数字化产品与服务不断涌现，丰富了人民群众的物质和文化生活。

任务实施

比较淘宝网（C2C）、当当网（B2C）和慧聪网（B2B）电子商务平台运作及赢利模式。

第一步，打开 IE 浏览器，在地址栏输入 http：//www. taobao. com，并浏览淘宝网，分析淘宝网电子商务模式。淘宝网主页如图 1-8 所示。

图 1-8 淘宝网主页

第二步，打开 IE 浏览器，在地址栏输入 http：//www. dangdang. com，并浏览当当网，分析当当网电子商务模式。当当网主页如图 1-9 所示。

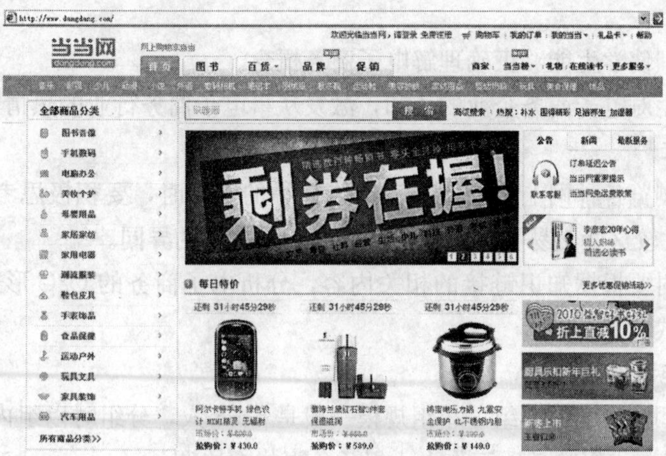

图 1-9 当当网主页

第三步，打开 IE 浏览器，在地址栏输入 http：//www.hc360.com，并浏览慧聪网，分析慧聪网电子商务模式。慧聪网主页如图 1－10 所示。

图 1－10 慧聪网主页

任务总结

旅游电子商务的基本组成要素有网络（Internet、Intranet 和 Extranet）、旅游企业、旅游者、网上银行、认证中心和政府等。我国旅游电子商务大致分为三种形式：第一类是传统旅行社建立起来的旅行社网站；第二类是综合信息服务类网站；第三类是支持服务类网站。旅游电子商务具有巨大的发展空间，世界旅游组织预测，中国有望成为 21 世纪全球最大的旅游市场。

实训项目

目标

1. 通过实训使学生能够正确理解电子商务概念。

2. 培养学生对电子商务企业的认知，激发从事电子商务行业的热情。

内容与要求

1. 学生在浏览各种网上购物或提供网络交易的网站时，要积极思考各种网络交易平台的作用，比较这些交易平台的特点和网络交易主体的异同。

2. 在学习时要根据知识链接的相关内容，分析电子商务的 C2C 形式、B2C 形式，特别是 B2B 形式。

组织与实施评价

1. 以项目团队为学习小组，小组规模一般是 5～8 人，分组时以组内异质，组间同质的原则为指导，小组的各项工作由小组长负责指挥协调。

2. 建立沟通协调机制，团队成员共同参与、协作完成任务。

3. 各项目团队根据实训内容互相进行交流、讨论，并点评。

4. 评价与总结：各项目团队提交实训报告，并根据报告进行评估。

评估指标及标准

如表 1－1 所示。

表 1－1　　　　　　选择网络交易平台评分表

被考评人：　　　　　　　　　　　　　　考评地点：

考评内容		分值/分	自我评价/分	小组评价/分	实际得分/分
选择网络交易平台的能力	了解网络交易平台的含义	15			
	能够区别不同形式的交易平台	20			
	理解第三方交易平台对中小企业的作用	25			
	小组讨论中发言情况	30			
	参与讨论的积极性	10			
合　计		100			

注：1. 实际得分＝自我评价×40%＋小组评价×60%。

2. 考评满分 100 分，59 分及以下为不及格，60～74 分为及格，75～84 分为良好，85 分及以上为优秀。

任务二　认知旅游电子商务

任务引入

小兰打算在假期里去旅游，但是她不想参加旅行社组团旅游，而喜欢自己安排旅游路线，可是对旅游景点的路线不熟悉，她想自己安排住宿饭店，可是又担心假期里旅游景点人多，找不到好的饭店。

任务分析

旅游产品的消费与其他商品消费不同，游客在实现旅游消费之前，是看不到旅游产品的实物的，而游客见到实物时，其时已经开始消费。对于旅游者来说，旅游信息的充分与否非常重要，而传统的旅行社与游客之间往往信息不对称，电子商务可以弥补这一不足。旅游者在购买旅游产品之前可以通过浏览旅游企业的网站，获取更充分的产品信息以指导自己的购买行为；对于旅游景点来说，也可以将景点的特色、人文景观、服务设施和交通情况等以图、文、声、像的方式发布到互联网上，供全球范围的消费者查询浏览，为游客提供大量丰富的旅游信息，吸引大批潜在的游客前往实地参观。

知识准备

一、旅游电子商务概念

旅游电子商务是电子商务在旅游业中的应用。同电子商务概念一样，旅游电子商务至今在国际上没有统一的定义。

世界旅游组织在其出版物《E-Business for Tourism》中指出，旅游电子商务就是通过先进的信息技术手段，改进旅游机构内部和对外的联系，即改进旅游企业之间、旅游企业与上游供应商之间、旅游企业与旅游者之间的交流和交易，改进旅游企业内部业务流程，增进内部协调配合。

国内比较有代表性的是巫宁、杨路明对旅游电子商务的定义：旅游电子商务是通过先进的网络信息技术手段实现旅游商务活动各环节的电子化，包括通过网络发布、交流旅游基本信息和旅游商务信息，以电子手段进行旅游宣传促销、开展旅游售前售后服务；通过网络查询、预订旅游产品并进行支付，以及旅游企业内部流程的电子化及管理信息系统的应用等。

王欣将旅游电子商务定义为：以网络为主体，以旅游信息库、电子化商务银行为基础，利用最先进的电子手段运作旅游业及其分销系统的商务体系。

杨春宇将旅游电子商务定义为：旅游企业基于 Internet，使用计算机技术、电子通信技术与企业购销网络系统联通而形成的一种新型的商业活动。

杜文才等将旅游电子商务定义为：利用互联网和通信技术，实现旅游信息收集与整合，实现旅游业及其相关产业电子化运作和旅游目的地营销的活动，是一种先进的运营模式。旅游电子商务主要包括旅游信息网络宣传，旅游产品在线预订、支付以及旅游企业业务流程的电子化、旅游目的地营销等。

在分析已有研究成果基础上，可把旅游电子商务定义为：利用互联网、现代通信技术及其他信息技术进行的任何形式的旅游商务运作、管理和信息交换。

旅游电子商务也可从广义和狭义两个方面来理解。

广义上的旅游电子商务是以整个旅游市场为基础的电子商务，泛指一切与数字化处理有关的旅游商务活动，它不仅包含通过网络进行旅游产品交易活动，还涉及与旅游产品交易相关的方方面面的信息交换与管理。如网络银行、结算服务机构、CA 认证机构、政府管理部门、旅游企业内部及网络服务商之间的信息交换与管理。

狭义上的旅游电子商务是指旅游企业基于互联网和现代通信技术，进行的旅游产品在线交易活动，包括信息服务、广告宣传、在线洽谈、在线预订、在线支付、在线服务、在线调查和交易管理等业务流程。

二、旅游电子商务功能

旅游电子商务可提供旅游产品网上交易和管理的全过程的服务。一般来讲，它具有信息服务、广告宣传、咨询洽谈、网上预订、网上支付、在线服务、意见征询、交易管理等功能。

(1) 信息服务。提供包括旅游产品信息、旅游企业信息、旅游行业信息、旅游交通信息、气象信息、即时信息以及旅游常识等。

(2) 广告宣传。旅游产品供应商可凭借企业的 Web 服务器，利用 Internet 在全球范围内做广告宣传。

(3) 咨询洽谈。可借助实时或非实时信息交流系统了解旅游市场和产品信息，洽谈交易事务。

(4) 网上预订。主要提供酒店客房、机票、旅游线路、景区门票及火车票预订等。

(5) 网上支付。采用电子商务网站提供的网上支付手段，实施网上支付。

(6) 在线服务。提供交易前、交易中和交易后的及时在线服务，尤其是对旅游者的咨询和投诉，提供及时、优质的服务。

(7) 意见征询。使用网页上的表单，收集旅游者对服务的反馈意见，使旅游电子商务市场运营形成一个封闭的回路。

(8) 交易管理。交易管理涉及人、财、物多个方面，包括旅游企业和旅游企业、旅游企业和旅游者及旅游企业内部等各方面的协调和管理。因此，交易管理是涉及旅游商务活动全过程的管理。旅游电子商务系统提供一个交易管理的网络环境及多种多样的应用服务系统。

三、旅游电子商务系统

1. 旅游电子商务体系组成

旅游电子商务体系是在网络信息系统的基础上，由旅游机构（旅游目的地营销机构和旅游企业）、使用互联网的旅游者或潜在旅游者、旅游信息化组织、电子商务服务商及提供物流和支付服务的机构共同组成的信息化旅游市场运作体系。如图 1－11 所示，显示了一个完整的旅游电子商务体系。

旅游电子商务体系将旅游业各方各面的信息资源、服务资源、客户资源集中起来，把服务于旅游业的金融机构、旅游目的地营销机构也集合进来，形成一个虚拟的巨大市场空间。采用互联网平台在世界范围内处理市场信息、沟通服务与消费，任何旅游企业都可以与旅游者通过网络直接进行物质上虚拟、信息上真实的接触。信息的传递能在瞬时间完成，信息迟滞和通过中间环节的信息迂回大大减少，效率大大提高。

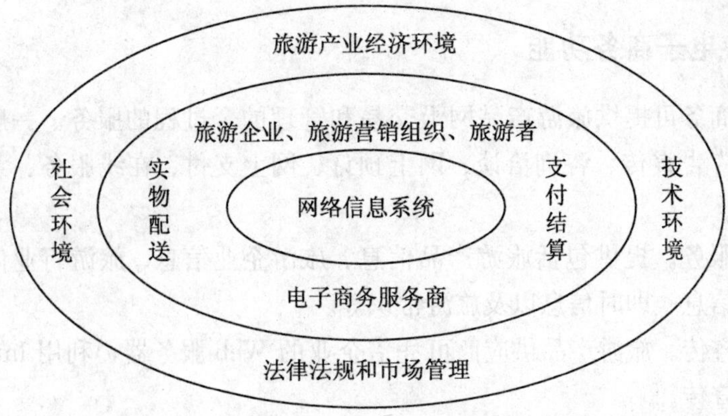

图 1-11　旅游电子商务体系

2. 旅游电子商务基本框架

(1) 旅游电子商务的信息流、资金流和服务流。信息流是实现旅游电子商务系统的基础。相对于传统旅游商务，旅游电子商务的最大优势是在旅游电子商务环境下，企业借助于现代信息网络技术，使得信息流的流动变得更为通畅。信息流伴随着整个业务流转过程，并对整个业务流程进行控制。信息流的顺畅与否将直接影响交易的效率，甚至交易的成败。旅游电子商务信息流主要包括旅游产品信息的发布，旅游产品促销行销，旅游产品售前、售中、售后服务等信息提供，也包括询价单、报价单、付款通知、转账通知单等单证信息交换，还包括交易方的支付能力、支付信用和中介信誉等信息查询，同时，还包括旅游企业内部信息的传递等。

资金流是实现旅游电子商务交易不可或缺的手段。资金流主要指资金的转移过程，它包括付款、转账、结算、兑换等过程。在资金流流动过程中，银行起着核心的作用。

服务流是实现旅游电子商务的保障。旅游电子商务的最终价值在于最大限度地保证在正确的时间、正确的地点、正确的条件下，对正确的顾客提供正确的服务。“以顾客为中心”的价值实现最终体现在服务流上。它是旅游电子商务可持续性的保障，也是旅游电子商务核心优势的体现。

信息流、资金流、服务流在旅游电子商务中是相互关联的，缺少任何一个“流”都不可能形成旅游电子商务。第一，信息流在其中居于领导和核心地位。如果没有信息流，资金流和服务流就没有导向。第二，三“流”运行的最终状态是要达到资金流的兑现。只有在资金兑现之后，才能取得自己的收益和利润。第三，在这三“流”当中，最难控制的是服务流的质量，服务流的水平决定了旅游电子商务实现的水平。

(2) 旅游电子商务的基本框架。旅游电子商务的基本组成要素有：网络（Internet、Intranet 和 Extranet）、旅游企业、旅游者、网上银行、认证中心和政府等。旅游电子商务的基本框架如图 1-12 所示，旅游电子商务企业通过 Internet，基于旅游电子商务网站，与上游旅游产品供应商及下游旅游者之间实现信息交流、交易洽谈、安全认证、签订合同、支付结算及旅游服务。在整个旅游电子商务交易过程中，必须遵守相关法律、法规、政策和标准。

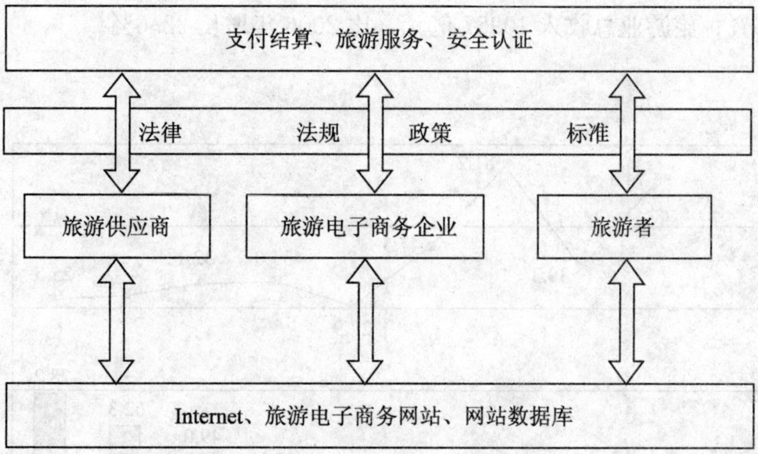

图 1－12 旅游电子商务的基本框架

四、旅游电子商务的发展现状及趋势

1. 旅游电子商务快速发展

由于在旅游产品的购买阶段，只需提供旅游产品的信息而不用提供产品本身，因此旅游业是最适合电子商务的行业之一。目前，在全球电子商务交易总额中，旅游电子商务已占到 1/5 的份额，成为全球电子商务的第一行业。Jupiter Research 研究报告称，美国 2004 年网上旅游市场的收入已达到 540 亿美元，占整个美国旅游市场的 20%。

根据世界旅行及旅游理事会（WTTC）的旅游业研究报告，全球旅游业占据国内生产总值（GDP）比例将从 2009 年的 9.4%（54740 亿美元）升到 2019 年的 9.5%（104780 亿美元），并预计全球旅游业的国内生产总值，在 2009 年基础上，未来十年内会有平均 4%的净增长。从上述权威机构公布的数据可以看出，旅游业已成为世界上发展最快的产业之一。

根据中国互联网发展状况统计报告的统计数据，2008 年，我国在网上进行旅行预订的人数已经达到 1700 万人，占我国网民总人数的 5.6%。根据艾瑞咨询 2009 年 1 月推出的《2008—2009 年中国网上旅行预订行业发展报告》，2008 年中国网上旅行预订市场规模为 27.89 亿元，相比 2007 年的 22.73 亿元同比增长 22.7%。同时，艾瑞咨询研究数据显示，旅游电子商务会逐渐被网民认识和接受，市场规模会经历一个比较高的增长时期，如图 1－13 所示。

根据我国国家旅游局 2008 年 8 月发布的 2007 年旅游业统计公报，2007 年，我国全年共接待入境游客 13187.33 万人次，实现国际旅游外汇收入 419.19 亿美元，分别比 2006 年增长 5.5%和 23.5%；国内旅游人数 16.10 亿人次，收入 7770.62 亿元，分别比 2006 年增长 15.5%和 24.7%；中国公民出境人数达到 4095.40 万人次，比 2006 年增长 18.6%；旅游业总收入 10957 亿元，比 2006 年增长 22.6%。

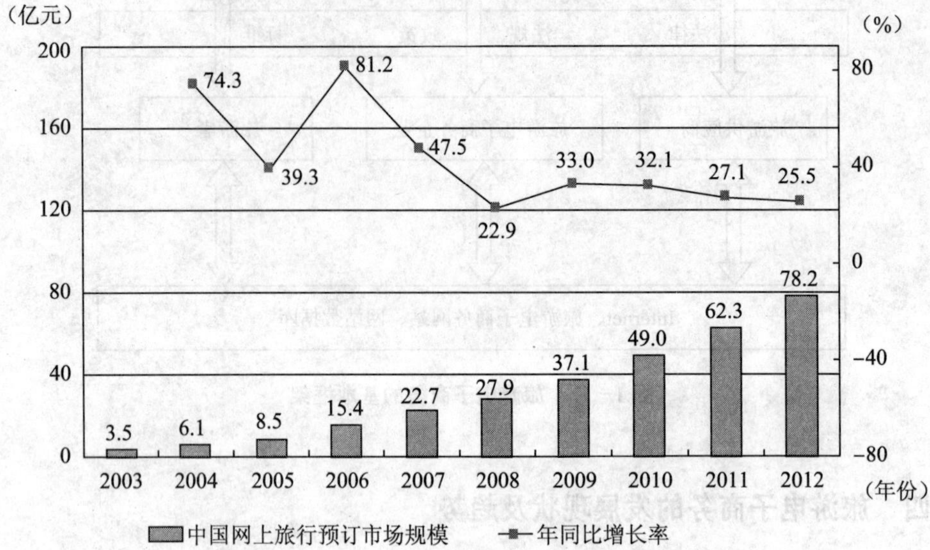

图 1－13　2003—2012 年中国网上旅行预订市场规模

2006—2010 年美国旅游电子商务占旅游市场总量的比例大幅增长，如图 1－14 所示。据有关资料显示，旅游电子商务在国外网上市场已是一枝独秀，国外旅游电子商务已成为网上零售业销售额最高的一部分，网上订房、订机票和火车票、订旅游团等已经成了多数人的习惯。旅游业作为 21 世纪的朝阳产业，其市场前景非常广阔，旅游电子商务也将迎来高速发展的时期。

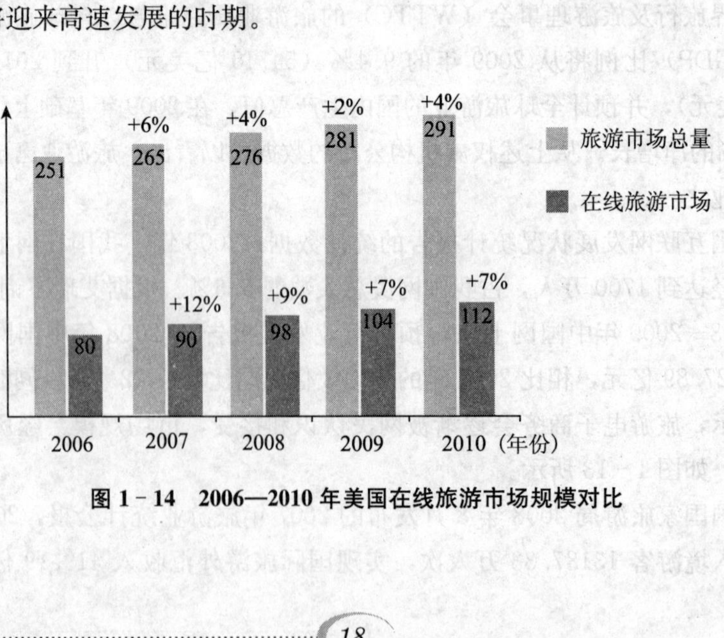

图 1－14　2006—2010 年美国在线旅游市场规模对比

2. 我国旅游电子商务发展现状

目前我国旅游电子商务大致分为三种形式：第一类是传统旅行社建立起来的旅行社网站，如中青旅网、春秋旅游网等；第二类是综合信息服务类网站，如新浪网、搜狐、网易和中华网的旅游频道等；第三类是支持服务类网站，如携程旅游网、华夏旅游网、艺龙网等。

综合信息服务类旅游电子商务网站属于第三方服务机构。其主要服务职能在于旅游商情发布和面向旅游企业的营销推广。目前这类网站由专业互联网企业运营，在网络营销方面具有丰富的行业经验，在旅游电子商务发展进程中担当重要角色，是推动旅游电子商务发展的助推器。目前国内几大综合门户网站均开辟了旅游频道，并且有着不俗的经营业绩。

支持服务类旅游电子商务网站，也属于第三方服务机构。其主要服务职能在于旅游服务支持，他们直接介入旅游服务的某些环节，从而获得服务增值收益。比如携程网，以提供酒店预订服务为主营业务；艺龙网以提供打折机票为主营业务。支持服务类网站对于改进传统旅游服务方式，加快旅游电子商务的发展有着积极的推动作用。

传统旅游企业运营的网站属于第二方电子商务服务机构，是传统旅游企业开展网上经营的平台。目前主要服务职能包括信息发布、旅游线路预订。

国内已经有300多家具有资讯服务能力的旅游网站，它们可以提供比较全面、涉及旅游中食、住、行、游、购、娱等方面的网上资讯，并正在从简单的资讯服务向简单的网上预订、旅游产品的在线销售以及个性化定制服务发展，运营体系从单纯的网络运营到完整的旅游信息服务网络的建立。旅游电子商务发展程度参差不齐，总体还不成熟，与欧美旅游业电子商务相比，中国旅游电子商务目前尚处在“初级阶段”。结合全球旅游电子商务发展现状，进一步分析以上三类旅游电子商务形式，会发现我国旅游电子商务服务尚存在许多问题，这也正是有待提高和改进之处。

第一，第三方旅游服务整合力度有限。第三方服务机构在行业电子商务发展中，起着重要的组织协调作用。目前我国第三方旅游电子商务服务对整个旅游行业业务整合的力度有限。综合门户类网站重点在于营销推广，不涉及旅游业务运营；支持服务类网站仅从事一些外围服务业务，如酒店、机票预订等，离真正意义上的旅游服务还有较大差距。

第二，旅游机构（旅行社）网站（第二方旅游服务网站）缺乏鲜明的个性化特色，旅游信息量少、更新缓慢，内容雷同，网上推广力度不够。而且网站服务项目单一，仅限于浏览，缺乏互动性，无法吸引游客。而国外的旅游网站凭借其精美的网页设计和各种各样的服务项目给游客留下了深刻的印象。

第三，很多第二方旅游服务网站只是把网络视为介绍企业、景点和旅游路线的工具，没有充分利用现代网络技术、数据库技术将企业的核心业务流程、客户关系管理、客户资源开发延伸到网络上。

第四，旅游服务网站业务覆盖面过窄，未延伸到核心业务领域，目前仅限于各种客票的预订（如机票、车票、船票等）、旅游线路的预订、住宿酒店的预订和发送电子邮件等，基本上处于网上查询和预订、网下进行交易和结算的阶段。

3. 旅游电子商务发展趋势

世界旅游组织商务理事会的一份报告显示，今后5年，世界主要旅游客源地约1/4的旅游产品订购将通过互联网进行。旅游电子商务具有巨大的发展空间。世界旅游组织预测，中国有望成为21世纪全球最大的旅游市场。而据业内人士预测，3年以内，旅游市场将有10%的交易额来自网络支持。在全球旅游市场发展带动下，结合中国旅游电子商务的发展，中国旅游业电子商务应在以下几个方面取得突破性进展。

第一，第三方服务网站应扩展服务内容，扩大服务范围。在服务内容方面，由单纯的信息发布、网络营销向全方位交易服务发展，实现集线路预订、团队组合、交费、服务监控、投诉管理于一体的“一站式”服务。在服务范围方面，将集中面向中小型旅游企业提供网络整合营销平台，体现互联网在资源整合方面的优势，进一步鼓励挖掘国内特色旅游资源，推出“小而精”的特色旅游服务，弥补传统经营模式下偏重大团队和服务内容陈旧的缺陷。

第二，应凸显个性化服务。旅游电子商务与传统旅游服务的最大区别在于它通过双向交流的互动作用提供各种个性化的定制服务，这是旅游电子商务网站适应现代旅游需要的关键所在。在个性化服务需求的带动下，一些专门面向特定群体的自助式旅游服务网站数量会骤增，目前一些论坛旅游专区已经具备了这样的雏形。

第三，规模化经营应成为制胜根本，合作双赢成为经营目标。旅游电子商务网站的不断增加掀起了各网站之间的直接竞争，除了品牌竞争之外，经营的规模化效益成为制胜根本，缺乏资源优势的旅游网站将无法在竞争中长期立足，优胜劣汰无可避免。在这种形势下，大型旅游服务企业将会在电子商务领域投入更多资金，扩展网站功能，增大业务覆盖面，网上支付基本成为必需功能；中小型旅行社会利用互联网的优势，形成企业联盟，化竞争为合作，追求双赢模式下的平均利润，以维持生存与发展。

第四，应与资本市场紧密结合。旅游电子商务作为一项新兴事物，它的发展和壮大必然借助资本市场的力量，在今后一个阶段，旅游服务机构应重视资本运作的重要性，利用资本市场的筹资平台迅速扩大，上市公司参与旅游电子商务的资产重组活动也将大量增加。

任务实施

以携程旅行网为例，讲解旅游电子商务实践理论。携程旅行网创立于1999年，总部设在中国上海，目前已在北京、广州、深圳、成都、杭州、厦门、青岛、南京、武汉、沈阳、三亚11个城市设立分公司，在南通设立呼叫中心，员工近9000人。作为中国领先的在线旅行服务公司，携程旅行网成功整合了高科技产业与传统旅游行业，向超过2000万会员提供集酒店预订、机票预订、度假预订、商旅管理、特约商户及旅游资讯在内的全方位旅行服务，被誉为互联网和传统旅游无缝结合的典范。

一、携程旅行网业务内容

携程旅行网业务以酒店预订、机票预订、度假预订为核心，并提供商旅管理、特约商户、旅游资讯服务。

1. 酒店预订

携程拥有国内领先的酒店预订服务中心，为会员提供即时预订服务。与携程合作的酒店超过 28000 家，遍布全球 134 个国家和地区的 5900 余个城市。不仅为会员提供优惠房价预订，更拥有大量保留房，为会员出行提供保障。同时，携程率先在业内推出酒店低价赔付承诺，保证客人以优惠的价格入住酒店。

2. 机票预订

携程旅行网拥有全国联网的机票预订、配送和各大机场现场服务系统，为会员提供国际和国内机票的查询预订服务。目前，携程旅行网的机票预订已经覆盖国内和国际各大航空公司的航线和航班，实现国内 52 个城市市内免费送票；实现异地机票，本地预订，异地取送。同时，在机票预订领域，携程首家推出 1 小时飞人通道，即在舱位保证的前提下，只需在航班起飞前 1 小时预订电子机票，并使用信用卡付款，即可凭身份证件直接办理登机。

3. 度假预订

携程旅行网倡导自由享受与深度体验的度假休闲方式，为会员提供自由行、团队游、半自助、巴士游、自驾游、邮轮、自由行 PASS、签证、用车等全系列度假产品服务。其中，自由行产品依托充足的行业资源，提供丰富多样的酒店、航班、轮船、火车、专线巴士及完善的配套服务。截至 2009 年 6 月，携程旅行网已开拓 10 余个出发城市，拥有千余条度假线路，覆盖海内外 200 余个度假地，月出行人次近 5 万。

4. 商旅管理

携程旅行网商旅管理业务面向国内外各大企业与集团公司，目标是提升企业整体商旅管理水平与资源整合能力。携程旅行网依托遍及全国范围的行业资源网络，并基于电话呼叫中心、互联网等先进技术，通过与酒店、民航互补式合作，为公司客户全力提供商旅资源的选择、整合与优化服务。

5. 特约商户

特约商户是携程旅行网为 VIP 会员打造的增值服务，旨在为 VIP 会员的旅行提供更为完善的服务。携程在全国 15 个知名旅游城市拥有 3000 多家特约商户，覆盖特色餐饮、酒吧、娱乐、健身、购物等方面，VIP 会员可享受折扣优惠。

6. 旅游资讯

旅游资讯是携程旅行网为会员提供的附加服务。由交互式网站信息与旅行丛书、杂志形成资讯组合。“目的地指南”涵盖全球近 550 个景区、11000 余个景点的住、行、吃、乐、购等全方位旅行信息，更有出行情报、火车查询、热点推荐、域外采风、自驾线路等资讯。携程旅行网“社区”是目前公认的中国人气最旺的旅行社区之一，拥有丰富的游记与旅行图片，一并设立“结伴同行”“有问必答”“七嘴八舌”等交互性栏目，为旅游者提供交流沟通平台，分享旅行信息和心得，帮助旅游者解决旅途问题。

二、携程旅行网核心竞争力

携程旅行网的核心竞争力在于规模经营、技术先进、体系规范和理念先进。

1. 规模经营

服务规模化和资源规模化是携程旅行网的核心优势之一。携程拥有亚洲旅行业首屈一指的呼叫中心，其坐席数已近4000个。携程同全球134个国家和地区的28000余家酒店建立了长期稳定的合作关系，其机票预订网络已覆盖国际国内绝大多数航线，送票网络覆盖国内52个主要城市。规模化的运营不仅可以为会员提供更多优质的旅行选择，还保障了服务的标准化，进而确保服务质量，并降低运营成本。

2. 技术先进

携程一直将技术视为企业的活力源泉，在提升研发能力方面不遗余力。携程建立了一整套现代化服务系统，包括客户管理系统、房量管理系统、呼叫排队系统、订单处理系统、机票预订系统、服务质量监控系统等。依靠这些先进的服务和管理系统，携程为会员提供更加便捷高效的服务。

3. 体系规范

先进的管理和控制体系是携程的又一核心优势。携程将服务过程分割成多个环节，以细化的指标控制不同环节，并建立起一套测评体系。同时，携程还将制造业的质量管理方法——六西格玛体系成功运用于旅行业。目前，携程各项服务指标均已接近国际领先水平，服务质量和客户满意度也随之大幅提升。

4. 理念先进

携程的核心竞争力还在于经营理念和服务质量。携程的经营理念是以客户为中心，以团队间紧密无缝的合作机制，以一丝不苟的敬业精神、真实诚信的合作理念，来创造一套“多赢”的伙伴式合作体系，从而共同创造最大的价值。携程最先在全国范围内提供7×24小时不间断服务，最先提出了“以制造业的标准来做服务业”，为客户提供标准化、体系化的信息。

三、携程旅行网商业和赢利模式

1. 商业模式

携程旅行网通过中间市场把供应商和消费者连接起来。作为一个独特的资源整合者，携程一只手掌控着全国超过2000万会员的消费者，另一只手，则与全国数千家酒店、所有的航空公司紧密相连；通过携程网这个信息平台，建立了旅游需求方和酒店、旅行社及航空铁路等供给方的双方数据库；一边联系庞大的会员客户群体，一边向酒店和航空公司获取更低的折扣，自己获取中间的佣金。携程扮演着航空公司和酒店的

“渠道商”角色，靠发放会员卡吸纳目标客户，后台依赖庞大的电话呼叫中心作预订服务，通过供应链的系统集成实现价值增值。

2. 赢利模式

携程旅行网的收益来源主要由以下几部分组成：酒店客房预订提成，机票预订提成，度假预订，商旅管理服务，广告服务，联盟商家提成等。

酒店客房预订提成是携程按照事先的协议与联盟酒店的利益分成，其一直是携程的主要收入来源，2001 年甚至占到总收入的 93.5%。最近几年，由于更多赢利点的出现，这一部分所占比重有所下降。

机票预订提成是携程按照事先的协议与相关航空公司的利益分成，这一部分也占据了比较大的比重。度假预订是携程凭借其强大的酒店、航空公司及信息资源为旅客制订的一整套旅游计划，为旅客节省旅行费用的同时获得利润。

商旅管理服务是携程面向国内外大企业，提供全方位的旅行及会议服务，从而获得服务费用。目前，虽然这部分收益在整个收益总额里占据比例不大，但是随着商务管理市场的逐步扩大，该部分收益所占比重将会逐年增加。

广告收入也是收益来源的主要部分，携程凭借其在领域内的领头羊地位，拥有广泛的知名度，巨大的联盟资源（网站、出版物，特别是众多的携程客户），很多商家愿意在携程网投放广告。随着携程进一步发展，广告收入也会逐年递增。

联盟商家提成是携程与各地商家达成的相关协议，携程用户持携程信用卡在联盟商家购物，携程用户可以享受相应的折扣，而携程则可以按比例和商家分享利润。

在过去几年里，作为中国领先的在线旅行服务公司，携程旅行网一直快速发展。借助先进的信息技术，携程旅行网与国内大多数航空公司、宾馆、景点、旅行社等旅游机构和企业建立长期合作关系，已拥有了巨大的旅游资源。借助其先进的服务理念和先进的信息服务平台，通过网上旅游信息内容吸引旅游者，通过网上社区留住旅游者，通过优惠的价格与便捷的预订服务促进旅游者上网消费，已拥有了超过 2000 万个长期会员客户。随着旅游业的迅速发展，Internet 进一步普及，携程旅行网的发展前景将更为广阔。

结合前述携程旅行网案例，分析携程网旅游电子商务的组成要素和实现功能，分析携程网旅游电子商务运作及赢利模式。

任务总结

旅游业是信息密集型产业和信息依托型产业，而网络本身又具有廉价、快速、便捷、手段多样等优越性。旅游业与电子商务的结合，必定给其发展带来新的生机和活力。

实训项目

目标

1. 通过实训使学生能够正确分析理解旅游电子商务概念、特点及实现功能。

2. 培养学生对旅游电子商务企业的认知，激发学生对旅游电子商务的兴趣。

内容与要求

1. 在百度或其他搜索引擎上找到10个提供旅游电子商务服务的网站，把网站名称与网址填入表1－2中。

2. 学生在浏览各种旅游电子商务网站时，要积极思考各种旅游电子商务网站的运作模式和赢利模式，比较这些旅游电子商务的特点和异同。

组织与实施评价

1. 以项目团队为学习小组，小组规模一般是5～8人，分组时以组内异质，组间同质的原则为指导，小组的各项工作由小组长负责指挥协调。

2. 建立沟通协调机制，团队成员共同参与、协作完成任务。

3. 各项目团队根据实训内容互相进行交流、讨论，并点评。

4. 评价与总结：各项目团队提交实训报告，并根据报告进行评估。

评估指标及标准

如表1－2所示。

表1－2　提供旅游电子商务交易服务的网站表

序　号	网站名称	网　址
1		
2		
3		
4		
5		
6		
7		
8		
9		
10		

注：在5分钟内完成为优秀；在8分钟内完成为良好；在15分钟内完成为合格。

复习思考题

一、填空题

1. 按照交易对象划分，电子商务可分为五类，即________、________、________、B2G和C2G。

2. 电子商务是________和________这两个子集形成的交集。

3. 旅游电子商务是利用____________、____________及其他信息技术进行的任何形式的旅游商务运作、管理和信息交换。

4. 电子商务为旅游企业的集团化提供了____________，促进了旅游企业基于网络的____________，推动了旅游企业职能化和专业化，为中小企业的发展创造了机遇。

5. 旅游电子商务体系是在____________的基础上，由旅游机构（旅游目的地营销机构和旅游企业）、使用互联网的旅游者或潜在旅游者、旅游信息化组织、电子商务服务商和提供物流及支付服务的机构共同组成的____________旅游市场运作体系。

二、选择题

1. 实现电子商务的前提条件是________。

A. 信息　　B. 人才　　C. 物流　　D. 电子信息技术

2. 电子商务是指________。

A. 上网　　B. 消费者网上购物

C. 企业间的无纸贸易　　D. 对整个贸易活动实现电子化

3. 电子商务的任何一笔交易都包含着________。

A. 物流、资金流、事务流　　B. 资金流、物流、信息流

C. 资金流、物流、人才流　　D. 交易流、信息流、物流

4. 能够提供最完整旅游信息的是________。

A. 互联网　　B. 导游手册　　C. 电视广告　　D. 杂志

5. 以信息服务为核心的电子旅游中间商一般提供________功能。

A. 信息服务、检索服务、咨询服务、信誉评估

B. 咨询服务、促销服务、网络服务、虚拟交易市场

C. 促销服务、信息服务、电子支付、检索服务

D. 信息服务、检索服务、旅游批发、咨询服务

三、简答题

1. 电子商务与传统商务在运作过程上有何区别？

2. 什么是旅游电子商务？它的特点是什么？

3. 简述旅游电子商务系统的功能。

4. 信息技术如何影响旅游业传统的经营模式？

项目二 旅游电子商务支付

知识目标

- 掌握电子支付的基本概念及主要支付工具
- 了解电子支付的发展阶段
- 掌握网络银行的基本概念及安全使用
- 了解网上银行的发展及应用

能力目标

1. 能够使用相关电子货币，进行电子支付
2. 学会开通网上银行并熟练使用网上银行的相关业务

任务一 电子支付工具的使用

任务引入

从贝壳到“e-币”

学习政治经济学时，我们知道交易过程从传统的易物交换，逐步发展为通过货币进行贸易，而早期的货币采用人们所普遍接受、自身具有一定价值的物品，比如珍贵的石头和贝壳，这样就有了“1只羊＝30个贝壳”的交换与支付方式。

进入20世纪90年代后，随着互联网的广泛应用，基于互联网的交易越来越普及。易交网（http：//www. ejiaos. com）是一家专门从事在线电子货币兑换的网站，为国内用户提供Libertyreserve、Webmoney、Paypal等国际主流电子货币自由兑换的服务，并得到了广大客户的一致好评。全面支持财付通、支付宝、中国农业银行、中国工商银行、中国建设银行、中国银行等国内银行。当我们在相关网站进行交易时，可通过

易交网进行电子货币兑换。

任务分析

支付过程是商务交易过程中的一个重要环节。在现代社会，交易中的支付可以通过纸币、信用卡、支票等多种方式实现，在电子商务环境中，这一环节却成为制约电子商务发展的瓶颈。

在这个例子当中，应当承认“电子货币（如PP）”的发行是一个有创意的想法，因为这种方式毕竟给出了一种解决虚拟空间中支付问题的办法，而通过邮局付款等方式解决虚拟空间的“电子货币”与真实社会的货币的交换问题。

知识准备

一、电子支付定义

电子支付是Internet发展到一定时期的必然产物，它以虚拟的形态、网络化的运行方式适应电子商务发展的需要，是指从事电子商务交易的当事人，包括消费者、商户和金融机构，使用安全电子支付手段，通过网络进行的货币支付或资金流转。它促进了金融企业结算业务与管理的创新和金融结算市场及体系的发展。电子支付的产生，能够减少各类金融结算针对同一客户的重复性劳动，拓宽金融企业结算产品功能和综合创新空间，向客户提供更加便捷和周到的服务。客户可以在家里、办公室内或者异国他乡，通过指令特定的银行进行各种金融结算，打破了一手交钱一手交货的传统交易方式。

电子支付的概念有很多，在不同的方面有不同的定义方式，以下是电子支付的一些定义。

考虑到电子支付的实现方式和支付手段，给出的定义是，所谓电子支付，是将传统的支付业务，利用有线、无线通信技术，延伸到个人、家庭、企业，或利用信息技术，用电子信息流支付指令代替现金支付行为，使得用户可以实现远程支付或即时支付。

考虑到电子支付的基础和实现手段，给出的定义是，电子支付是以金融电子化网络为基础，以商用电子化工具和各类交易卡为媒介，以计算机技术和通信技术为手段，以电子数据形式存储在银行的计算机系统中，并通过计算机网络系统以电子信息传递形式实现流通和支付。

考虑到电子支付的实现目的，给出的定义是，电子支付是指单位、个人通过电子终端，直接或间接向银行业金融机构发出支付指令，实现货币支付与资金转移。

较为全面和准确的电子支付的定义是，单位、个人通过电子终端，直接或间接向银行等金融机构或其他具有资金转移能力的企业发出支付指令，实现货币支付与资金转移。

二、电子支付发展及特点

银行采用计算机等技术进行电子支付经历了五个发展阶段。

第一阶段是银行利用计算机处理银行之间的业务，办理结算；第二阶段是银行计算机与其他机构计算机之间资金的结算，如代发工资等业务；第三阶段是利用网络终端向客户提供各项银行服务，如客户在自动柜员机（ATM）上进行取款和存款操作等；第四阶段是利用银行销售点终端（POS）向客户提供自动的扣款服务，这是现阶段电子支付的主要方式；第五阶段是最新发展阶段，电子支付可随时随地通过 Internet 进行直接转账结算，形成电子商务环境，这一阶段又称作电子商务支付或网上支付。

因此，一般意义上的电子支付包括前四个阶段，而在电子商务条件下的电子支付是单指网上支付，本书中的电子支付就是指这种网上支付。

电子支付的特点主要和它采取的工具有关，主要是通过以计算机为主的信息通信完成支付活动，它体现出的特点有以下几项。

（1）电子支付是采用先进的技术，通过数据流转来完成信息传输，其各种支付方式都是采用数字化的方式进行款项支付；而传统的支付方式则是通过现金的流转、票据的转让及银行的汇兑等物理实体的流转来完成款项支付。

（2）电子支付的工作环境是基于一个开放的系统平台（即 Internet）之中，而传统的支付则是在较为封闭的系统中运作。

（3）电子支付使用的是最先进的通信手段，如 Internet、Extranet；而传统支付使用的则是传统的通信媒介。电子支付对软、硬件设施的要求很高，一般要求有联网的微机、相关的软件及其他一些配套设施，而传统支付则没有这么高的要求。

（4）电子支付具有方便、快捷、高效、经济的优势。用户只要拥有一台联网的 PC，便可足不出户，在很短的时间内完成整个支付过程。支付费用仅相当于传统支付的几十分之一，甚至几百分之一。

三、电子支付的类型

电子支付按照不同的标准有不同的分类。

1. 按照采用的通信手段分类

根据电子支付是否采用通信手段可分为在线支付和离线支付。在线支付根据采用的通信渠道不同，又可以分为电话支付、Internet 支付和移动支付，离线支付根据银行卡的介质分为接触式支付和非接触式支付。

2. 按照支付模式分类

按照电子支付的模式来划分，目前国内主要存在五种电子支付模式。

（1）充值卡支付。充值卡支付就是用户通过购买各种充值卡，然后使用充值卡来进行各种不同的支付。其优势是直接、实际，用户用货币直接购买实物，用户容易接受；但弊端是充值卡主要通过网吧或门市销售，用户群体有限，而且渠道建设周期长、成本高。

(2) 银行与邮政汇款支付。银行和邮政汇款是最早使用也是最多使用的电子支付方式。用户通过到银行或者邮政的柜台办理相关的汇款，即可完成支付。

(3) 网上银行。网上银行的方式就是用户通过银行网站，直接通过 Internet 在线将资金从一个账户划拨到另一个账户，完成支付的过程。根据用户采用的网上银行的不同，用户可以完成不同类型的支付功能。

(4) 第三方支付。比如淘宝的“支付宝”、慧聪的“买卖通”。作为第三方支付平台解决了银行无法解决的信用问题，这种服务消除了买卖双方的担忧，是一种得到市场认可的安全模式。

(5) 电话支付。这是固定电话和手机用户通过拨打当地声讯支付热线获得电子账号，然后凭电子账号到相应网站购买其收费产品的支付方式。

四、电子支付中的“电子货币”

在实际的电子商务应用中，一般采用的电子支付主要是可以通过网络直接进行支付的方式，主要的支付工具有以下几种形式。

1. 信用卡

信用卡是银行或其他财务机构签发给资信状况良好人士的一种特制卡片，是一种特殊的信用凭证。持卡人可凭卡在发卡机构指定的商户购物和消费，也可在指定的银行机构存取现金。信用卡是一种可在一定范围内替代传统现金流通的电子货币，具有支付和信贷两种功能。持卡人在使用其购买商品或享受服务时，无须事先在卡内存入资金。持卡人可在其被授予的信用额度内使用信用卡在商家购物，并在某个期限之内实际支付这些账单，信用卡支付的滞后性实际上是给持卡人提供了短期的信贷（即透支）能力，这个信贷的额度取决于发卡机构对持卡人信用度的评价。

信用卡使用流程中的参与者主要包括发卡行、收单行、持卡人、商家及信用卡组织。发卡行是向持卡人签发信用卡的银行，收单行是接收商户账单并向商户付账的银行。由于发卡行和收单行往往不是同一家银行，所以就需要通过信用卡组织的国际清算网络进行身份信息的认证以及授权信息的传递，世界上主要的清算网络有 VISA 组织和 Master Card 组织。

小资料

国际信用卡组织

(1) 威士卡（VISA）。VISA 是全球最负盛名的支付品牌之一，VISA 与世界各地的 VISA 特约商户、ATM 以及会员金融机构携手合作，致力使这个梦想成真。VISA 全球电子支付网络——VisaNet，是世界上覆盖面最广、功能最强和最先进的消费支付处理系统，不断履行使您的 VISA 卡通行全球的承诺。目前，全世界有超过 2000 万个特约商户接受 VISA 卡，还有超过 84 万个 ATM 遍布世界各地。因此，VISA 的全球网络让您不论身在何处，都能方便地使用 VISA 卡。

VISA 国际组织本身并不直接发卡。在亚太地区，VISA 国际组织有超过 700 个会员金融机构发行各种 VISA 支付工具，包括信用卡、借记卡、公司卡、商务卡及采购卡。这些产品都能让您在消费时备感安全、便利和可靠。VISA 分别于 1993 年和 1996 年在北京和上海成立代表处。VISA 在国内拥有包括银联在内的 17 家中资会员金融机构和 5 家外资会员银行。截至 2005 年 3 月底，VISA 在中国大陆发行的 VISA 卡约 540 万张，自动柜员机达 17000 台，在中国大陆交易额达 32 亿美元。

(2) 万事达卡 (Master Card)。万事达国际组织于 20 世纪 50 年代末至 60 年代初期创立了一种国际通行的信用卡体系，立即风行世界。1966 年，组成了一个银行卡协会 (Interbank Cand Association)，1969 年银行卡协会购下了 Master Charge 的专利权，统一了各发卡行的信用卡名称和式样设计。随后十年，将 Master Charge 改名为 Master Card。万事达卡国际组织是一个包罗世界各地财经机构的非营利协会组织，其会员包括商业银行、储蓄与贷款协会，以及信贷合作社。其基本目标矢志不渝，沟通国内及国外会员之间银行卡的资料交流，并方便发行机构不论规模大小，也可进军银行卡及旅行支票市场，谋求发展。

VISA 和 Master Card 是世界两大信用卡组织，没有谁好谁差的说法，看你个人喜欢。一般美国用 VISA 比较多，欧洲用 Master Card 比较多。

2. 电子现金

所谓电子现金 (E-cash)，是一种以电子数据形式流通的，能被客户和商家普遍接受的，通过互联网购买商品或服务时可以使用的货币。电子现金是现实货币的电子化或数字模拟，它把现金数值转换成为一系列的加密序列数，通过这些序列数来表示现实中各种金额的币值。电子现金以数字信息形式存在，存储于电子现金发行者的服务器和用户计算机终端上，通过互联网流通。

电子现金既具有现钞所拥有的基本特点，又由于和网络结合而具有互通性、多用途、快速简便等特点，已经在国内外的网上支付中广泛使用。数字签名技术的推广应用又使得电子现金的安全性大大提高。在网上交易中，电子现金主要用于小额零星的支付业务，使用起来要比银行卡更为方便和节省。不同类型的电子现金都有其自己的协议，每个协议由后端服务器软件（电子现金支付系统）和客户端软件（电子现金软件）执行。

3. 电子票据

在电子支付中，电子票据支付模拟传统纸质票据的使用方式，可以说是传统票据支付在网络的延伸。下面以电子支票为例说明电子票据的支付流程。

电子支票是一种借鉴纸张支票转移支付的优点，利用数字传递将钱款从一个账户转移到另一个账户的电子付款形式。这种电子支票的支付主要是通过专用网络及一套完整的用户识别、标准报文、数据验证等规范化协议完成数据传输的。用电子支票支付，事务处理费用较低，而且银行也能为参与电子商务的客户提供标准化的资金信息，可能是目前最有效率的支付手段之一。

根据支票处理的类型，电子支票可以分为两类，一类是借记支票（Debit Check），即债权人向银行发出支付指令，以向债务人收款的划拨；另一类是贷记支票（Credit Check），即债务人向银行发出支付指令，向债权人付款的划拨。

任务实施

支付宝的电子支付应用：

(1) 进入支付宝的主页，打开浏览器，输入支付宝的域名，即 http://www.alipay.com，登录支付宝的主页，如图 2-1 所示。

图 2-1　支付宝的主页

(2) 点击主页右上侧的“新用户注册”，进入注册界面，如图 2-2 所示。

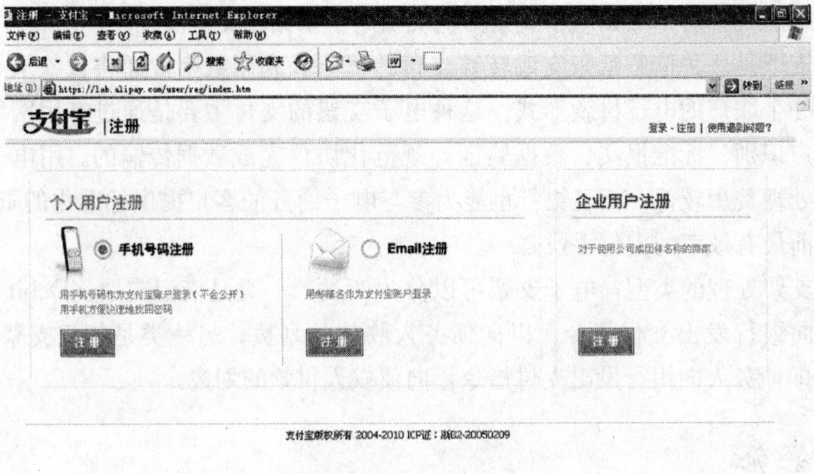

图 2-2　注册界面

（3）选择“Email 注册”，点击“注册”，进入注册信息界面，如图 2-3 所示。

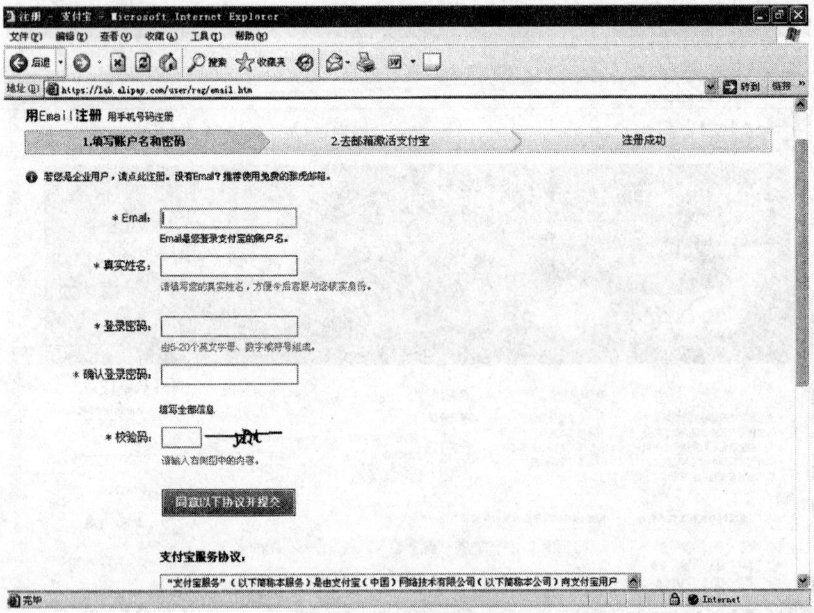

图 2-3　注册信息界面

（4）填写相关信息后，点击“同意以下协议并提交”，根据提示进入邮箱激活支付宝账号，完成注册。

（5）返回支付宝的主页，在用户登录区，输入注册的邮箱和密码，如图 2-4 所示。

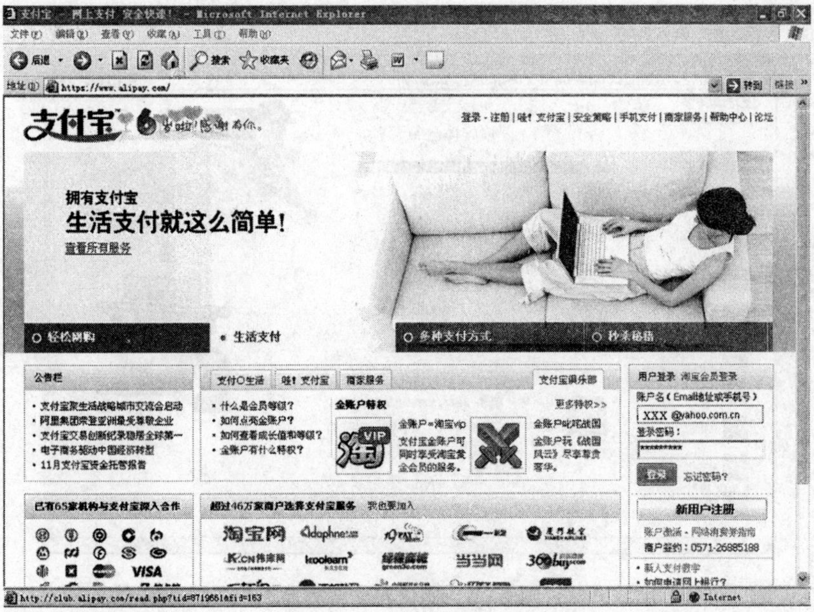

图 2-4　支付宝登录界面

(6) 点击“登录”，登录支付宝的用户主界面，如图 2-5 所示。

图 2-5　用户主界面

(7) 点击“我的生活助手”菜单中的“通讯费”，进入电话缴费界面，如图 2-6 所示。

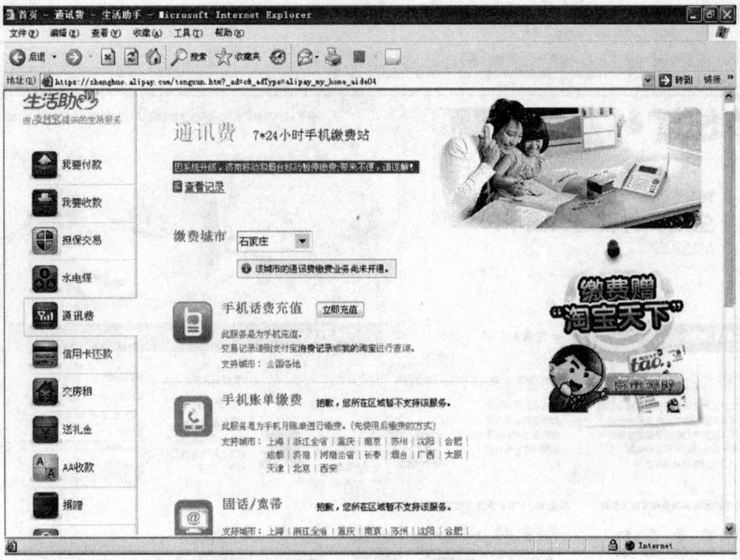

图 2-6 通讯费缴费界面

(8) 选择“手机话费充值”，进入手机话费充值，在界面输入手机号，选择充值方式和面值，完成手机话费充值，如图 2-7 所示。

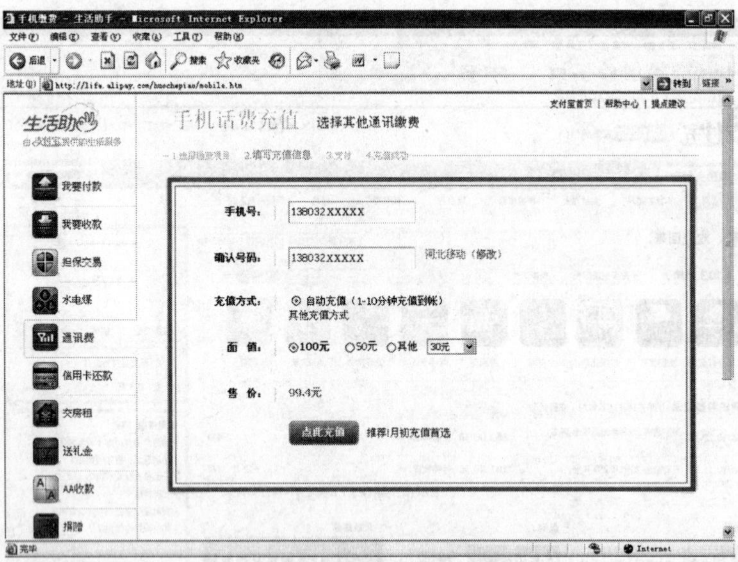

图 2-7 手机话费充值界面

任务总结

支付技术是保障网络交易顺利完成的主要技术。在网络应用环境中商品交换最重要的环节就是资金的支付，网上资金的支付通过支付平台等相关技术完成，它对网络交易有着重要意义。现阶段支付系统发展已是多元化，有银行支付、商业平台支付等。支付宝系统是国内应用较广泛的支付工具之一，用户数量大。支付的申请和应用要运用正确的方法，遵循正确的步骤，才能完成支付宝的申请和应用。

实训项目

目标

1. 使学生能正确认识电子支付的作用和意义。

2. 掌握巩固理论知识，提高解决实际问题的能力。

内容与要求

1. 深入了解现阶段网络支付工具及应用，熟悉常见网络支付工具 2～3 种，比如支付宝、财付通等，了解它们的特点和提供的服务。

2. 实际申请一种支付工具，并进行一次实际支付。

3. 根据实际支付应用形成一份报告书。

组织与实施评价

1. 以项目团队为学习小组，小组规模一般是 5～8 人，分组时以组内异质，组间同质的原则为指导，小组的各项工作由小组长负责指挥协调。

2. 建立沟通协调机制，团队成员共同参与、协作完成任务。

3. 各项目团队根据实训内容互相进行交流、讨论，并点评。

4. 评价与总结：各项目团队提交实训报告，并根据报告进行评估。

评估指标及标准

如表 2－1 所示。

表 2－1　　电子支付应用技能评价评分表

被考评人：　　　　　　考评地点：

考评内容		考评标准	分值/分	自我评价/分	小组评价/分	实际得分/分
通用能力培养	支付宝申请	熟悉	20			
	支付宝充值	掌握	30			
	支付宝支付	熟练掌握	30			
	学习态度	积极主动，不怕困难，勇于探索	20			
合　计			100			

注：1. 实际得分＝自我评价×40%＋小组评价×60%。

2. 考评满分 100 分，29 分及以下为不及格，30～74 分为及格，75～84 分为良好，85 分及以上为优秀。

任务二 网上银行操作

任务引入

1997 年 4 月，招商银行建立了国内第一个银行网站，并于 1998 年 4 月推出“一网通”服务，成为国内首家推出网上银行业务的银行。同年，招商银行又开通了 ATM 机全国通兑网和 POS 机全国消费网，形成了现代化的全国个人金融服务网络。在强大而先进的科技手段支持下，招商银行“一卡通”发卡量迅猛增长，成为招商银行的拳头产品。在中央电视台和《人民日报》新闻信息中心联合开展的“全国 34 个主要城市居民消费者喜爱的品牌”调查活动中，招商银行“一卡通”被消费者评为最受欢迎的国内银行卡。1999 年，招商银行率先在国内全面启动网上银行服务，建立了由网上企业银行、网上个人银行、网上证券、网上商城、网上支付组成的较为完善的网络银行服务体系。

任务分析

招商银行的网上银行（一网通）是指通过因特网或其他公用信息网，将客户的计算机终端连接至银行，实现将银行服务直接送到客户办公室、家中和手中的服务系统。它拉近了客户与银行的距离，使客户不再受限于银行的地理环境、上班时间，突破空间距离和物体媒介的限制，足不出户就可以享受到招商银行的服务。可以说，招商银行的成功取决于它推出的“一网通”，从案例中我们可以看到网络对银行业务发展的推动力量。

知识准备

一、网上银行定义

网上银行是伴随电子商务发展起来的，也称为网络银行、在线银行，是指利用 Internet、Intranet 及相关技术处理传统的银行业务及支持电子商务网上支付的新型银行。它实现了银行与客户之间安全、方便、友好、实时地连接，可向客户提供开户、销户、查询、对账、行内转账、跨行转账、信贷、投资理财以及其他贸易或非贸易的全方位银行业务服务。可以说，网上银行是在 Internet 上的虚拟银行柜台。不过，那些只拥有自己网址和网页的银行算不上真正意义上的网络银行，只有在网上提供网上支票账户、网上支票异地结算、网上货币数据传输、网上互动服务和网上个人信贷这五种服务中至少一种的在线银行才是真正的网络银行。

电子商务和网上银行服务的产生和发展，给金融机构提供了一次新的大好商机，金融现代化也因此进入全新的虚拟化发展阶段。除了开办全新的网上银行之外，传统银行也纷纷推出自己的网上银行业务。花旗银行率先于 1995 年 10 月在互联网上设立网站，提供查账、划转资金、股票报价等网上银行服务。其他商业银行也纷纷把大部分零售和批发业务推向互联网，网上银行服务已经成为商业银行新的竞争热点。

网上银行可提供三类服务：①为企业客户提供企业银行服务；②为个人客户提供家庭（个人）银行服务；③通过支付网提供网上支付服务。

1. 企业银行服务

企业在经营过程中有很多额度大的资金往来，这些资金往来需要通过银行来中转，因此企业客户成为大额资金转账系统的主要客户。银行为了向企业用户提供更多更好的服务，建立了企业银行系统。

企业银行的服务内容包括金融交易服务和信息增值服务两大类。现阶段企业银行主要为企业客户提供下述服务。

（1）资金管理（Cash Management）。包括资金回收（Cash Collection）；资金流向侦测（Monitor Cash In/Out）；资金控管（Cash Concentration），将过剩资金集中起来，用于投资或者偿还贷款；账务调理（Initiate/Stop Payment）；资金调拨（Fund Transfer）。

（2）财务管理（Financing）。包括股票承保（Under Willing）、发行公债（Funding）、财务计划（Accounting Planning）、信用分析（Crediting）。

（3）商务管理（Trading）。包括信用证（Letter of Credit，L/C）；押汇，以运输中的货物为抵押品的汇票贴现，有出Vl押汇和进El押汇之分；托收等。

（4）客户服务（Customer Services）。包括国内外存款、国内外放款、贷款、外汇、结汇、关系管理（Relationship Management）、提供信息（Information Sources）、代发工资等。

（5）投资银行业务服务（Investment Banking）。包括投资经纪人（Brokerage）、合并或购买公司（Mergers & Acquisitions）、市场经营（Market Making）。

（6）集团服务。包括总公司对子公司的账户余额、明细和相关信息的查询，总公司和子公司之间的资金划转。

2. 家庭银行服务

自助银行的最终目标是将银行服务送到千家万户，为此，银行开办了家庭银行系统。家庭银行服务是银行针对社会大众提供的服务，也称个人银行服务。家庭银行系统是继 ATM 系统、POS 系统之后的另一个自助银行系统。

家庭银行服务的内容可为家庭客户提供各种金融和非金融的多种服务。主要包括如下几类服务。

（1）信息检索。如相关的金融信息（如定期、活期、银行卡等账户的余额、利率等)、市场新产品介绍、各行各业的市场动态数据（如股票和债券行情）等。

(2) 交易。可做网上购物、网上支付、转账、贷款、代缴各种费用、凭电子账单付款（Electronic Bill Presentment and Payment，EBPP)、外汇业务、债券买卖、家庭理财、证券交易、网上保险交易等。电子支付可以用借记卡、信用卡、储值卡和联机银行转账实现。

(3) 电子通信。如电子意见箱、发布各种信息（如股票行情与分析）等。

(4) 计算理财。网络个人银行可利用银行计算机多余的能力，为客户提供数据计算。如作抵押/贷款支付计算、家庭预算、预估税赋等。

(5) 其他服务。如账户挂失、密码修改、个人资料修改等。

3. 网上支付服务

网上支付服务是银行为参与电子商务的各方提供的电子支付服务，包括为 B2C（企业对消费者）和 B2B（企业对企业）两类电子商务提供支付服务。

二、网络银行的发展与特点

1. 网络银行产生的客观基础

(1) 网络银行能降低交易成本。据有关资料显示，建立一家网络银行所需费用相当于传统银行开设一家分行所需费用的 5%左右。

(2) 网络银行能给客户提供更高质量的金融服务。网络银行与传统银行的营业网点相比，提供的是更加标准化和程序化的服务，避免了由于个人情绪及业务水平不同而带来的服务质量差别。

(3) 网络银行能增强对客户的吸引力。它能给客户提供简便、快捷的银行服务；它能给客户提供不受时空限制的全天候服务；它能为客户提供与银行进行全方位沟通的绿色通道；它能节约客户等待时间，降低客户交易成本。

(4) 网络银行能拓展更广阔、更自由的业务空间。网络银行的一大特点就是借助“网络”开展业务，而不是在固定有形的营业场所内办理业务。

(5) 网络银行有助于树立银行的良好形象。开办网络银行是一家银行实力的标志体现，并且社会公众能从中享受高质量的金融服务，增强客户与银行的业务联系。

(6) 网络银行能增强银行的竞争能力。网络银行能够降低交易成本，以强大的力量吸引客户，提供高质量的服务，树立良好的银行形象。

2. 网络银行的发展

(1) 国外网上银行的发展情况。网上银行最早起源于美国，其后迅速蔓延到 Internet 所覆盖的各个国家。

1995 年 10 月 18 日，美国安全第一网络银行（Security First Network Bank，SFNB）作为世界上第一家网上银行对公众开放。在美国，1997 年年末，可进行交易的金融网站有 103 个，其中包括银行和存款机构；1998 年年末，可进行交易的金融网站达 1300 个。据调查，截至 1998 年年末，在美国有 700 万左右的家庭是通过家用计算机获得银行金融服务的，约占美国家庭总数的7%；到2001年年底，约有1830万家庭通过互联网获得银行金融服务。

目前国际上网上银行的运行机制有两种模式，一种是完全依赖于Internet发展起来的全新的电子银行，如美国的SFNB等；另一种是传统银行在Internet上建立的网站，如我国的招商银行等。

小资料

安全第一网络银行公司简介

1995年10月，美国三家银行Area Bank股份公司、Wachovia银行公司、Hunting Bancshares股份公司、Secureware和Five Space计算机公司联合在Internet上成立全球第一家无任何分支机构的纯网络银行，即美国安全第一网络银行（Security First Network Bank，SFNB），是得到美国联邦银行管理机构批准，在因特网上提供银行金融服务的第一家银行，也是在因特网上提供大范围和多种银行服务的第一家银行。其前台业务在因特网上进行，其后台处理只集中在一个地点进行。该银行可以保证安全可靠地开办网络银行业务，业务处理速度快、服务质量高、服务范围极广。

1996年年初，美国安全第一网络银行全面在因特网上正式营业和开展银行金融服务，用户可以采用电子方式开出支票和支付账单，可以上网了解当前货币汇率和升值信息，而且由于该银行提供的是一种联机服务，因此用户的账户始终是平衡的。

1998年1月，美国安全第一网络银行通过因特网为用户提供一种称为环球网（WEB INVISION）系统的服务。环球网系统是建设在美国安全第一网络银行PC INVISION之上的一种金融管理系统。利用该系统，用户能够通过因特网访问自己最新的账目信息，获取最近的商业报告或通过直接拨号实时访问资金状况和投资进展情况，不需要在用户端安装特殊的软件。环球网系统主要是面向小企业主和财会人员设计的。这些人可以利用环球网系统了解公司资金的最新情况，还可以利用环球网系统使用他们的电子邮件与美国安全第一网络银行联系，查询全国或地区性的各种经济状况和各种相关数据。

1998年10月，在成功经营了5年之后，美国安全第一网络银行正式成为拥有1860亿美元资产的加拿大皇家银行金融集团（Royal Bank Financial Group）旗下的全资子公司。从此SFNB获得了强大的资金支持，力图继续保持在纯网络银行领域内的领先地位。

（2）我国网上银行的发展情况。1996年2月，中国银行在互联网上建立了主页，首先在互联网上发布信息。

1997年4月，招商银行建立了国内第一个银行网站，并于1998年4月推出“一网通”服务，成为国内首家推出网上金融业务的银行。1999 年，招商银行率先在国内全面启动网上银行服务，建立了由网上企业银行、网上个人银行、网上证券、网上商城、网上支付等功能组成的较为完善的网络银行服务体系。

1997 年 10 月，工商银行在 Internet 上建立了银行主页。

1998 年 3 月 6 日 5 时 30 分，中国银行服务系统成功办理了我国大陆第一笔国际互联网间的电子交易，从而拉开了中国大陆网上银行业的序幕。1998 年 4 月 15 日，中国银行与首都信息发展有限公司签署了战略合作协议书，中行为北京公用信息平台发展电子商务提供网上交易支付的认证和授权。

3. 网上银行的特点

利用计算机和通信技术实现资金划拨的电子银行业务已经有几十年的历史了，传统的电子银行业务主要包括资金清算业务和用 POS 网络及 ATM 网络提供服务的银行卡业务。网上银行是随着 Internet 的普及和电子商务的发展在近几年逐步成熟起来的新一代电子银行，它依托于传统银行业务，并为其带来了根本性的变革，同时也拓展了传统的电子银行业务功能。与传统银行和传统电子银行相比，网上银行在运行机制和服务功能方面都具有不同的特点。

（1）无分支机构。传统银行是通过开设分支机构来发展金融业务和开拓国际市场的，客户往往只限于固定的区域，而网上银行是利用 Internet 来开展银行业务的，因此可以将金融业务和市场延伸到全球每个角落。打破了传统业务地域范围局限的网上银行，不仅可吸纳本地区和本国的客户，也可直接吸纳国外客户，为其提供服务。

（2）开放性与虚拟化。传统电子银行所提供的业务服务都是在银行的封闭系统中运作的，而网上银行的网页代替了传统银行的建筑物，网址取代了地址，其分行是终端机和 Internet 这个虚拟化的电子空间。因此有人称网上银行为“虚拟银行”，但它又是实实在在的银行，利用网络技术把自己与客户连接起来，在有关安全设施的保护下，随时通过不同的计算机终端为客户办理所需的一切金融业务。

（3）智能化。传统银行主要借助于物质资本，通过众多员工辛勤劳动为客户提供服务。而网上银行主要借助智能资本，靠少数脑力劳动者的劳动提供比传统银行更多、更快、更好、更方便的业务，如提供多元且交互的信息，客户除可转账、查询账户余额外，还可享受网上支付、贷款申请、国内外金融信息查询、投资理财咨询等服务，其功能和优势远远超出电话银行和传统的自助银厅。网上银行是一种能在任何时间（Anytime）、任何地点（Anywhere）、以任何方式（Anyhow）给客户提供超越时空、智能化服务的银行，因此可称之为“三 A 银行”。

（4）创新化。网上银行是创新化银行。在个性化消费需求日趋凸显和技术日新月异的信息时代，网上银行提供的金融产品和拥有技术的生命周期越来越短，淘汰率越来越高。在这种情况下，只有不断采用新技术、推出新产品、实现持续创新才不至于被淘汰。

（5）运营成本低。与其他银行服务手段相比，网上银行的运营成本最低。据介绍，在美国开办一个传统的分行需要150万～200万美元，每年的运营成本为35万～50万美元。相比之下建立一个网上银行所需的成本为100万美元。1998年美国USWeb网络服务与咨询公司的一次调查发现，普通全业务支行平均每笔交易成本约1.07美元，而网上银行仅为0.01～0.04美元。

(6) 以已有的业务处理系统为基础。网上银行服务系统，不是一个单独的业务处理系统，它本身不能独立地处理某项业务，必须以已经存在的业务处理系统为基础，所有的业务处理最终都是要由现有的业务处理系统来实现。

(7) 将现有的业务系统有机地联系起来。国内银行现有的业务系统总的来说都是分散形式的，通过建立网上银行服务系统与传统业务处理系统之间的接口，使分散的不同业务系统，通过网上银行服务系统有机地联系起来。

(8) 采用Internet/Intranet技术。采用Internet/Intranet技术是因为其具有网络分布计算和与系统平台无关的特点，这个特点特别适合解决银行业务系统分散和系统平台种类多的问题。另外在采用这种技术后，对系统的开发和维护都会带来巨大的好处。

任务实施

工商银行网上银行使用：

(1) 进入工商银行网上银行的主页，打开浏览器，输入工商银行网上银行的域名，即http：//www.icbc.com.cn，登录工商银行网上银行的主页，如图2-8所示。

图2-8　工商银行的主页

(2) 点击主页左侧的“个人网上银行登录”下的“注册”，登录工商银行网上银行的个人网银注册须知界面，如图2-9所示。

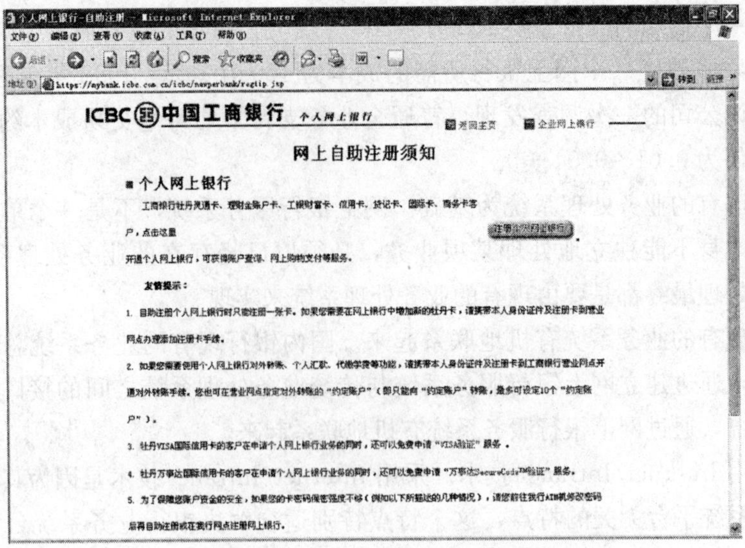

图 2-9　个人网银的注册须知界面

(3) 了解完网上自助注册须知后，点击右侧的“注册个人网上银行”，进入“用户自助注册”界面，如图 2-10 所示。

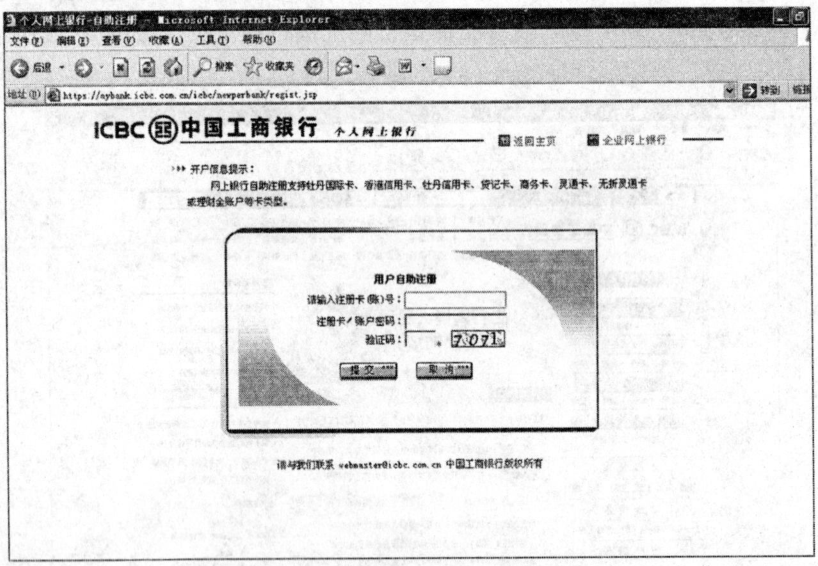

图 2-10　个人网银的注册界面

(4) 输入已有银行账号或注册卡卡号，输入登录账户密码和验证码，点击“提交”完成注册。

(5) 登录网上银行。打开网上银行主页，点击主页左侧的“个人网上银行登录”，进入工商银行网上银行的个人网银登录界面，输入已注册过的卡号和密码，如图 2 - 11 所示。

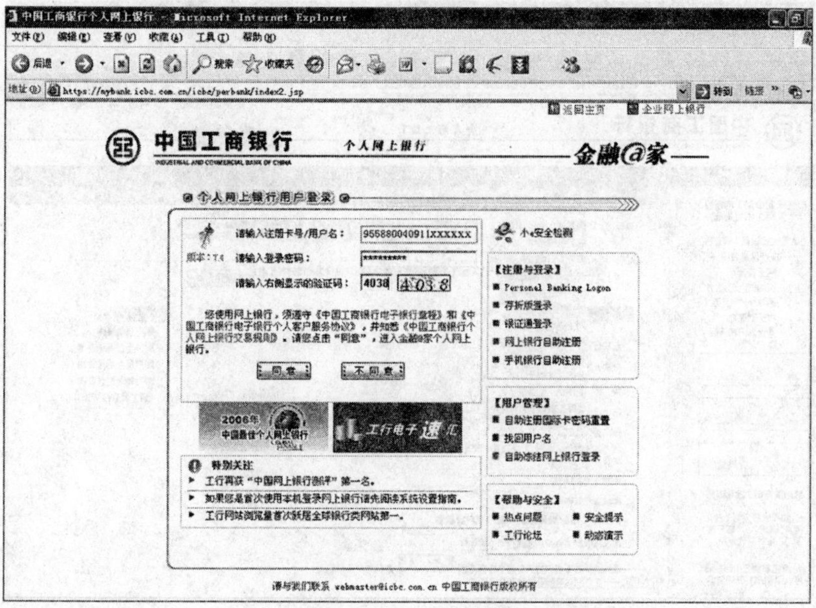

图 2 - 11　网上银行的个人网银登录界面

（6）点击“同意”，进入工商银行网上银行的个人网银界面，如图 2 - 12 所示。

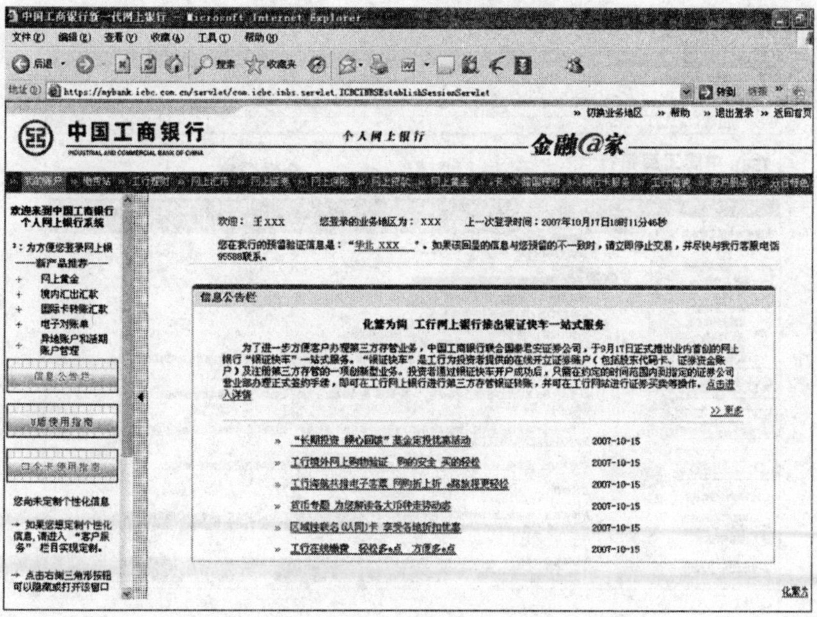

图 2 - 12　个人网银的界面

（7）点击“我的账户”，进入“账户查询”菜单，进行相关信息查询，如图 2－13 所示。

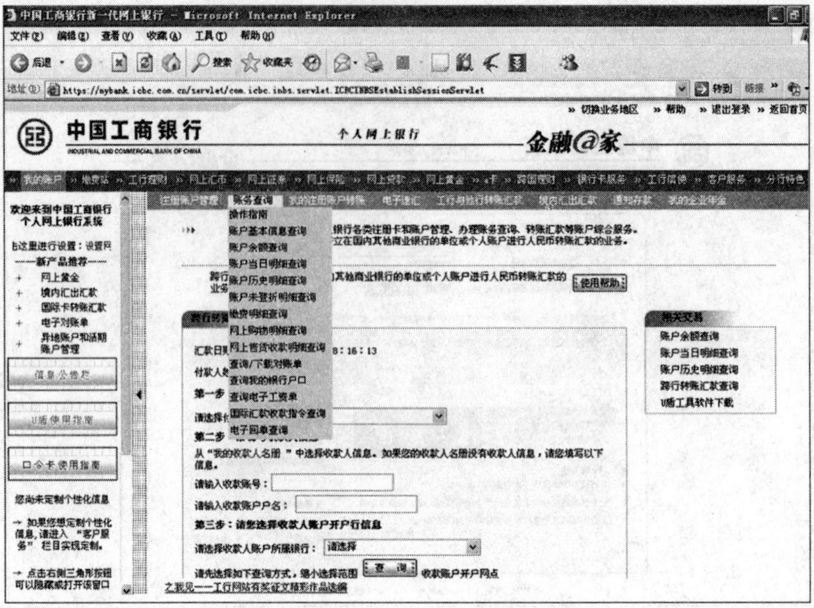

图 2－13　“账户查询”菜单界面

（8）点击“网上证券”，进入“网上基金”菜单，进行相关信息查询，如图 2－14 所示。

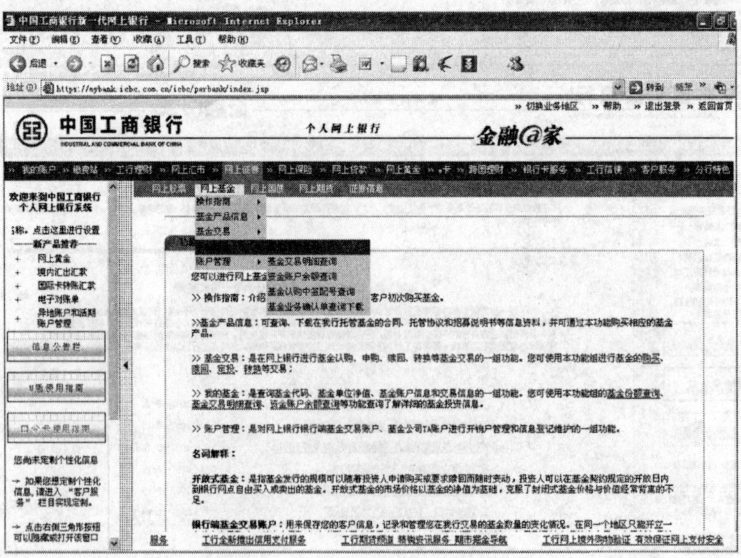

图 2－14　“网上基金”菜单界面

(9) 点击“我的基金”菜单中的“基金份额查询”，进入“基金份额查询”界面，进行相关信息查询，如图 2-15 所示。

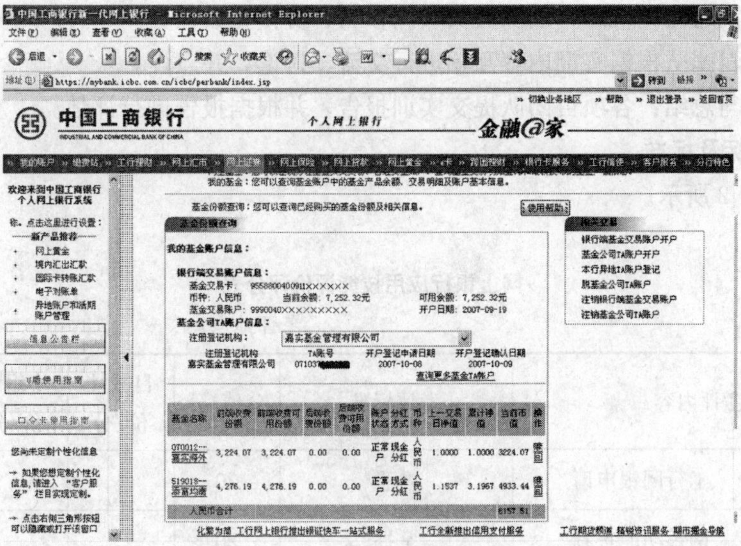

图 2-15　基金份额查询界面

任务总结

网上银行是现阶段网上商务活动开展的重要保障。在网络应用环境中网络交易的资金主要是通过网上银行技术完成的，它对网络交易的发展有着重要意义。现阶段各个银行基本上都发展了网上银行业务。网上银行的申请和使用要运用正确的方法，遵循正确的步骤。

实训项目

目标

1. 使学生能正确认识网上银行的作用。

2. 掌握巩固理论知识，提高解决实际问题的能力。

内容与要求

1. 深入了解现阶段网上银行的应用，熟悉常见网上银行提供的服务，比如招商银行、建设银行等，了解它们的特点和提供的服务。

2. 实际申请一种网上银行，并进行相关网上银行业务的应用，比如账户查询、信用卡还款、资金转账、各种缴费、理财业务等。

3. 根据实际网上银行的应用形成一份报告书。

组织与实施评价

1. 以项目团队为学习小组，小组规模一般是 5～8 人，分组时以组内异质，组间同质的原则为指导，小组的各项工作由小组长负责指挥协调。

2. 建立沟通协调机制，团队成员共同参与、协作完成任务。

3. 各项目团队根据实训内容互相进行交流、讨论，并点评。

4. 评价与总结：各项目团队提交实训报告，并根据报告进行评估。

评估指标及标准

如表 2－2 所示。

表 2－2　　网上银行应用技能评价评分表

被考评人：　　　　　　　　　　　　考评地点：

考评内容		考评标准	分值/分	自我评价/分	小组评价/分	实际得分/分
通用能力培养	工行网银申请	熟悉	20			
	网银功能查看	掌握	20			
	网银支付	熟练掌握	30			
	学习态度	积极主动，不怕困难，勇于探索	20			
合　计			100			

注：1. 实际得分＝自我评价×40%＋小组评价×60%。

2. 考评满分 100 分，29 分及以下为不及格，30～74 分为及格，75～84 分为良好，85 分及以上为优秀。

复习思考题

一、填空题

1. 按照电子支付的模式来划分，目前国内主要存在五种电子支付模式：________、________、________、________和________。

2. 根据支票处理的类型，电子支票可以分为两类：________、________。

3. 我国商业银行中最早开展网上银行业务的是________。

二、选择题

1. 用银行销售点终端（POS）向客户提供自动的扣款服务，这是电子支付阶段的________。

A. 第二阶段　　　　B. 第三阶段

C. 第四阶段　　　　D. 第五阶段

2. 电子支付主要是可以通过网络直接进行支付的方式，主要的支付工具有________形式。

A. 电子现金　　B. 电子支票

C. 信用卡　　D. 群体与阶层

3. 推出“一网通”服务，成为国内首家推出网上金融业务的银行是________。

A. 工商银行　　B. 建设银行

C. 中国银行　　D. 招商银行

4. 世界上第一家对公众开放的网上银行是________。

A. 美国安全第一银行　　B. 加拿大皇家银行

C. 中国银行　　D. 美国银行

三、简答题

1. 什么是电子支付？它有哪些特点？

2. 简述电子支付的发展阶段。

3. 什么是网上银行？它有哪些特点？

4. 简述网上银行的优势。

项目三　旅游电子商务网站规划与建设

知识目标

- 了解旅游电子商务网站的分类
- 掌握网站规划要素、域名及域名的申请
- 掌握网站开发的内容，熟悉服务器的架设、网站的开发技术
- 了解网站的测试、发布

能力目标

1. 能够编写旅游电子商务网站的策划书，并能够根据策划书制订网站建设规划，指导网站的建设
2. 能够完成网站的CI设计、网页布局设计以及网站功能模块的设计
3. 能够完成网站域名注册、虚拟主机的租用以及网站的发布

任务一　旅游电子商务网站细分

任务引入

随着经济的发展和生活水平的不断提高，作为高品质生活追求的一部分——旅游产品服务，越来越受到国人的青睐。据报道，2010年中国旅游市场酒店预订、旅游套餐及机票业务将达到约47亿元人民币，同比增长超过27%，预计到2013年将达到90亿元人民币。综观2010年3月中国旅游网站排名（下述排名前为国内旅游网站排名，后为全球网站排名）：

1. 携程　525（www.ctrip.com旅游B2C电子商务网站）
2. 同程旅游网　1947（www.17u.net旅游B2B同行交流平台）
3. 艺龙旅行网　2427（www.elong.com旅游B2C电子商务网站）

4. 乐途旅游网　3952（www.lotour.com 旅游资讯网，旅行社面向用户交流平台）

5. 途牛旅游网　4028（www.tuniu.com 旅游资讯网，旅行社面向用户交流平台）

6. 中国通用旅游网　5340（www.51766.com 旅游 B2C 电子商务网站）

7. 欣欣旅游网　7671（www.cncn.com 旅游资讯网，旅行社面向用户交流平台）

8. 春秋航空旅游网　8710（www.china-sss.com 旅游 B2C 电子商务网站，主打机票）

9. 深圳磨房自助游　10537（www.doyouhike.net 旅游 SNS 社区型自助旅游网）

10. 九游网　11586（www.9tour.cn 旅游类 B2C 电子商务网站）

从以上排名可以看出，旅游类网站已经由前期的提供旅游资讯，全面向旅游 B2C 电子商务转型。上网人群已经越来越习惯于通过网络寻找性价比更高的旅游服务产品。

任务分析

新的旅游企业开展电子商务都要考虑到网站的定位、赢利模式及将来的发展前景。为了解决这些重大战略问题，我们首先要了解当今旅游电子商务网站分类以及旅游电子商务网站的发展趋势，这样才能找出市场的空白点，进入一片“蓝海”，创建一个有特色的旅游电子商务企业。

知识准备

一、旅游电子商务网站概念

旅游电子商务网站是旅游电子商务中最重要的部分，是旅游企业和用户及旅游企业间进行沟通的窗口。旅游电子商务网站是一系列网页、数据库、编程技术的组合，是旅游企业体现企业形象、实施经营战略的平台，同时还使旅游企业实现产品上网，提供销售机会，并面向用户推出包括自助旅游在内的许多实用性服务，沟通供需，渐渐形成量的优势。

二、旅游电子商务网站分类及特点

随着网络技术的发展和电子商务的重新升温，大大小小的旅游电子商务网站如雨后春笋般建立和发展起来。根据传统旅游企业的类型、旅游业的经营模式和旅游业的主要经营项目，旅游电子商务网站可分为不同的类别。

1. 按传统旅游企业类型分类

旅游电子商务网站如果按照旅游企业的经营模式，可划分为旅游企业的电子商务网站、辅助旅游业的电子商务网站及旅游行政管理部门的电子商务网站，其中旅游企业的电子商务网站可进一步细分为旅行社的电子商务网站、酒店宾馆饭店的旅游电子商务网站、旅游景区景点的电子商务网站。

（1）旅游企业的电子商务网站。这类旅游电子商务网站是由旅游企业直接开发、建设的网站，可以进一步细分为以下几类。

①旅行社的电子商务网站。其主要业务涉及出入境旅游行程和价格介绍，各种交通票务的查询和预订，各地宾馆饭店的预订，旅游产品的预订，目的地旅游资讯、旅游会务和展览及旅游相关知识介绍网上支付等方面的电子商务活动。

②酒店宾馆饭店的旅游电子商务网站。其主要内容是提供酒店、宾馆、饭店的服务、餐饮和设施介绍，进行相应的网上预订和在线支付等活动。

③旅游景区景点的电子商务网站。其主要介绍景区景点旅游文化、历史、资源、地图等内容，开展景区景点票务预订、线路推荐、自助旅游、旅游预订、住宿预订等方面的业务。

（2）辅助旅游业的电子商务网站。辅助旅游业的电子商务网站包括交通部门、旅游商店、娱乐场所、服务公司、气象部门、电子地图、出版单位、通信设施、食品、卫生以及进行旅游开发和策划的旅游院校、旅游科研机构等行业和部门的电子商务网站。

（3）旅游行政管理部门的电子商务网站。旅游行政管理部门的电子商务网站包括国家旅游局及各地各级政府旅游管理部门网站，主要内容是机构介绍、政策法规、网上政务、行业动态、旅游资料等。

2. 按经营模式分类

旅游电子商务网站如果按照旅游企业的经营模式可作如下划分。

（1）旅游企业间的电子商务（Business to Business，B2B）网站。旅游企业间的电子商务网站是旅游企业对旅游企业之间通过电子化、网络化的手段实现相互间一对一或一对多交易的网站，为旅游供应商和旅游采购商之间建立的信息通道和旅游电子商务平台。其主要业务是提供旅游信息服务、网上谈判、网络营销、旅游电子商务应用解决方案等方面的服务，B2B旅游电子商务网站极大地提高了旅游企业之间的信息共享和运作效率。

（2）旅游企业对企业类客户的电子商务（Business to Enterprise，B2E）网站。这里所说的企业类客户通常是指旅游企业与其有频繁业务联系，或为之提供商务旅行管理服务的非旅游类企业、机构、机关等方面的客户。这类网站的主要业务是为企业类客户提供旅行方案咨询、商务旅行预算、商务旅行全程代理等旅游商务活动。

（3）旅游企业对旅游者（个人客户）的电子商务（Business to Customer，B2C）网站。这类网站的旅游电子商务活动相当于电子旅游零售，还包括旅游企业对旅游者拍卖旅游产品，使旅游者足不出户就能获得网站为其提供的各种服务。旅游者通过旅游电子商务网站获取旅游信息，设计旅游行程，预订旅游产品等，极大地方便了旅游者搜索旅游信息、预订旅游产品，高效地完成旅游商务活动的网上交易。

（4）旅游者对旅游企业的交易（Customer to Business，C2B）网站。这是旅游者与旅游企业（包括旅游服务提供商和旅游中间商）主要通过旅游电子商务的中间商（专业旅游网站、门户网站的旅游频道）进行交易的网站。其核心是通过聚合众多的旅游者形成一个强大的旅游团体，以批发商的价格订购旅游产品。

旅游电子商务的中间商提供一个虚拟的网上中介市场和信息交互平台，这是一种以旅游者为主体的电子商务经营模式网站，有助于旅游企业准确、及时地了解客户需求，促进旅游产品多元化和个性化的发展。C2B网站的电子商务活动主要有以下两种形式。

反向拍卖。反向拍卖是竞价拍卖的逆过程。旅游者如果欲购买某一旅游产品，先提出一个价格范围，由旅游企业出价，旅游者从中确定价廉物美的旅游产品成交。

网上成团。网上成团即由旅游者设计个性化的旅游线路，并发布到网上，寻求志趣相投的旅游者一同前往。

3. 按主要经营项目分类

旅游电子商务网站如果按照旅游企业的主要经营项目可作如下划分。

（1）综合性旅游网站。综合性旅游网站提供的内容一般包括旅游新闻、出行参考、友情链接、旅游票务、旅游饮食文化、境内外旅游线路、景区景点介绍、宾馆酒店预订、各种旅游产品预订、旅游会务和展览、旅游论坛、旅游院校、旅游常识、天气预报、网上支付等综合性的旅游信息。这类网站集多种服务、预订、展览、贸易和交流于一体，是一个提供海量信息的网上旅游电子商务交易平台，为旅游者提供食、住、行、游、购、娱等要素在内的全部旅游资源。

（2）预订服务类网站。这类网站旅游者可以凭借网上订票系统、酒店查询预订系统定制需要的服务，可细分为以下几大类。

票务预订类网站。这类网站包括航空公司机票预订网站和其他票务预订网站。提供航空信息查询、在线机票预订，同时也提供其他票务信息的查询和预订服务及其他专业服务。

宾馆酒店饭店预订类网站。宾馆酒店饭店预订类网站提供宾馆、酒店、饭店的服务、餐饮和设施介绍，开辟相应的预订业务。

在线旅游销售网站。在线旅游销售网站一般由旅行社、景区景点通过互联网实现旅游产品（服务）的在线销售。在线旅游销售的主要业务包括旅游信息的发布和查询、各种旅游产品介绍、景区景点资源介绍、网上预订服务、网上银行支付。这类网站可由旅游者设计旅游线路，比传统意义上的旅行社更具个性化。在线旅游销售网站帮助旅游者直接进入中央订位系统，在第一时间内获得所需信息。

（3）文化旅游网站。网站从不同角度、不同层面展示我国的灿烂文明、悠久历史和深厚的文化底蕴。其主要内容有旅游文化、旅游文学、旅游社区、主题旅游等。

（4）地方性旅游网站。地方性旅游网站是以宣传本地旅游资源、风景名胜、本地旅游商务为主要内容，打破地方旅游的时空限制，吸引国内外旅游者观光，推进本地旅游电子化、网络化的网站。

（5）旅游信息网站。旅游信息网站为旅游者提供大量丰富的、专业性的旅游信息资源，一般涉及旅游线路、旅游资讯、旅游法规、交通线路、景区景点、宾馆饭店、旅游天气、旅游常识、注意事项、货币兑换、人文信息以及旅游观感等，是汇集、传播、检索和导航旅游信息的网站。

三、旅游电子商务网站发展趋势

随着信息技术的不断发展，旅游电子商务网站的应用范围将更加广泛。旅游电子商务网站向用户提供无所不有的旅游信息服务，诸如旅游路线、景点、饭店、交通、气象、人文及旅游常识、注意事项、旅游观感、货币兑换等。目前这些旅游信息多以图、文、声、像的形式展示，难以给用户身临其境之感。

将来，旅游电子商务网站利用多媒体技术，不仅可使用户从网上轻松地收集详尽的动态信息，而且还可为用户提供虚拟旅游产品，给用户身临其境之感。比如，可在网上建立虚拟客房，让用户在笑容可掬的服务员带领下，进入虚拟客房的三维空间，享受服务员为你沏茶、放音乐等服务，并且可随着服务员悦耳动听的介绍，游览客房内的装潢、设施，查看饭店的服务项目，了解客房电器按钮的使用等。这样的虚拟产品使酒店有形产品与无形服务达到最完美的结合。不但使“足不出户、畅游天下”的梦想成为现实，而且也迎合了人们“看货订物”的消费心理。这一切是传统旅游服务所无法比拟的，而且其成本远比传统媒体宣传低得多。网站上有覆盖全国乃至世界的最广泛的旅游景点的目的地指南，可以为用户提供全面的旅游资讯、目的地预览、商旅实用信息的查询等；并可为用户的决策提供参考信息，起到了一个自然的导购作用；网站还实现了旅行产品的网上一站式服务，包括酒店、机票和旅行路线的预订，并可实现在线支付旅游费用，免去用户携款外出的麻烦，方便用户对旅游产品的订购。此外，网站可突破时空的限制，为用户提供全天候、跨地域的服务。尤为重要的是旅游电子商务网站提供的具有竞争力的产品价格，给用户带来了实惠，从而受到用户的青睐。

任务实施

登录中国典型旅游网站，查看不同类别旅游网站开展的旅游业务及网站赢利模式，旅游电子商务网站分类如图 3－1 所示。

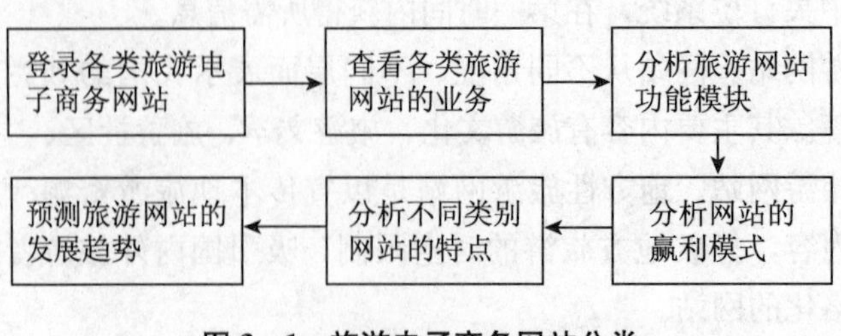

图 3－1　旅游电子商务网站分类

第一步，综合网站（门户网站）的旅游频道。

搜狐旅游频道（http：//travel. sohu. com）

新浪旅游频道——乐途旅游（http：//travel. sina. com. cn）

第二步，旅行社网站。

青旅在线（http：//www. cytsonline. com）

第三步，饭店宾馆网站。

中国旅游饭店网（http：//www. ctha. org. cn）

第四步，旅游管理机构网站。

中国旅游网（http：//www. china. travel）

第五步，景区景点网站。

黄山旅游网（http：//www. hsta. gov. cn）

黄果树风景名胜区网站（http：//www. hgscn. com）

第六步，自助游网站。

“走遍欧洲”（http：//www. eueueu. com）

第七步，预订类网站。

携程旅行网（http：//www. ctrip. com）

第八步，旅游搜索引擎网站。

去哪儿（http：//www. qunar. com）

第九步，分析不同类别旅游网站的特点、预测旅游网站的发展趋势。

任务总结

旅游电子商务网站根据不同的角度可分为不同的类别。根据传统旅游企业类型的不同，旅游电子商务网站可划分为旅游企业的电子商务网站、辅助旅游业的电子商务网站及旅游行政管理部门的电子商务网站；根据经营模式的不同，旅游电子商务网站可划分为 B2B、B2E、B2C、C2B 电子商务网站；根据主营项目的不同，旅游电子商务网站可划分为综合性旅游网站、预订服务类网站、在线旅游销售网站、文化旅游网站、地方性旅游网站、旅游信息网站等。在线模拟旅游、旅游视频等多媒体模式及旅游网 SNS 社区、旅游产品点评等个性化模式是旅游电子商务网站的发展趋势。

实训项目

目标

1. 使学生能正确认识旅游电子商务的概念。

2. 掌握巩固理论知识，提高对旅游电子商务的感性认识。

内容与要求

1. 对生活中常见的旅游电子商务网站进行浏览和操作。

2. 对不同种类的旅游电子商务网站的特点进行总结。

组织与实施评价

1. 根据旅游电子商务网站的种类进行分组，组成项目团队，选出项目负责人。

2. 建立沟通协调机制，团队成员共同参与、协作完成任务。

3. 各项目团队登录该类别的旅游电子商务网站，收集网站相关资料。

4. 评价与总结：各项目团队提交旅游电子商务分类报告，对每一类别的旅游电子商务网站的特点进行总结。

评估指标及标准

如表 3－1 所示。

表 3－1　　旅游电子商务网站分类总结评价表

被考评人：　　考评地点：

考评内容		考评标准	分值/分	自我评价/分	小组评价/分	实际得分/分
专业知识技能掌握	网站资料收集	全面、详细	10			
	网站资料分析	深入、透彻	15			
	网站分类特点总结	概括、精辟	15			
	报告完成情况	工整、规范	10			
通用能力培养	学习态度	积极主动，不怕困难，勇于探索	15			
	团队分工合作	能融入集体，愿意接受任务并积极完成	15			
	道德自律	自觉遵守纪律，有责任心和荣誉感	10			
合　计			100			

注：1. 实际得分＝自我评价×40％＋小组评价×60％。

2. 考评满分 100 分，29 分及以下为不及格，30～74 分为及格，75～84 分为良好，85 分及以上为优秀。

任务二　旅游电子商务网站建设规划

任务引入

某旅行社希望能够借助电子商务的力量来拓展自己的业务。由于公司人力有限，希望网站的建设外包，旅行社委托你来和IT公司共同协商实施电子商务方案。

任务分析

由于IT公司不了解公司的具体情况，需要你来和IT公司共同完成旅游电子商务网站的建设，你首先需要为公司的网站选取一个域名，域名的好坏对于一个网站的成功与否有着相当大的影响，一个好的域名要简单好记，对一个公司来说最好和公司的名字一样。第二个任务你要清楚地表达公司对网站的要求，明白地告诉IT公司开放的网站主要具有的功能，以及网站的主要风格，同时使自己公司的网站展示出公司的形象。

知识准备

旅游电子商务网站的创建是一项系统工程，网站的建设者必须考虑和分析建立网站的目的、需求和要实现的功能，并考虑网站的整体规划和具体开发步骤，才能开发出一个具有相当水准的专业商务网站。

一、域名的相关知识

(1) 域名的定义。域名类似于互联网上的门牌号码，是用于识别和定位互联网上计算机的层次结构式字符标识，与该计算机的互联网协议（IP）地址相对应。但相对于IP地址而言，更便于使用者理解和记忆。域名属于互联网上的基础服务，基于域名可以提供虚拟主机、服务器租用、服务器托管、企业邮局等应用服务。

目前互联网上的域名体系中共有三类顶级域名，一是地理顶级域名，共有243个国家和地区的代码。例如，.cn代表中国，.jp代表日本，.uk代表英国等，二是类别顶级域名，共有7个，.com（公司），.net（网络机构），.org（组织机构），.edu（美国教育），.gov（美国政府部门），.arpa（美国军方），.int（国际组织）。由于互联网最初是在美国发展起来的，所以最初的域名体系也主要供美国使用，所以.gov，.edu，.arpa虽然都是顶级域名，但却是美国使用的。只有.com，.net，.org成了供全球使用的顶级域名。相对于地理顶级域名来说，这些顶级域名都是根据不同的类别来区分的，所以称之为类别顶级域名。随着互联网的不断发展，新的顶级域名也根据实际需要不断被扩充到现有的域名体系中来。三是新增加的顶级域名，是.biz（商业），.coop（合作公司），.info（信息行业），.aero（航空业），.pro（专业人士），.museum（博物馆行业），.name（个人）。

在这些顶级域名下，还可以再根据需要定义次一级的域名，如在我国的顶级域名.cn下又设立了.com，.net，.org，.gov，.edu，以及我国各个行政区划的字母代表，如.bj代表北京，.sh代表上海等。

域名层级结构如图3-2所示。

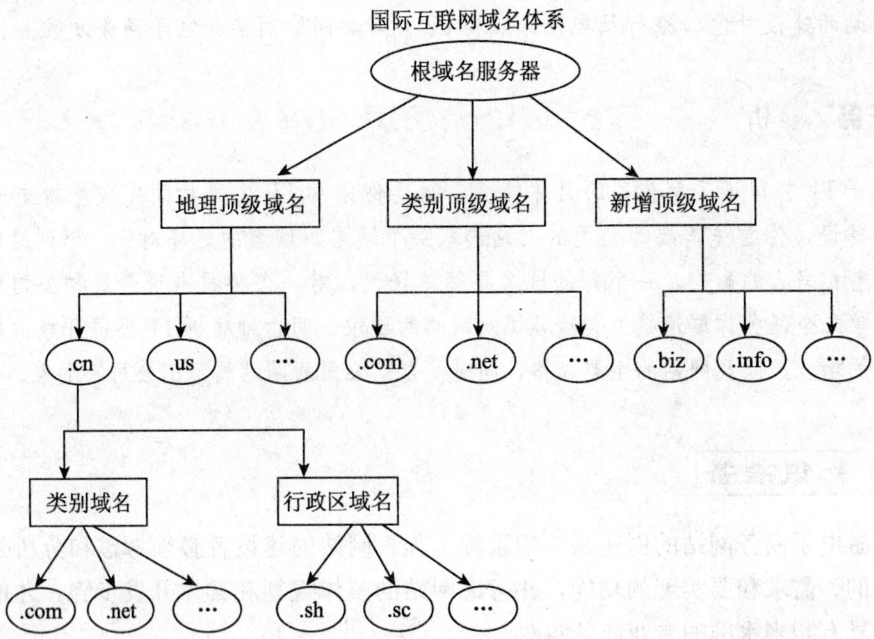

图 3－2　域名层级结构

(2) 域名的注册。在 Internet 上域名注册是实现电子商务活动的第一步，同时，由于域名在全世界具有唯一性，它已经具有类似于产品商标和企业标志物的作用，因此，尽早注册又是十分必要的。域名和商标都在各自的范畴内具有唯一性，并且，随着 Internet 的发展，从企业树立形象的角度看，域名从某种意义上讲又和商标有着潜移默化的联系。所以，它与商标有一定的共同特点。许多企业在选择域名时，往往希望用和自己企业商标一致的域名，域名和商标相比又具有更强的唯一性。

(3) 域名的结构。以 www. cnnic. net. cn 为例，它是由几个不同的部分组成的，这几个部分彼此之间具有层次关系。其中最后的 . cn 是域名的第一层，. net 是第二层，. cnnic 是真正的域名，处在第三层，当然还可以有第四层，如 inner. cnnic. net. cn，至此我们可以看出域名从后到前的层次结构类似于一个倒立的树型结构。其中第一层的 . cn 叫做地理顶级域名。

二、建设旅游电子商务网站前的市场分析

1. 总体策划

业务分析，企业将在网上提供的旅游产品或服务；目标客户分析，目标客户需求特征；竞争对手分析，竞争对手的优劣势；市场定位分析，企业扬长避短的市场竞争策略。

2. 可行性分析

技术可行性，软、硬以及相关技术；经济可行性，投入产出效益；组织人员可行

性，人力资源、组织设计和管理制度。

三、网站的功能定位和内容规划

旅游电子商务网站是面向出行的人的服务，这里出行的人包括旅游者、出差人员以及所有出行到一个陌生城市的人。目前市场上提供旅游电子商务服务的主要有三类企业，旅行社、旅游景点及专业的第三方旅游服务公司。无论是哪一类企业，在提供旅游电子商务服务网站都应包括以下几方面：

1. 旅游资讯

这些信息内容一般都涉及景点、饭店、交通旅游线路等方面的介绍，如旅游常识、旅游注意事项、旅游新闻、货币兑换、旅游目的地天气、环境、人文等信息以及旅游观感等内容。

2. 在线预订/代理服务

主要是提供酒店客房、民航班机机票、旅行社旅游线路等方面的实时、动态的在线预订或代理业务。

3. 户外商城

提供各种旅游装备产品的浏览、购买及在线支付等功能。

4. 会员信息管理

会员的注册、登录、信息修改、订单查询、交易记录等

5. 客户服务

在线QQ或呼叫中心等实时旅游业务咨询、投诉。

6. 个性化定制服务

从网上订车票、预订酒店、查阅电子地图到领先网站的指导在陌生环境中观光、购物，这种以自订行程、自助价格为主要特征的网络旅游在不久的将来会成为国人旅游的主导方式。那么能否提供个性化定制服务已成为旅游网站，特别是在线预订服务网站必备的功能。

四、网站技术解决方案

1. 主机方案

有三种解决方案，即自建网站方式、租用虚拟主机、主机托管。自建网站适合规模较大、资金充足、技术条件成熟的大型旅游企业；后两者适合于搭建中小旅游企业的网站。

2. 选择操作系统

可选的系统有Unix、Linux和Windows系列产品。Linux和Unix属开放源代码操作系统，安全和稳定方面比Windows好，且Linux是免费的。但租用的虚拟主机采用Linux和Unix系统的较少，且Linux和Unix从操作上比Windows要复杂。采用哪种操作系统应结合投入成本、功能、开发、稳定性和安全性等进行分析。

3. 网站的实现途径

企业可自主开发电子商务网站，或者委托、购买软件公司程序的网站系统，也可利用第三方平台搭建商务平台。

4. 网站安全性措施

网站安全性措施包括信息传输的安全、操作系统的安全、Web 服务器的安全、数据库系统的安全及防恶意攻击、防病毒等其他安全方案等。

5. 网站程序开发工具

如 FrontPage、Dreamweaver、Java（J2EE）、ASP. NET、SQL Server、Oracle 等。

五、网站推广

网站推广包括搜索引擎、营销网络、社区营销、电子邮件营销、网络事件营销、即时通信营销、网络会员制营销及传统营销手段。

六、整体预算

项目管理中资金和时间预算很重要。在旅游电子商务网站中，资金预算主要有软件开发、硬件配置、维护费用、实施费用等。

任务实施

第一步，为企业申请注册域名。根据公司的情况，为网站设计出两个国际域名和两个国内域名以供公司主管选择。请注意，你设计的域名应该是可以注册的，也就是还没被人注册过。另外找到三个域名注册代理商，比较他们所提供的域名产品及报价，生成一份比较报告供公司主管参考。

第二步，分析类型网站。根据自己选定的公司从事的业务类型，分析典型类型网站，完成以下工作。

（1）概览××网站，请说明本网站的经营范围及目标、背景和现况。

（2）现在的电子商务网站越来越复杂，为了保证与访问者的良好互动性，就要精心设计网站的分类栏目。请说明××网站的栏目设计，各栏目之间的层次关系怎样，并具体说明各栏目的主要商务内容，突出有特色的内容。

（3）一个设计合理的流程可以大大方便用户使用电子商务网站购物。请画出××网站的某一流程图。

针对其某一个典型服务，如购物、定制、账务管理、安全管理、物流跟踪、售后服务等，用界面图像说明其使用过程，并分析这个典型服务的优点或方便之处，你认为还可以做哪些更贴近用户的改进。例如，商场购物流程一般有会员注册、会员登记、浏览商品、放入购物车、收银台结算、在途跟踪等步骤。将这些步骤按顺序加以说明，并配以每个环节的界面图，最后分析可否在已有的流程上加入其他步骤，或在某些步骤上添加新内容、新格式或新功能，为客户提供更周到的服务。

(4) 付款方式是否齐全和方便也是使用电子商务网站的用户所关心的问题。请列举××网站的付款方式。

(5) 广告设计是引导用户购物和宣传商品的重要手段。请举出××网站广告设计的例子。

(6) 一个电子商务网站一定要有自己的特色。请说出××网站在内容设计上的特色。

(7) 用户在订购货物之后，就会产生一张购物订单。请找出××网站的订单管理(如订单查询、订单状态等)，并说明过程。

第三步，为自己的网站撰写电子商务项目设计书。分为小组，每小组 6 人左右，小组成员有不同分工。为自己在前一个模块中创建的企业（也可自己任选当地企业）撰写电子商务项目设计书框架（按照相关链接中的案例，撰写以下内容），要求语句通顺、思路清晰、结构完整。项目设计书可以参考附录中的案例，但是不能原文照搬。

项目概述

简要说明项目的要点，让读者了解整个项目的大体情况，包括以下内容。

项目名称，项目背景（需求和迫切性），项目的目标，项目的内容（包括实现的主要功能和采用的相应技术），项目的投资规模、建设周期，项目的收益。

项目需求分析

根据需求调研得到的结果，从企业、市场、行业等方面详细分析电子商务能为企业解决哪些问题，带来哪些商业机会，说明企业开展电子商务的必要性。

(1) 企业分析，从企业自身角度分析电子商务的需求情况。

企业简介，简要介绍企业的概况，包括企业名称、主要业务、所属行业、行业的概况、特点及发展趋势、企业拥有的资源和优势、商务模式、业务流程等情况。存在的问题，目前存在哪些方面的问题，可从工作效率、信息传递速度、客户服务效果等方面考虑。企业的电子商务需求，说明电子商务能否解决存在问题，产生新的商机，以及企业自身有哪些电子商务需求。

(2) 市场分析，从企业目标客户角度分析电子商务的需求情况。

企业的目标市场，说明企业目标市场的范围。目标市场的特点，分析企业目标客户的特点，如个人客户的上网情况，企业客户的信息化情况。目标市场的电子商务需求，说明目标市场有哪些电子商务需求，电子商务是否更能满足目标客户要求，稳固现有客户群？是否能发掘新的目标客户群，潜力有多大？

(3) 竞争对手分析，列出主要的竞争对手，分析其电子商务开展情况及效果，说明竞争对手可供借鉴的内容，以及本企业的竞争优势。

项目可行性分析

从技术、经济和业务等方面分析任务实施的可行性。

(1) 技术可行性，根据当前技术发展状况，结合项目特点，从技术角度分析项目的可行性。

(2) 经济可行性，定性或定量分析项目带来的经济价值，结合企业可使用的资源状况，分析项目运作的经济可行性。

(3) 业务实施可行性，说明任务实施对企业商务活动、目标客户以及合作伙伴（供应商、代理商）会产生哪些影响，分析这些影响是否会成为任务实施的障碍。

项目总体规划

(1) 网站目标定位，说明网站的业务领域和服务对象，以及网站建设所要达到的目的，明确网站不同阶段要达到的目标。网站的目标应重点体现出其价值性，对于创业型网站还应体现出其新颖性。

(2) 网站运营模式。商务模式，描述电子商务采用的商务模式。主要业务流程，以流程图的方式表示电子商务下的核心业务流程，并加以文字说明。赢利方式，说明电子商务方式下企业如何赢利。

(3) 网站技术规划。系统体系结构，说明网站的基本组成部分、逻辑层次结构及其相互关系。技术路线选择，比较目前主流的技术路线并根据项目的特点加以选择。

网站平台系统设计

网站网络结构设计，说明网站的网络结构，绘制拓扑结构图。网站安全设计，说明网站在保障安全方面的考虑和措施。硬件选型方案，说明网站使用的各种硬件、网络设备选型。软件选型方案，说明网站使用的各种软件选型。

网站应用系统设计

网站形象设计，网站的形象是指站点展现在用户面前的风格，包括站点的标志、色彩、字体、标语、版面布局等方面的内容。网站功能设计，以图形方式表示网站的栏目划分，并用文字说明各栏目所要实现的功能。

项目实施方案

网站实施的任务，按照工作程序和类别将整个项目分解为实施过程中的任务，描述各项任务包括的具体内容，可以从业务流程改造、域名注册、合作伙伴选择、网站平台建设、应用系统开发、网站测试与验收、网站初始内容建设、人员培训等方面考虑。网站实施人员组织，确定任务实施时各项任务的执行部门或单位及其职责划分。网站实施进度计划，确定任务实施时各项内容的进度，并以图表方式表示出来。

项目运营管理计划

网站推广计划，网站推广使用的方法和措施。网站组织管理计划，保证系统正常运行的组织结构、岗位职责、管理制度等。网站系统管理计划，网站软硬件、网络系统的管理、维护工作。网站安全管理计划，确保网站安全运行的管理措施。

项目预算

实施本项目的总体预算及明细列表。

项目评估

从技术、经营、管理、市场等方面评估系统实施可能面临的风险，以及可以获得的收益，并对面临的风险提出改进的策略。

第四步，各小组提交完整的网站规划书，并制作PPT阐述自己的网站规划。

小资料

旅游电子商务项目设计案例

海口书香海韵旅行社有限公司是按照团中央、团省委关于实施促进青年就业创业行动的总体安排，结合海南大学实际情况，有计划成立的大学生创业公司。公司依托海南大学的优势资源，不仅提供各种旅游服务，还提供票务、酒店预订等服务。

一、市场分析

近年来，我国生活品质不断提升，人民渐渐重视休闲生活，旅游自然成了热门的话题。网络由于方便、快速的特性，成为游客寻求旅游信息的最佳方式。由于上网订购机票及参加旅行团的费用较低廉，越来越受游客欢迎。网上旅游业正迅速扩张，原因是上网查询旅游资料十分方便，以及上网订购机票和参加旅行团通常可获折扣优惠。据统计，3/4游客旅游前会上网查询旅游资料及折扣旅游团，其中16%会订购机票。

旅游借助互联网，能够解决传统旅游业不能解决的适应游客行、吃、住、游、玩一体化的需求；同时还由于旅游作为一个整体的商业生态链，涉及旅行服务机构、酒店、景区、交通等，利用互联网可以将这些环节连成一个统一的整体，进而可以大大提高服务的水平和业务的来源。

目前，一些实力雄厚的大型旅行社都建立了国际顶级域名的旅行社网站，如春秋国旅通过自行研制开发的电子商务网站，整合各种旅游资源，推出了多种特色旅游产品，做到了“散客天天发，一人也能游天下”，极大地提高了企业的效益。

海口书香海韵旅行社有限公司是一个年轻而又充满朝气的公司，公司管理层对建设旅游电子商务网站非常重视，且公司上下对实施旅游电子商务网站充满了信心。技术方面，学校本身就有电子商务网站开发经验非常丰富的教授、高级工程师等技术人员。

因此，建立海口书香海韵旅行社有限公司旅游电子商务网站在技术、管理和效益等方面都是可行的。

二、功能定位和内容规划

为了满足旅游市场的发展要求，探索旅游业务创新的模式，扩大销售渠道，寻求新的利润增长点，网站定位于有地方特色的、个性化的旅游电子商务服务平台。

通过建立旅游电子商务网站，旅行社将实现传统经营与现代化经营相结合，建立旅游管理信息系统。通过信息技术满足顾客对个性化产品的需要，提供优质化的服务，以实现旅游产品增值，通过信息化降低成本、增强公司的竞争力。

1. 网站总体风格

为方便海内外及港、澳、台用户，网站的主页提供简体中文、繁体中文及英文版三个版本。网站设计风格结合网民的浏览习惯，功能上以大众化方式进行操作。

页面设计上采用天蓝色为主色调，以红色、绿色为基调，突出网站的青春活泼，具有旅游艺术潮流的风格。适当添加动态按钮，活动的小图标，优美协调的色彩配以悦耳的背景音乐，将会使浏览者留下深刻的印象。以此来增加网站的访问量。

网站Logo，网站首页主题应表达准确，易理解与辨析；内容明晰、分类清楚、重点突出、简明扼要。

2. 内容规划

主要栏目有公司简介、新闻中心、旅游线路、景点、酒店、美食、内部网入口等。

分栏目发布新闻信息，及时更新旅游信息，并将公司的特色服务栏信息放在首页。

开设论坛，界面设计新颖活泼，激发用户参与，提升网站的人气指数。

提供完善的后台支持，包括网站的维护、网站流量的统计。

三、技术解决方案

鉴于公司处在起步阶段，为节约成本，服务器租用采用主机方式。为方便操作，服务器系统选择Windows系列产品。网站的开发人员主要是学校的计算机教授、高级工程师等技术人员。采用现今网络上最流行的CSS，Flash，Javascript，.net等技术进行网站的静态和动态页面设计。

四、推广

从成本角度出发，最先考虑以下几种推广方案。

媒体推广，利用“学生创业”的特点，通过媒体报道来推广网站。

传单推广，印刷传单，在新生入校或学校开展集体活动时发放；在机场、商场等公共场所发放；在旅游时给游客发放；通过学生、学生家长、游客、市民进行推广。

网络推广，发动学生通过QQ群、校友录等网络方式进行推广。

竞价推广，通过百度竞价排名，关键字是海南、旅游、酒店、机票等。

五、整体预算

实施海口书香海韵旅行社旅游电子商务网站主要开支包括以下几项费用。

网站开发费用，1万元（包括页面设计和代码开发），由于是学校的开发人员，因此费用较低。

服务器租用费，虚拟主机600元/年、域名费用280元/年。

网站维护，包括内容和功能的更新、人员投入、推广等，2.5万元/年。

任务总结

旅游电子商务网站规划就是网站建设的整体框架，在网站建设过程中有据可循，在具体实施过程中，按部就班，避免日后返工和重复投入，提高网站的运营效率并节约投资成本。网站规划内容一般包括网站建设前的市场分析、网站的功能定位和内容规划、网站技术解决方案、网站推广方案及网站建设整体预算。

实训项目

目标

1. 使学生能正确认识域名及域名的申请步骤。

2. 掌握网站规划方案的制订与实施。

内容与要求

1. 网站规划前的市场分析。

2. 网站规划的内容与要求。

组织与实施评价

1. 以项目团队为学习小组，选出项目负责人。

2. 建立沟通协调机制，团队成员共同参与、协作完成任务。

3. 网站规划内容应包括网站市场分析、网站功能定位、网站技术解决方案、网站整体预算等内容。

4. 评价与总结：各项目团队提交网站规划报告，并根据报告进行评估。

评估指标及标准

如表 3-2 所示。

表 3-2　　网站规划方案评估评分表

职业能力	评价指标	测评结果（通过、未通过）	备　注
域名的注册	域名注册是否合理 能否按照所给案例形式		
网站的规划	完成网站的规划、小组是否分工合作		
自我管理的能力	掌控时间的能力 学习积极性		
交流能力	有效与他人沟通 合作积极		
创新能力	发现并解决常规问题 提出新的有价值的方法		
教师评价成绩	—		

任务三　旅游电子商务网站设计和开发

任务引入

公司已经制订旅游电子商务的实施方案，委托你基于旅游目的地搭建提供吃、住、行、游、购、乐等旅游产品与服务的在线预订与交易的旅游电子商务网站。旅游电子商务网站主要包括的功能模块有酒店预订、餐饮预订、旅游纪念品网上订购、旅游线路在线订购、旅游DIY、景区景点门票在线预订、机票订购等。

任务分析

旅游电子网站是企业开展电子商务的平台，网站开发涉及需求调研、需求分析、系统设计、系统开发、系统集成与对接、硬件采购与配置、网络安全、运营推广、网络营销、系统售后维护等多方面任务。因此，平台的搭建首先必须要评估公司的技术实力，决定选择IT外包还是自主研发。自主研发更能满足公司个性化需求，但需要公司具备较强技术实力；IT外包平台搭建更加快速、专业，但需要支付开发和维护费用；平台的搭建还要充分研究旅游行业和旅游产品特色，深入调研休闲和商务旅游人士的需求以及公司的设计要求后才能进行网站开发。

知识准备

一、网站的CI设计

所谓CI（Corporate Identity），是借用的广告术语。现实生活中的CI策划比比皆是，杰出的例子如可口可乐公司，全球统一的标志、色彩和产品包装，给我们的印象极为深刻。更多的例子如SONY、三菱、麦当劳等。

一个杰出的网站，和实体公司一样，也需要整体的形象包装和设计。准确的、有创意的CI设计，对网站的宣传推广有事半功倍的效果。在网站主题和名称确定之后，需要思考的就是网站的CI形象。

网站CI设计一般包含如下内容。

1. 设计网站的标志（Logo）

首先需要设计制作一个网站的标志（Logo）。就如同商标一样，Logo是站点特色和内涵的集中体现，看见Logo就让大家联想起网站。注意，这里的Logo不是指88×31的小图标Banner，而是网站的标志。

标志可以是中文、英文字母，可以是符号、图案，可以是动物或者人物等。比如，QQ是用卡通企鹅作为标志，新浪用字母sina＋眼睛作为标志。标志的设计创意来自网站的名称和内容。

(1) 网站有代表性的人物、动物、花草，可以用它们作为设计的蓝本，加以卡通化和艺术化，例如，迪斯尼的米老鼠，搜狐的卡通狐狸，鲨威体坛的篮球鲨鱼。

(2) 网站有专业性的、可以以本专业有代表的物品作为标志。比如中国银行的铜钱标志，奔驰汽车的方向盘标志。

(3) 最常用和最简单的方式是用自己网站的英文名称作标志。采用不同的字体、字母的变形、字母的组合可以很容易制作好自己的标志。

2. 设计网站的标准色彩

网站给人的第一印象来自视觉冲击，确定网站的标准色彩是相当重要的一步。不同的色彩搭配产生不同的效果，并可能影响到访问者的情绪。

标准色彩是指能体现网站形象和延伸内涵的色彩。例如，IBM的深蓝色，肯德基的红色条型，Windows视窗标志上的红蓝黄绿色块，都使我们觉得很贴切，很和谐。

一般来说，一个网站的标准色彩不超过3种，太多则让人眼花缭乱。标准色彩要用于网站的标志、标题、主菜单和主色块，给人以整体统一的感觉。至于其他色彩也可以使用，只是作为点缀和衬托，绝不能喧宾夺主。

一般来说，适合于网页标准色的颜色有，蓝色，黄/橙色，黑/灰/白色三大系列色。以下是网站常用的色彩搭配参照标准，如表3-3。

表3-3　　网站色彩搭配参照表

颜色名称	心理反应	应用情况
红色	热情、活力、温暖、喜庆	极易吸引人们的注意，在网页中广泛使用
橙色	时尚、明快、温馨、热烈	常常用于某些时尚新潮的网站中，如时装网站等
黄色	快乐、希望、明亮、乐观	营造出愉快的氛围，能够得到大部分浏览者的认可
绿色	宁静、希望、清爽、自然	浅绿、黄绿等颜色既有绿色的特点，又能表现黄色的温暖，用在网站中能够得到年轻人和儿童的喜爱，如环保、奥运网站等多采用此色为主调
蓝色	凉爽、清新、理智、平静	在商业设计中，强调科技、效率的商品或企业形象，大多选用蓝色
灰色	柔和、高雅、可靠、成熟	与红色、橙色等有视觉冲击力的颜色相比，灰色比较低调。许多高科技产品都采用灰色传达高科技形象，如大多数汽车网站就采用灰色为主调
白色	洁白、纯真、明快、简洁	通常需要与其他色彩搭配使用，多用于网站背景色

续 表

颜色名称	心理反应	应用情况
黑色	深沉、高贵、庄严、优雅	适合与许多颜色搭配，一些艺术类的或个人网站也采用它作为主色调
紫色	高贵、神秘	具有强烈的女性化性格，在网页设计中，与粉红色一样，多用于和女性有关的网站

3. 设计网站的标准字体

文字字号的大小控制了页面的形象，大文字能给人有力量、自信的印象，而小文字给人紧凑的印象。

网页中正文文本的字号一般设置为10～12像素；网页中标题文本字号一般设置为12～18像素；对于网页中的版权声明等文本，一般将字号设置为9～10像素。

4. 设计网站的宣传标语

宣传标语也可以说是网站的精神，网站的目标，用一句话甚至一个词来高度概括。类似实际生活中的广告金句。例如，雀巢的“味道好极了”；麦斯威尔的“好东西和好朋友一起分享”；Intel的“给你一个奔腾的心”等。

二、网页页面内容的编排

网页页面内容的编排要力求做到布局合理化、有序化和整体化，充分利用有限的屏幕空间。在编排页面内容时，主要考虑以下几点。

1. 主次分明，中心突出

编排页面时，要求版面分布具有条理性，页面排版要求符合浏览者的阅读习惯和逻辑认知顺序。例如，将导航或目录安排在页面的上面或左面，一些重要的文章和图片安排在屏幕的中央，以突出重点，在视觉中心以外的地方安排次要的内容。

2. 大小搭配、相互呼应

对于较长的文章、标题或较大的图片，不要编排在一起，要注意设定适当的距离，互相错开。这样可以使页面错落有致，避免重心偏离形成不稳定感。

3. 图文并茂、相得益彰

文本与图像合理搭配，图像应起到突出主题的作用。

4. 适当留空、清晰易读

留空是指空白的、没有信息仅有背景色填充的区域。留空区面积较大时会给人一种高雅、时尚的心理感觉。页面过于繁杂时会产生反作用，削弱整体的可读性，无法让浏览者抓住重点。页面内容的行距、字距、段间段首的留空都是为了易于阅读。

三、网页布局设计

网页布局就是把网页的基本组成部分在页面内进行合理的安排。Internet上的网页多种多样，内容千差万别，形式各异，但网页的布局归纳起来大致可分为以下几种。

1.“匚”字形布局结构

如图 3－3 所示为“匚”字形布局结构。

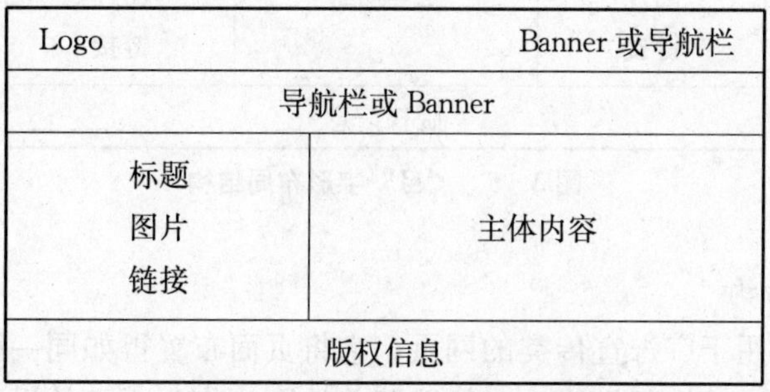

图 3－3 “匚”字形布局结构

这种布局结构通常顶部是网站的 Logo、Banner、导航栏，下方的左侧是标题图片链接，右侧显示的是网页的主体内容，最底端是版权信息。使用该布局结构的网页一般背景颜色较深，形成“匚”字形结构。

2.“亘”字形布局结构

这是只有一屏的布局结构，该布局结构适合于内容较少、整个网站页面内容十分相似的网站，页面最上方通常是导航栏、Logo、Banner，最下方是版权信息，中间是主体内容区域，如图 3－4 所示。

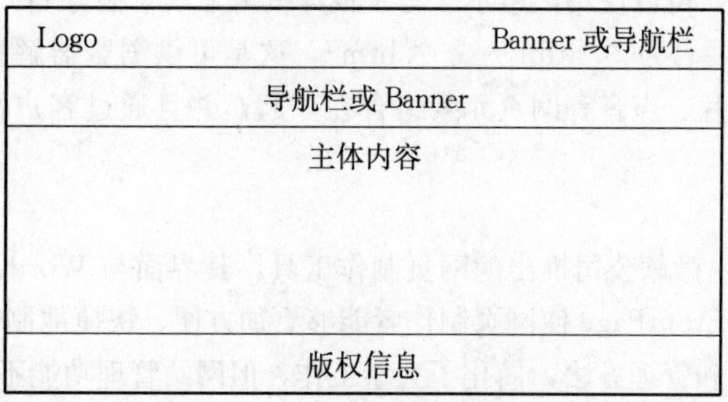

图 3－4 “亘”字形布局结构

3.“目”字形布局结构

这种布局结构是在“匚”字形布局结构的基础上稍做变动而形成的，即在其右侧增加了一个竖列，缩小了中间主体内容的宽度，如图 3－5 所示。该布局结构充分地利用了版面，包含的信息量更大，通常应用于大型的网站。

<table>
<tr><td colspan="2">Logo</td><td>Banner或导航栏</td></tr>
<tr><td colspan="3">导航栏或Banner</td></tr>
<tr><td>标题
图片
链接</td><td>主体内容</td><td>标题
图片
链接</td></tr>
<tr><td colspan="3">版权信息</td></tr>
</table>

图3-5 “目”字形布局结构

4. POP布局结构

该布局结构适用于广告宣传类的网页，它将页面布置得如同一张宣传海报，不讲究内容，也没有固定的排版模式，一般以精美的图片作为页面的设计核心。大多数的个人网站或娱乐网站采用该类型的布局结构。

5. 综合布局结构

该布局结构比较复杂，可以看做是上面几种布局的结合。目前这种布局结构也被广泛采用。

四、常见网页制作工具

常见的网页制作工具大致有以下几种。

1. 超文本标识语言（HTML）

HTML（Hypertext Markup Language）是Internet上用于编写网页的语言，它是纯文本类型的语言，可以使用记事本、写字板等编辑工具来编写HTML文档。用HTML编写的文档扩展名为“.html”或“.htm”，这是可供浏览器解释并显示的文件格式，它将文字、图片、声音等网页元素组合在一起，并且通过客户端的浏览器对其进行解释。

2. FrontPage

FrontPage是由微软公司推出的网页制作工具，其界面与Word、PowerPoint软件的界面极其相似。FrontPage使网页制作者能够更加方便、快捷地制作和发布网页，具有直观的网页制作和管理方法，简化了大量工作，但网站管理功能不强。

3. Dreamweaver

Dreamweaver是由Macromedia公司推出的一款大众化的网页制作软件。它具有可视化编辑界面，用户不必写复杂的HTML源代码就可生成网页。Dreamweaver不仅适合于专业网页编辑人员的需要，同时也容易被业余爱好者所掌握，即使是初学者也能够制作出相当于专业水准的网页。另外，Dreamweaver还具有很强的网站管理功能，是网页设计者的首选工具。

4. Expression Web

Expression Web是美国微软公司开发的最新网页制作工具，是FrontPage的升级产品，功能更加强大，是一套更专业的网页制作工具。由于其对当前最新 Web 标准中 XHTML 和 CSS 的内置支持更加完美，以及此工具的操作界面更多地侧重于美工人员和程序人员的习惯和协作，这意味着如果使用 Expression Web，用户将投入很少的时间和精力就能制作出高质量的网页。

五、动态网页开发技术

1. 从静态网页到动态网页

早期的 Web 服务器传送的是静态网页，虽然网页中包括有文字和图片，但是只要不改变设计，网页的内容是不会变化的。对静态网页的访问过程如下。

客户通过 Web 服务器的 URL 申请页面。服务器向客户送回被申请的页面。在客户端下载并在浏览器上显示页面。断开客户与服务器之间的联系。

整个过程比较简单，到客户端下载完页面为止，整个过程就结束了。用于发布静态网页的网站设计也比较简单。这种设计对于早期的网站来说也许已经足够了。因为早期使用网站的大多是一些科学工作者，他们关注的重点只是交流有关科学技术的内容。

随着因特网应用领域的扩展，各种不同类型的客户加入到网络中来，不少客户很快就提出了新的要求。例如，有的客户提出，能不能代我查阅一下我银行存款的变化情况？要满足类似这样的需求，服务器的工作就不那么简单了。它首先要查阅银行账户，进行必要的计算和统计，再将结果反馈给客户。这就是说，服务器在回答问题前必须先执行一些相关的程序。这段程序不仅能够回答客户的问题，还能够保障客户的信息安全，防止其他人查阅或破坏。

类似这种网页的输出内容将随程序执行的结果而有所不同。这样的网页称为“动态网页”。访问动态网页的过程如下。

客户通过 Web 服务器的 URL 申请一个网页。服务器接收请求，并处理网页上的代码。将代码的处理结果转换成 HTML 代码后向客户送出。在客户端下载并在浏览器上显示网页。服务器断开与客户的联系并转向其他客户，以便提供新的服务。

2. 动态网页发展的几个阶段

和静态网页相比，动态网页的处理上多了一个处理代码的过程。用什么方式来处理代码，在不同的历史时期采用了不同的技术，大体上可以划分为三个阶段。

(1) CGI 阶段。CGI 是英文 Common Gateway Interface 的缩写，代表服务器端的一种通用（标准）接口。每当服务器接到客户更新数据的要求以后，利用这个接口去启动外部应用程序来完成各类计算、处理或访问数据库的工作，处理完后将结果返回 Web 服务器，再返回浏览器。外部应用程序是用 C、C++、Perl、Pascal、Java 或其他语言编写的程序，程序运行在独立的地址空间中。具体情况如图 3-6 所示。

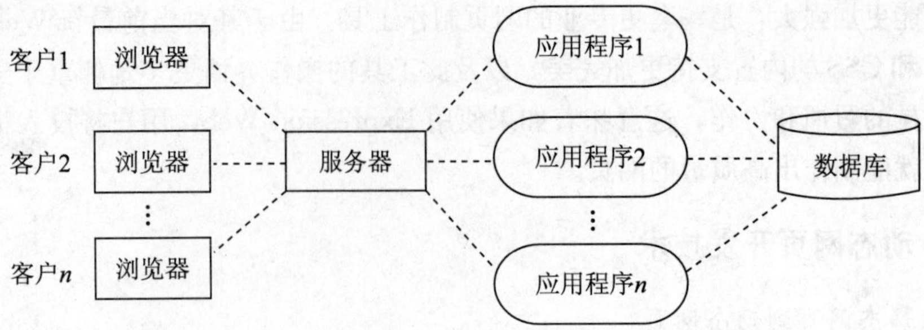

图 3-6 CGI 示意

后来出现了ISAPI（用于Internet Explorer浏览器）或NSAPI（用于Netscape浏览器）技术，其功能与CGI相同，但技术方面有些改进。外部应用程序改用动态链接库（DLL），被载入Web服务器的地址空间运行，并且用“线程”代替“进程”，因而显著地提高了运行效率。但不论是CGI还是ISAPI或NSAPI，都需要编写外部应用程序，而编写外部应用程序并不是一件容易的事情。从开发人员的角度讲，这种开发方式并没有带来开发上的方便。

（2）脚本语言阶段。这个阶段出现了许多杰出的脚本语言，如ASP、PHP和JSP等。脚本语言的出现大大简化了动态网站的开发难度，特别是ASP和PHP，这两种语言学习简单、功能强大，成为许多网站开发者的首选。

JSP与ASP的程序结构非常相似。JSP的主要特点是在传统的HTML网页文件中加入Java程序片段（Scriptlet）和使用各种各样的JSP标志（Tag），构成JSP网页。Web服务器在接收客户端的访问要求时，首先执行其中的程序片段，并将执行结果以HTML格式返回客户端。

（3）组件技术阶段。ASP.net和Java（J2EE）技术是这个阶段的代表。这是一个由类和对象（组件）组成的完全面向对象的系统，采用编译方法和事件驱动方式运行。系统具有高效、高可靠性、高可扩展性特点。

3. 动态网页开发技术

目前常用的动态网页脚本语言有PERL（Practical Extraction and Report Language）、PHP（Hypertext Preprocessor）、JSP（Java Server Pages）、ASP（Active Server Pages）。

（1）PERL。PERL是一种很古老的脚本语言。最初的Web应用大多是用PERL编写的，Perl很像C语言，使用非常灵活，对于文件操作及处理和C语言一样的方便快捷，但可维护性差。

结论，技术已过时，现在很少有人用。

（2）PHP。PHP是一种跨平台的服务器端嵌入HTML页面中的脚本语言，可在Windows、UNIX、Linux的Web服务器上正常执行，还支持IIS、Apache等一般的Web服务器，用户更换平台时，无须变换PHP代码。它大量地借用C、Java和Perl语言的语法，并结合 PHP 自己的特性，使 Web 开发者能够快速地写出动态页面，支持目前绝大多数数据库。

PHP 是完全免费的开源产品，不用花钱，Apache 和 MYSQL 也是同样免费开源，在国外非常流行 PHP 和 MYSQL 搭配使用，可以非常快速地搭建一套不错的动态网站系统。

PHP 和 PERL 的语法很相似，但是 PHP 所包含的函数却远远多于 PERL。PHP 没有命名空间，编程的时候必须努力避免模块的名称冲突。一个开源的语言虽然需要简单的语法和丰富的函数，但 PHP 内部结构的天生缺陷导致了 PHP 不适合于编写比小型业余网站更大的网站。

结论，PHP 因为结构上的缺陷，使得其只适合编写小型的网站系统。

(3) JSP。JSP 是 Sun 公司在 Java 应用程序和 Java Applet 基础之上推出的一种动态网页技术。JSP 在 Servlet 和 JavaBean 的支持下，完成功能强大的站点程序。JSP 和 PHP、ASP 有着本质的区别。PHP 和 ASP 都是由语言引擎解释执行程序代码，而 JSP 代码却被编译成 Servlet 并由 Java 虚拟机执行。这种编译操作仅在对 JSP 页面的第一次请求时发生，因此普遍认为 JSP 的执行效率比 PHP 和 ASP 都高。

JSP 在技术结构上有着其他脚本语言所没有的优势，JSP 可以实现内容的产生和显示相分离，并且 JSP 可以使用 JavaBeans 或者 EJB（Enterprise JavaBeans）来执行应用程序所要求的更为复杂的处理，进而完成企业级分布式的大型应用。

因此不少国外的大型企业系统和商务系统都使用 JSP 技术，作为采用 Java 技术家族的一部分，JSP 技术也能够支持高度复杂的基于 Web 的应用。

结论，对于脚本语言来讲，JSP 还是拥有相当大的优势，虽然其配置和部署相对其他脚本语言来说要复杂一些，但对于跨平台的大中型网站系统来讲，基于 Java 技术的 JSP（结合 JavaBean 和 EJB）几乎成为唯一的选择。

目前，在国内 JSP、PHP 与 ASP 应用最为广泛。三者中，JSP 应该是未来发展的趋势。

(4) ASP。ASP 是英文 Active Server Page 的缩写，1996 年 11 月由微软公司推出，用来开发 Internet 或 Intranet 应用程序的技术。按照微软公司自己的定义，“ASP 是一种服务器端的脚本技术，用来创建动态的、交互的网站”。它的特点是，将 HTML 标记以及 Script 程序代码组织在一个网页文件中，代码以 Visual Studio Script 或 JavaScript 脚本语言为基础。当客户访问 ASP 网页时，服务器（PWS 或 IIS）将启动 ASP 文件的解释程序在服务器端执行。执行后，动态地产生 HTML 文件，然后传送到客户端的浏览器中显示。

ASP 采用的脚本语言使用起来比较简单，除此以外系统还提供了几个内建对象，利用它们创建动态网页比较容易，因此 ASP 一出现立即受到普遍欢迎，一批使用 ASP 技术创建的网站相继出现。

但是近几年来，人们对网站提出了更多、更高的要求。电子商务的出现就是一个典型的例子。在电子商务中，购物的过程不仅需要客户与服务器之间进行多次交互，还涉及各类网站之间的交互和计算。例如，要通过认证机构证明双方的身份；要通过银行网站付款或转账；通过税务部门纳税；通过保险公司保险；通过物流公司发货等。

与此同时，网络本身也有长足的进步，服务器功能的增强，传输网带的增宽，速度的增快。新标准 XML/SOAP 的诞生，给网络技术的发展提供了更加雄厚的基础。

在这样的形势下，新的要求与新的技术基础呼唤着新技术的诞生。

(5) 新一代 ASP. NET 技术。进入 21 世纪以来，微软公司鲜明地提出了 . net 的发展战略，确定了创建下一代 Internet 平台的目标。下一代 Internet 的主要特征之一就是，它将无处不在，世界上任何一台智能数字设备都有可能通过宽带连接到因特网上。因此，作为下一代 Internet 的平台应该实现以下要求。

为各种类型的客户服务。不仅能为现有的计算机、手提式计算机、移动电话等客户服务，还要能为未来可能加入因特网的智能设备（如电视机、电冰箱和洗衣机等）提供服务。强大的交互和运算能力。跨平台交换数据的能力。快速设计和部署的能力。强有力的信息安全保障能力。

在这些思想的指导之下，微软于 2000 年推出了基于 . net 框架的 ASP. NET 1.0 版本，2002 年推出了 ASP. NET 1.1 版本，2005 年年底又推出了 ASP. NET 2.0 版本。ASP. NET 是在 ASP 的基础上发展起来，但它不只是 ASP 的升级，而是重新构筑的一个全新的系统。由于 ASP 存在着“先天”不足，用修补、增添的办法已经很难满足要求。关键的问题是，ASP 不是一个完全的面向对象的系统，它使用的脚本语言虽然简单、灵活，但属于弱类型语言，功能不强而且容易出错，系统提供的内建对象也只有几十个，同时 ASP 通过解释来执行代码，效率比较低，等等。

ASP. NET 是建立在 . net 框架平台上的完全面向对象的系统。ASP. NET 与 . net 框架平台的紧密结合是 ASP. NET 的最大特点。有了 . net 框架的支持，一些单靠应用程序设计很难解决的问题，都可以迎刃而解。. net 框架平台给网站提供了全方位的支持，这些支持包括以下几个方面。

强大的类库。利用类库中的类可以生成对象组装程序，以实现快速开发、快速部署的目的。多方面服务的支持。如智能输出（对不同类型的客户自动输出不同类型的代码）、内存的碎片自动回收、线程管理和异常处理等。允许利用多种语言对应用进行开发。跨平台的能力。充分的安全保障能力。

任务实施

第一步，体系结构设计。

旅游电子商务网站体系结构设计一般采用浏览器/服务器（Browser/Server，B/S）三层结构。

B/S 架构体系如图 3-7 所示，由客户机、应用服务器和数据库服务器三部分组成，在中小型应用系统中，Web 服务器可以与数据库服务器安装在同一台服务器中。与C/S架构相比，它不需要在客户机上安装专门的客户端软件，用户在使用程序时仅需要通过安装在客户机上的浏览器访问指定的 Web 服务器即可。在 B/S 架构中主要的数据分析处理工作是在应用服务器中完成的，客户端主要用来下达指令和接收结果，所以客户机的配置要求不高，B/S 架构非常适合“瘦客户端”的运行环境。

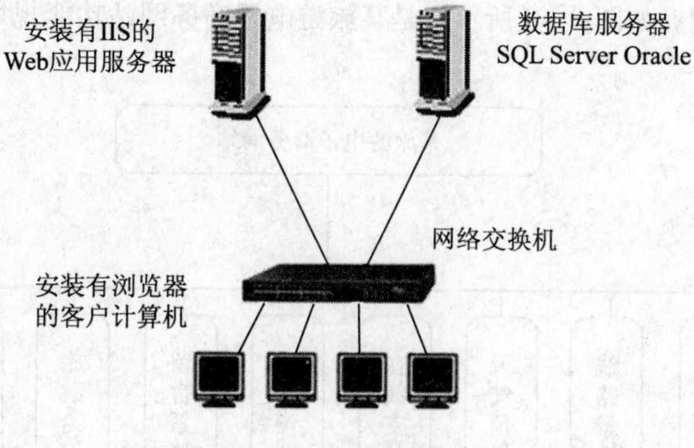

图 3－7　B/S 架构体系

系统的逻辑结构可以是两层结构也可以是三层结构。所谓两层结构是显示层直接连接到数据层；所谓三层结构是在显示层和数据层的中间增加一个商业逻辑层。两层或三层逻辑结构如图 3－8 所示。如果系统比较简单，采用两层结构比较合适。当系统比较复杂或者系统有特殊要求时适合于采用三层结构。三层结构的中间层从物理上看可能还包括多个层次，但从逻辑上看都属于中间层。

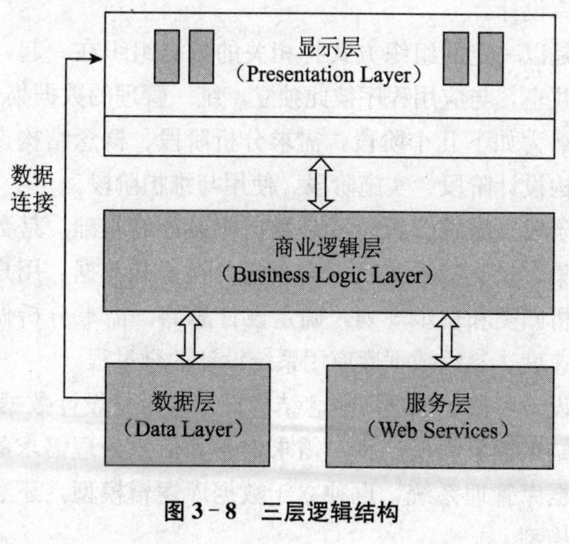

图 3－8　三层逻辑结构

第二步，功能设计。

旅游电子商务网站的功能有新闻发布管理、网站内容管理、酒店预订管理、线路预订管理、会议预订管理、机票预订、留言簿管理、广告发布管理、自助友情链接、天气预报、注册（代理）会员、旅游论坛、订单管理等。显然，不是每个旅游电子商务网站都需要提供上述的所有功能。要根据企业自身的业务特点和网站今后发展的趋势、用户需求、网站预算来决定旅游电子商务网站的功能。根据网站功能，确定网站应达到的目的作用。如图 3－9 所示，是某旅游电子商务网站功能规划图。

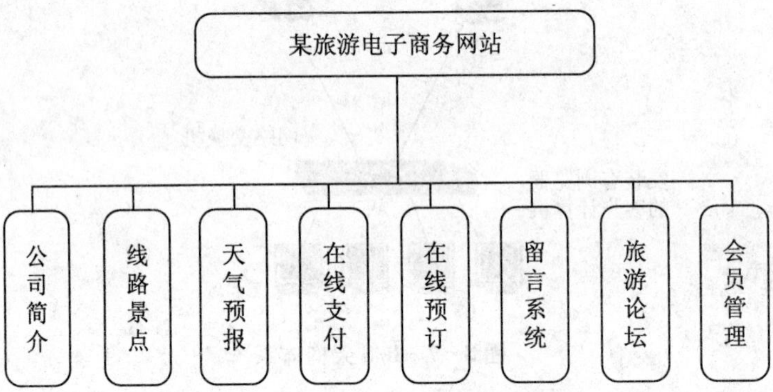

图 3－9　某旅游电子商务网站功能

根据网站的目的和功能规划网站内容，一般企业网站应包括公司简介、产品介绍、服务内容、价格信息、联系方式、网上订单等基本内容。

包含交易的旅游电子商务类网站要提供会员注册、详细的商品服务信息、信息搜索查询、订单确认、付款、个人信息保密措施、相关帮助等。

第三步，数据库设计。

所谓数据库，是以一定的组织方式将相关的数据组织在一起，长期存放在计算机内，可为多个用户共享，与应用程序彼此独立，统一管理的数据集合。

数据库设计归纳为如下几个阶段，需求分析阶段、概念结构设计阶段、逻辑结构设计阶段、物理结构设计阶段、实施阶段、使用与维护阶段。

（1）需求分析阶段。需求分析阶段是数据库设计的基础，是数据库设计的最初阶段。这一阶段要收集大量支持系统目标实现的各类基础数据、用户需求信息和信息处理需求，并加以分析归类和初步规划，确定设计思路。需求分析做得好与坏，决定了后续设计的质量和速度，制约数据库应用系统设计的全过程。

（2）概念结构设计阶段。数据库概念结构设计阶段是设计数据库的整体概念结构，也就是把需求分析结果抽象为反映用户需求信息和信息处理需求的概念模型。概念模型独立于特定的数据库管理系统，也独立于数据库逻辑模型，还独立于计算机和存储介质上数据库物理模型。

（3）逻辑结构设计阶段。数据库逻辑结构设计是在概念模型的基础上进行的。逻辑结构设计，就是根据已设计好的概念模型（E—R模型），将其转换为与DBMS支持的数据模型相符的逻辑结构。

（4）物理结构设计阶段。数据库物理结构设计就是为设计好的逻辑数据模型选择最适合的应用环境。换句话说，就是能够在应用环境中的物理设备上，由全局逻辑数据模型产生一个能在特定的DBMS上实现的关系数据库模式。

（5）实施阶段。数据库实施阶段是根据物理结构设计阶段的结果，建立一个具体的数据库，将原始数据载入到数据库中，并编写应用系统程序，对数据库进行试运行操作。

（6）使用与维护阶段。数据库实施阶段的任务完成后，数据库应用系统将投入使用。为了保证数据库的性能良好，在实际应用中，有时也需要对数据库进行调整、修改和扩充。

第四步，用户界面设计。

用户界面设计关系到数据的输入、输出，也关系到用户对于网站的印象，尤其是首页和商品的页面是网站中最重要的页面。

首页犹如商店的橱窗，应该有很强的吸引力，让顾客停留较长时间。用户界面设计工具一般使用Dreamweaver或微软的FrontPage。开发人员可以精确地放置每一个元素在网页的任何位置，为网站设定专业、协调的外观，输入和编辑html原代码，使用最新的网页技术，而这一切不需要编写任何程序。为使界面更加美观，可以使用Photoshop对图片进行加工处理。Photoshop是美国Adobe公司开发的图像设计及处理软件，以其强大的功能备受用户的青睐。Photoshop是一个集图像扫描、编辑修改、图像制作、广告创意、图像合成、图像输入输出、网页制作于一体的专业图形处理软件。为美术设计人员提供了无限的创意空间，可以从一个空白的画面或从一幅现成的图像开始，通过各种绘图工具的配合使用及图像调整方式的组合，在图像中任意调整颜色、明度、彩度、对比，甚至轮廓及图像；通过几十种特殊滤镜的处理，为图片增添变幻无穷的魅力。

如果想给界面添加活泼动感的动画，Flash是首选。Flash是一种交互式矢量多媒体技术，作为一种可以用在互联网上动态的、可互动的SHOCKWAVE，它的优点是体积小，可边下载边播放，这样就避免了用户长时间的等待。用Flash制作的动画，还可以加入很有感染力的音乐。这样就能生成多媒体的图形和界面，而且使文件的体积很小。

第五步，程序代码开发。

目前，网站程序一般使用ASP、PHP、JSP、.net等来实现。

ASP、PHP和JSP等都属于脚本语言，其中使用最广泛的是JSP。JSP的主要特点是在传统的HTML网页文件中加入Java程序片段（Scriptlet）和使用各种各样的JSP标志（Tag），构成JSP网页。Web服务器在接收客户端的访问要求时，首先执行其中的程序片段，并将执行结果以HTML格式返回客户端。

ASP. NET 和 Java（J2EE）是最新的面向对象编程技术。这是一个由类和对象（组件）组成的完全面向对象的系统，采用编译方法和事件驱动方式运行。系统具有高效、高可靠性、高可扩展性的特点。

任务总结

虽然每个网站的主题、内容、规模、功能等方面都各有不同，但其基本的开发流程是一样的。网站的创建主要分六个阶段。

第一阶段，体系结构的设计，主要指三层逻辑架构的设计。

第二阶段，网站功能设计，即网站要实现的功能模块。

第三阶段，网站数据库的开发与设计，包括数据库 E—R 图设计、表的设计、数据完整性的设计等。

第四阶段，网站代码的开发与设计，主要是指数据层、服务层、商务逻辑层、显示层等代码的实现。

第五阶段，网页的开发与设计，包括网页布局设计、网页美工设计等。

第六阶段，网站的测试与运行。

实训项目

目标

1. 使学生了解网站 CI 设计、网页布局设计及动态网页开发技术。

2. 巩固理论知识，提高网站设计的动手能力。

内容与要求

1. 网页布局设计。

2. 网页 CI 设计。

3. 动态网页开发技术的选择。

组织与实施评价

1. 以项目团队为学习小组，选出项目负责人。

2. 将网站设计任务进行拆分，每位成员负责网站设计的某一部分，成员分工合作，共同完成整体任务。

3. 网站设计内容包括网站网页设计、网站 CI 设计及网站代码开发。

4. 评价与总结：各项目团队提交网站作品，运行网站，根据网站设计的功能、外观等方面进行评价。

评估指标及标准

如表 3－4 所示。

表 3-4　　旅游电子商务网站规划方案评分表

评价内容	评价指标	测评结果（优、良、中、及格、不及格）	备注
数据库设计	表设计、表关系设计、E—R 图设计		
网站模块设计	网站要实现哪些功能模块		
网站代码开发	网站业务逻辑层中间代码的编写		
网页设计	网页布局设计 网页事件代码的编写		
网站样式表设计	CSS 样式表的编写 CSS 样式表的使用		
最终成绩	—		

任务四　旅游电子商务网站测试和发布

任务引入

IT 公司已经将委托开发的旅游电子商务网站开发完成并交付使用，公司接下来安排做两项工作，一是尽快将网站发布出去，让客户能够通过 Internet 浏览到公司的网站；二是扩大网站的知名度，提高网站在搜索引擎中的排名，让客户“引进来”，也能“留得住”。

任务分析

网站的测试和发布是网站开发的最后一个重要阶段，需要完成以下工作。

（1）申请域名。

（2）域名备案。

（3）申请站点空间。

（4）本地站点的测试。

（5）网页的上传。

（6）网站的宣传推广。

知识准备

一、旅游电子商务网站测试

网站测试的主要目的是用最少的时间和人力找出系统中潜在的各种错误和缺陷，同时通过测试证明系统的功能和性能是否满足需求，建设的网站是否实现了规划的预期目标、是否能够满足业务流程的要求、界面是否友好、操作是否简单方便、输入与输出的数据信息是否准确流畅等。

任何网站在发布前都要进行周密的测试，以确保可供访问者正常浏览并能达到预期的目标。作为商务网站，在发布前更需要着重测试以下几个方面。

Web 服务器的稳定性与安全性，对客户访问的平均响应时间，可支持的最大并发连接数量等。数据库服务器的稳定性与安全性，Web 应用程序与后台数据库的协同工作情况，数据访问的准确性和存取速度等。网站导航系统的测试，导航标志是否清晰，各种链接是否正确，客户能否快速找到网站提供的所需信息。网页兼容性测试，如是否支持各种浏览器程序，是否支持各种分辨率的显示器等。是否已经达到网站规划与设计时制定的各个目标和各项需求。其他所需的各种测试。

二、旅游电子商务网站发布

1. 空间申请

申请网站空间的方案主要有以下几种。

(1) 专线空间。专线空间适用于中型企业，向电信部门申请专线，建立一个自己独立的网站。

(2) 服务器托管。服务器托管适用于信息量大，需要较大空间的站点。

(3) 虚拟主机。虚拟主机是把一台主机分成多台“虚拟”的主机，每台虚拟主机都具有独立的域名和共享的 IP 地址。一般适合中小型企业和个人使用。

2. 申请域名

当用户购买了空间服务器之后，就可以通过服务器主机 IP 地址来访问，但是 IP 地址不便记忆，不利于网站的推广，因此用户可以根据自己的网站类型申请一个域名，然后将该域名解析到服务器主机 IP 上，就可以通过域名来访问网站了。

域名就是网站的网址，每一个网站的域名在网络中都是唯一的，它是一种宝贵的无形资产（被称为网上商标）。

域名的申请首先要在服务商的网站上注册一个用户，然后登录，登录成功后，选择相应类型的域名产品并生成订单，在支付了域名产品相关费用后，用户就可以在管理面板中对域名进行管理。

3. 网站的发布

简单地说，网站发布就是将构成网页和网站的所有文件复制到 Web 服务器的过程。网站发布有以下几种形式。

(1) 通过 HTTP 方式发布网页。这是很多免费空间经常采用的服务方式。用户只要登录到网站指定的管理页面，填写用户名和密码，就可以将网页一页一页的上传到服务器。这种方法虽然简单，但不能批量上传，必须首先在服务器建立相应的文件夹之后，才能上传，对于有较大文件量和结构复杂的网站来说费时费力。

(2) 通过 FTP 方式发布网站。这是最常见的做法，需要提供 Web 服务器的 IP 地址、FTP 登录服务器的用户名和密码、登录后的主目录等信息。发布时可以使用专门的 FTP 工具软件，也可使用网页制作软件的 FTP 功能。专用 FTP 软件有 FlashFXP、CuteFTP 等。

(3) 通过本地/局域网发布网站。这种方式通常是将服务器上 Web 发布的实际目录设为根据用户名和密码访问的完全共享模式，并通过成功登录，将该目录映射成本地的一个盘符。这样，发布网站时只需要将本地文件复制到这个盘符下的相应位置即可。

(4) 通过网页表单发布网站。这是一些个人主页提供商采用的方式，允许用户通过 Web 页进行个人网页管理，其网页上传机制和过程与网页电子邮件夹带附件文件的情形相似。

4. 网站备案

自从 2005 年 3 月开始，信息产业部开展互联网网站备案登记，有独立域名的网站都要进行备案登记，未备案的网站将根据主管部门的有关规定关闭网站。网站备案是免费的，登录信息产业部备案网站（http：//www. miibeian. gov. cn）自行备案。

备案的具体步骤如下。

(1) 登录 http：//www. miibeian. gov. cn 网站，如图 3－10 所示。

(2) 单击“注册”按钮，进行 ICP 用户注册。

(3) 根据系统要求填写注册信息，单击“提交”按钮。

(4) 获得手机和邮件验证码后再登录系统。

(5) 输入手机和邮件验证码，进入系统功能主页。

(6) 根据系统提示分别输入备案主体信息和备案网站信息。

(7) 系统给出录入信息，检查无误后提交备案信息。

(8) 通信管理局和电信管理局对备案信息进行审核。

(9) 再次登录系统功能主页。

(10) 在任务列表中选择“ICP 备案业务管理/备案、许可证下载”，进入电子证书下载总览页面。

(11) 单击“证书下载”按钮，进入证书下载页面。

(12) 根据提示下载证书并放在正确位置。

(13) 完成 ICP 信息备案。

图 3-10　中国国内 ICP 及 IP 备案管理平台

5. 网站的维护与推广

网站在上传到服务器后，就正式开放了。为了让内容有新鲜感并吸引浏览者，要经常对网站中的信息进行更新，对站内的链接进行检查。网站建好后，如果要提高网站的知名度和访问量，就要对网站进行宣传推广。

推广网站的途径有多种，一种是交换友情链接或交换广告等进行宣传和推广（所谓交换广告就是在用户的主页上显示广告商提供的广告条幅，每显示一次，用户自己的广告条幅就可以在别人的主页上显示 0.5～1 次不等）；另一种有效的方式是搜索引擎，注册搜索引擎是目前最为成熟的网络营销方法，网站建成后用户到搜索引擎上注册中英文加注和有效的关键字搜索。除上面介绍的以外，还有邮件推广、论坛推广、网络活动宣传、网络广告等。

任务实施

网站设计完成以后，接下来便是对网站进行测试与发布。在这个阶段主要完成以下工作。

第一步，网站系统测试。

网站测试的主要内容包括运行速度、兼容性、交互性、链接正确性、程序完整性、流量等方面的测试。测试方法有静态测试和动态测试、白盒测试和黑盒测试。

第二步，注册域名。

按照域名的命名规则，为网站准备好若干个合适的域名，按照优先次序进行申请。原则上保证网站拥有一个容易记忆、友好的域名。

第三步，选择 Web 服务。

Web 服务通常有以下选择，租赁空间服务（虚拟主机）、ASP 外包服务（ASP 应用服务提供商）、主机托管服务、自建 Web 服务。网站在成立之初，数据量一般不会太大，网速要求一般，可以先采用虚拟主机的方式提供 Web 服务。以后随着业务的发展，数据量的增大，客户对网速要求提高，可以考虑将服务方式改为主机托管方式，或者自建 Web 服务。

第四步，发布网站。

在域名申请成功、选择 Web 服务之后，就可以发布网站了。发布工具的使用，用户可以根据自己的习惯进行选择。

第五步，网站性能测试。

网站发布后，还必须对网站进行性能测试，检查网站是否能够达到设计的性能。

任务总结

旅游电子商务网站的测试与发布是网站开发最后阶段的工作。网站发布前首先要先进行网站测试，网站测试成功之后，还要申请网站的域名以及网站空间，网站空间可以采用专线空间、服务器托管或虚拟主机三种方案，有了网站空间之后，通过专门的 FTP 工具软件就可将网站发布到远程主机上。

实训项目

目标

1. 了解、熟悉网站测试与发布的流程。
2. 发布网站，开发旅游电子商务网上业务。

内容与要求

1. 申请域名。
2. 租赁虚拟主机（空间）。
3. 网站备案。
4. 网站发布。
5. 网站运行。
6. 网站推广。

组织与实施评价

1. 以项目团队为学习小组，选出项目负责人。
2. 建立沟通协调机制，团队成员共同参与、协作完成任务。

3. 项目团队分工完成网站域名的申请、主机租赁、网站备案、网站发布及网站后期的维护、推广等工作。

4. 评价与总结：以网站发布及运行的效果作为评估依据。

评估指标及标准

如表 3－5 所示。

表 3－5　　网站测试与发布评分表

职业能力	评价指标	测评结果（通过、未通过）	备　注
域名的注册	域名注册是否合理		
主机租赁	价格、网速、稳定性		
网站备案	时间、是否成功		
网站发布	是否成功		
网站推广	网站流量、网站内容		
业务开展	业务多少、经济收益		
最终成绩	—		

复习思考题

一、填空题

1. 旅游电子商务网站如果按照旅游企业的经营模式可划分为________、________、________和________。

2. ________类似于互联网上的门牌号码，是用于识别和定位互联网上计算机的层次结构式字符标识，与该计算机的互联网协议（IP）地址相对应。

3. 网站系统三层的逻辑结构是指________、________和________。

二、选择题

1. 旅游电子商务网站如果按照旅游企业的主要经营项目可分为________。

A. 综合性旅游网站　　B. 旅行社的电子商务网站

C. 旅游景区景点的电子商务网站　　D. 预订服务类网站

2. 类别顶级域名 COM 代表________。

A. 网络机构　　B. 公司　　C. 政府部门　　D. 教育

3. 常见的网页布局结构包括________。

A. “匚”字形　　B. “亘”字形　　C. “目”字形　　D. POP 布局结构

4. 常用的动态网页脚本语言有________。

A. Perl　　B. PHP　　C. JSP　　D. ASP

三、简答题

1. 旅游电子商务网站是如何分类的？各类的具体内容是什么？
2. 举出中国典型旅游网站的各类型网站中比较有代表性的网站？
3. 根据个人理解总结旅游网站规划的要素。
4. 什么是网站的 CI 设计？网站的 CI 设计包括哪些内容？
5. 网站布局设计包括哪几类？
6. 常用的动态网站开发技术包括哪些？
7. 举例说明旅游电子商务网站的整个建设流程。

项目四　旅游目的地电子商务

知识目标

- 了解旅游目的地电子商务、旅游目的地营销组织、旅游目的地营销系统的概念
- 了解旅游目的地电子商务的基本模式和基本流程
- 了解旅游目的地电子商务网站的结构与功能
- 了解旅游目的地电子商务网站网络营销的相关技术与技巧

能力目标

1. 能够结合现有的旅游目的地电子商务网站开展旅游产品和服务的预订
2. 能够利用网络营销知识策划旅游目的地电子商务网站的营销方案

任务一　旅游目的地电子商务模式

任务引入

浪漫之都——大连，大连旅游网是大连市旅游局为提升大连市旅游整体形象和竞争力而构建的大连市旅游目的地营销系统。它属于“金旅工程”国家级目的地营销系统中的一个组成部分，是大连旅游局为旅游企业进行电子化服务以及大连旅游企业进行电子商务的一个平台。大连目的地营销系统对宣传大连“浪漫之都”旅游形象，促进大连旅游企业全面发展，加快大连旅游业的信息化与旅游电子商务的发展以及打造大连旅游目的地营销品牌，都具有十分积极的意义。大连旅游网提供的信息主要可分为环境信息、分区信息、分类产品信息、旅游指南、动态信息、产品推荐和反馈信息等，在被查询企业列表一项中共有2062个记录，涉及饭店、旅行社、新华书店、医院、电影院、会议中心、百货大楼、娱乐场所、俱乐部、书画苑、预订中心、火车站、

交通中心、航空等，但是提供详细信息的企业单位并不很多。"大连旅游目的地营销系统"包含123个子项目，共完成宽带、窄带、简体、繁体、英文、日文、韩文等多个系统版本和媒体用户、企业用户、商务预订用户、本地游客、外地游客等多个应用版本系统程序700兆，图片8800余张；多媒体动画片18个，累计90分钟，还有音频、视频、三维全景等多种表达方式传递大连旅游信息。

任务分析

以上资料摘自浪漫大连旅游网（http：//www.visitdl.com），浪漫大连旅游网是我国典型的旅游目的地电子商务网站，该网站已经成为大连市旅游对外宣传的窗口，为游客提供数量庞大、种类繁多的旅游目的地信息和各样的旅游应用服务程序。该网站有效地帮助了各类型的旅游企业和游客开展旅游活动，提升了旅游目的地的服务水平。从旅游目的地电子商务的大环境来看，建设具备全方位服务的信息系统已经成为目的地之间竞争的重要手段。

知识准备

一、旅游目的地电子商务概述

1. 旅游目的地电子商务的概念

旅游目的地电子商务的概念是旅游目的地为了应对在线旅游市场的发展而自发产生的一种新的经营模式。在大众旅游时代下，旅游者多是通过旅行社到达旅游目的地，而旅游目的地也多会选择直接与旅行社进行合作作为最重要的经营模式。但随着个性化旅游需求发展，自助游开始盛行，散客比例在急剧上升，通过在线旅游市场直接预订旅游目的地旅游产品的现象越来越多。旅游目的地相关机构有必要对旅游者直接展开网络营销和服务。

所谓旅游目的地电子商务，是指以现代信息技术为手段整合旅游目的地各类资源，连接旅游企业、旅游目的地管理机构、旅游者、媒体、旅游代理商和各类旅游相关企业，为他们在网络平台下实现信息沟通和在线交易提供综合服务的过程。

当前，我国许多著名的旅游目的地管理机构都认识到旅游目的地电子商务的重要性，纷纷搭建目的地电子商务平台，积极开展网络营销和在线服务活动，如表4-1。目前，我国绝大多数旅游目的地采用政府主导型的运作模式，这种模式在一定程度上适应了我国旅游产业信息化水平落后、旅游企业小而散、实力不强的现状，使政府在旅游目的地营销中占据主导地位。

表 4-1　　各地旅游局主办的旅游目的地电子商务网站

网站名称	网　址
桂林旅游网	www.guilin.com.cn
苏州旅游网	www.visitsz.com
佛山旅游网	www.visitfoshan.com
浪漫大连旅游网	www.visitdl.com
厦门旅游网	www.visitxm.com
成都旅游门户网	www.cdta.gov.cn
石家庄旅游咨询网	www.sjztour.com.cn

2. 旅游目的地营销组织（DMO）的产生

为了适应旅游目的地竞争的需要，产生了专门负责目的地旅游形象的整体宣传和统筹旅游企业营销活动的组织——旅游目的地营销组织。该组织是目的地旅游形象的整体宣传者和旅游企业营销活动的统筹者。

随着旅游目的地竞争的加剧，旅游营销成为各地争夺游客的重要手段。在许多国家，旅游目的地营销组织已经从国家旅游行政管理机构中独立出来，由专门机构负责。DMO 的性质一般是依法成立的法定机构或非营利组织，公私合营较为普遍，如加拿大旅游委员会、日本国家旅游组织、西班牙旅游促进会等；也可能是政府旅游管理部门承担。对于另一些国家和地区，目的地营销职能与政策、管理等职能并列，由政府管理部门统一承担，这时候，政府旅游管理部门的市场司就相当于旅游目的地营销机构。

旅游者之所以来到旅游目的地旅游，是因为受到旅游目的地旅游资源、旅游环境、旅游项目与服务等多种因素综合构成的旅游目的地形象所吸引。目的地需要策划、塑造、传播积极的、富有吸引力的旅游目的地形象。因此，旅游目的地营销组织应当承担以下职能。

（1）包装和旅行开发，增加新型旅游项目及组合度假地的数量、提高已有产品容量，使这些项目保持在最优数量和容量水平。

（2）促销，确保旅游目的地产品与服务最大程度地为目标客户（包括异地代理商和旅游者）所了解。

（3）形象设计和提升作用，策划、塑造、传播旅游目的地形象，保持和提升旅游目的地的良好形象，形成目的地品牌。

（4）促销统筹，旅游企业的分销促销行为不易形成“合力”。而目的地营销组织应该集结、整合这些分散的促销之力，并使目的地旅游企业在目的地品牌之下开展有统一规划的营销活动。

（5）拓展分销渠道，使目的地服务与产品的代理分销渠道更为通畅便利，刺激代理商增加销售额。

(6) 增加或强化旅游目的地旅游信息供应。

旅游目的地营销组织是信息网络和旅游电子商务技术的重要应用者，发达国家的旅游目的地营销组织不断紧跟信息技术发展的步伐。20 世纪 70 年代，部分旅游目的地营销组织已率先应用信息技术；20 世纪 80 年代，信息技术主要被目的地营销组织应用于处理复杂的旅游产品数据、制作出版物等方面；20 世纪 90 年代，旅游目的地营销组织开始应用更复杂的硬件设施和软件系统，特别是 20 世纪 90 年代中期以来，多功能的旅游目的地信息系统（DIS）和旅游目的地营销系统（DMS）已被越来越多的国家和地区采用。

旅游目的地信息系统主要通过网站向旅游者提供全面的旅游目的地信息，包括旅游资源、旅游设施、旅游节事活动、气象、交通、旅游企业、旅游产品及价格等，是旅游目的地宣传的有效手段。

旅游目的地营销系统则提供从资讯服务到交流预订的更加完备的功能，比 DIS 更具商务特性。它是政府主导，企业参与的旅游电子营销的一种较为成熟的模式。当前，大部分旅游目的地电子商务网站是由政府部门或旅游目的地营销组织（DMO）建设的，他们建立起一个提供目的地全面翔实信息的网站。

3. 旅游目的地营销系统的概念与特征

旅游目的地信息系统（Destination Marketing System，DMS）的发展趋势，是由向游客提供旅游目的地信息为主的“旅游信息服务基础设施”，发展为具有主动营销、旅游预订和同业交易、市场反馈等功能的更复杂的互动系统。

DMS 通常由旅游目的地政府投资，专业电子商务服务商开发建设，当地旅游企业有偿参与，是旅游目的地形象塑造和宣传促销的窗口，同时也是旅游企业开展国际化 B2B 和 B2C 电子商务的平台，并能为旅游者在行前、行中、行后提供便利的信息服务和预订商务服务。

旅游目的地营销系统的应用者包括以下几个方面。

(1) 旅游目的地营销组织（DMO）。建立完备的旅游信息数据库，开发旅游目的地信息资源，建立权威的官方、半官方旅游网站，为消费者提供高质量的旅游信息服务；并可通过信息系统与旅游企业、旅游者和潜在旅游者、旅游媒体进行交流。

(2) 旅游目的地旅游企业。提供企业信息、产品信息和促销信息；利用系统提供的电子商务平台，面向世界各地开展旅游 B2B、B2C 电子商务。

(3) 游客。全面了解旅游目的地信息，包括各种新活动和新动态；预订、支付、问询和投诉；分享目的地感受。

(4) 旅游媒体。发掘旅游新闻素材，更好地宣传旅游目的地。

如图 4-1 所示，示意了一个旅游目的地营销系统的众多功能，以及可以为哪些用户服务。

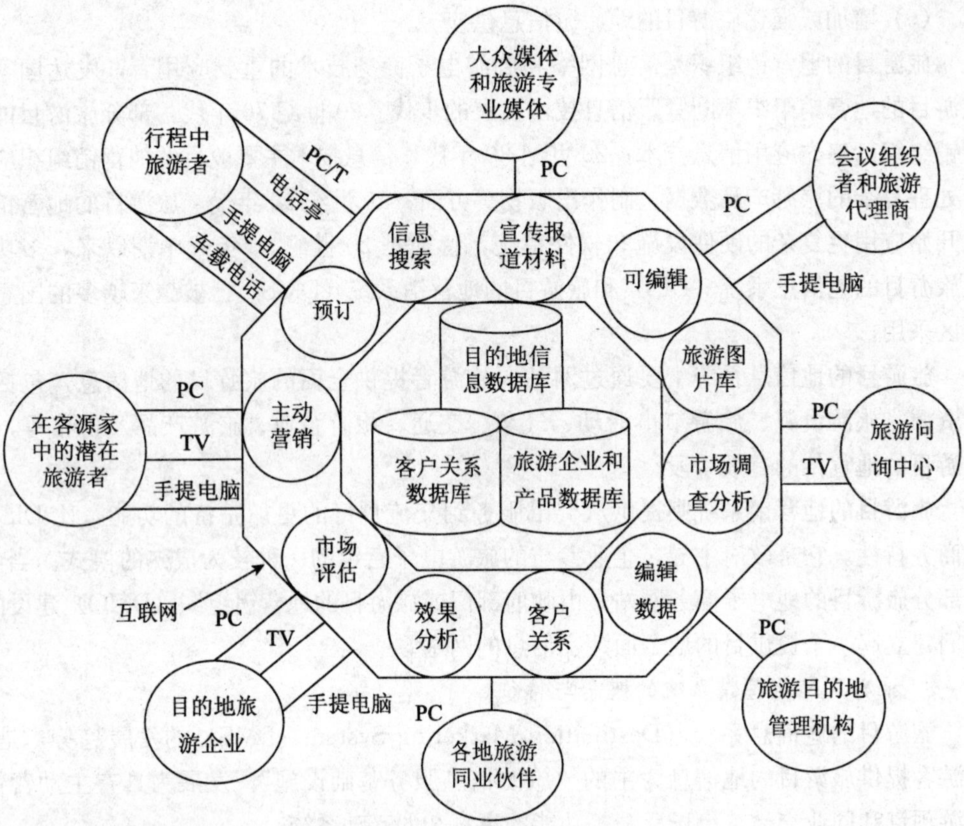

图4－1　旅游目的地营销系统及其主要用户

旅游目的地营销系统的主要优越性有以下几点。

(1) 多功能。旅游目的地营销系统一般具有较完备的旅游目的地信息服务和电子交易的功能，根据旅游行业的特点和流程设计，满足旅游目的地营销机构、目的地旅游企业、旅游同业、游客和旅游相关机构的多种需求。

(2) 规划一体化。它由政府投资建设，是旅游目的地信息化的重要组成部分，并能通过行业网合作，充分利用国土（电子地图）、电信（移动网络和公共信息终端）、交通管理（智能交通）、金融（支付网关）等部门的信息化资源；它与旅游目的地市场营销规划相结合，是旅游目的地形象系统的表现层之一，设计上要体现目的地形象宣传的要求。

(3) 权威性。它是目的地营销机构发布权威旅游信息的平台；同时，目的地营销机构制定了信息标准和管理规范，旅游企业在系统中发布的信息须提供真实性承诺。

(4) 层次性。它既是旅游目的地形象宣传的窗口，又是目的地具体旅游产品的有效分销、销售平台；体现了整体产业到具体企业的利益协调和相互联动。

(5) 标准化。它是国际上旅游行业的通用信息化标准和电子商务标准接轨，并设计与其他系统的标准接口，保证了信息系统的互联互通，保证了与世界范围的旅游业同行及其他相关组织无缝地交换各种旅游信息。

4. 旅游目的地电子商务体系

从旅游业务角度来看旅游目的地的电子商务体系，可以看到，信息网络系统广泛地沟通着旅游目的地的各旅游主管部门、旅游企业和游客之间的信息交流，它们之间复杂的合作与交易关系可以通过网络手段来实现。旅游目的地电子商务平台的应用机构包括旅游服务企业（即旅游饭店、旅游车船公司、从事接待服务的旅行社）、旅游中间商（旅游批发商、旅游代理商、订房中心）、旅游目的地营销机构等。旅游目的地电子商务平台就是为旅游业各利益主体间进行有效沟通而提供的统一而有效的平台。在这一平台下，多方参与的、多层次的、网状沟通的旅游目的地电子商务活动开始形成，广泛地影响着旅游业沟通与协作方式，如图 4－2 所示。

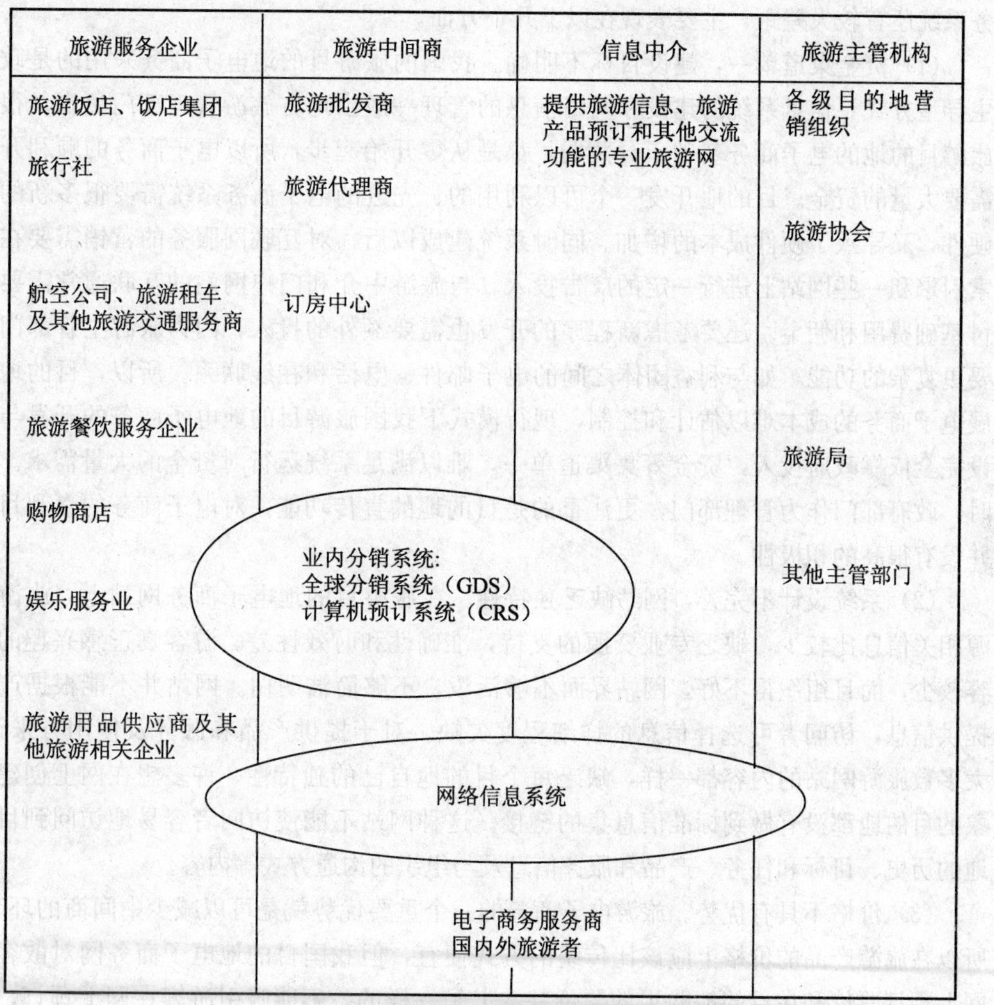

图 4－2　多方参与的旅游目的地电子商务体系

5. 我国旅游目的地电子商务存在的问题

由于我国大部分旅游目的地电子商务是由政府投资建设的，旅游目的地电子商务带有很强的公益性，但不能兼顾旅游业其他各利益相关者的利益，如旅游服务企业的商业利益，因此不能完全的反映旅游业作为一个产业的整体信息需求。由于旅游目的地电子商务系统内的信息流的管理完全由旅游主管部门实施，信息内容不能兼顾旅游企业或游客的需求；由于旅游目的地电子商务系统的政府性，系统运营时政府较低的工作效率会反映在系统的管理上，如旅游信息更新不及时等；系统的公益性也会限制系统功能，如旅游目的地电子商务网站不能过多的参与旅游市场的竞争，即旅游主管部门不能既做旅游市场的“裁判员”，又做“竞争者”，造成网站缺乏一些商业功能，从而不能完全满足游客的需求。

综观我国旅游目的地电子商务管理水平的现状，与国外先进的旅游目的地电子商务系统还有较大差距，主要表现在以下几个方面。

（1）资金渠道单一，建设目标不明确。我国的旅游目的地电子商务采用的是政府主导型方式，信息系统的建设和网络信息的管理一般由地方旅游管理部门负责。很多旅游目的地的电子商务基础十分薄弱，都是从零开始起步，所以电子商务的顺利开展需要大量的资金。目的地开发一个可以利用的、先进的电子商务系统需要很多新的软硬件，又导致了硬件成本的增加。同时系统建成以后，对互联网服务的营销需要在搜索引擎和一些网站上进行一定的广告投入。与旅游中介和门户网站的互联通常需要支付基础费用和佣金。还要考虑新程序的开发也需要额外的投入，因为旅游主管部门需要更复杂的功能，如与利益团体之间的电子邮件、电话和在线联系。所以，目的地开展电子商务的成本难以估计和控制，现行模式下我国旅游目的地电子商务的开发与建设完全依靠政府投入，资金筹集渠道单一，难以满足系统运行对资金的大量需求。同时，政府部门作为管理部门，更注重的是目的地的宣传功能，对电子商务的赢利目标并没有很高的积极性。

（2）系统设计不完善，网站缺乏独特性。在旅游目的地电子商务网站上，旅游资源相关信息比较少，缺乏专业资源的支持，准确性和时效性差。游客真正感兴趣的内容较少，而且组织得不好，网站界面不够活泼，不够简洁明白。网站并不能根据产品提供信息，访问者可选择信息的详细程度欠缺。对于提供产品和服务及使用方来说，大多数旅游网站的内容都一样，缺乏每个目的地自己的独特性。许多想在网上创建形象的目的地都没有做到标准信息集的链接。这种网站不能使访问者容易地访问到目的地的历史、目标和任务、产品和服务信息及与组织的沟通方式等内容。

（3）价格不具有优势。旅游电子商务的一个重要优势就是可以减少中间商的环节，所以在旅游产品的价格上应该比传统的方式便宜，但我国目的地电子商务网对散客的网上预订票价和在目的地购买的票价基本上是一样的，不能吸引游客在网上预订，这样就导致电子商务提高目的地的工作效率无从谈起，竞争力也大打折扣。目的地不能与游客和合作伙伴之间互动，同时也没有足够丰富的产品，使营销网站本身不能做到灵活定价，最大限度地提高单位产品价格。系统缺乏对销售情况的实时监控，使营销人员不能及时根据销售情况对价格、产品和促销方式进行相应的调整以增加销量。

(4) 专业人士匮乏，服务水平落后。旅游目的地电子商务网站的系统功能落后、技术不够先进、营销力度很弱都反映出专业人才的匮乏，这是急需解决的一个问题。预订中心虽然有客户服务电话和网上在线旅游咨询，但是客户服务电话和网上在线咨询不够专业，回答问题不够准确，网上在线咨询的相应速度也比较慢。电子商务系统常常不能为访问者提供充分的交互接触机会。大多数网站给访问者的印象是这些旅游主管部门不能及时回复游客提出的问题。如果游客第一次接触就不能得到很好的服务，以后就很难信任这个服务了，他们会转向其他旅游目的地。

随着全球信息化时代的到来，旅游目的地电子商务的竞争成为旅游目的地竞争的重要领域，如何提高电子商务管理与服务水平，树立我国各旅游目的地形象，增强旅游目的地竞争力，成为各目的地政府考虑的重要问题。

二、旅游目的地电子商务基本模式

旅游目的地电子商务的参与者主要是旅游者、旅游中间商、政府、旅游产品供应商和旅游目的地营销组织（DMO）等。所以，旅游目的地电子商务活动主要围绕以上参与者来开展。

从旅游目的地电子商务的整体看，其电子商务模式主要有 DMO 与旅游者之间（B2C）、DMO 与旅游服务企业以及旅游中间商之间（B2B）、旅游目的地行政主管部门与旅游服务企业之间（B2G）以及旅游者与旅游者间（C2C）等互动模式。因此，各旅游目的地电子商务网站应在首页上分别设置适合不同用户使用的界面。

在我国，各地的 DMO 可以通过我国政府主办的“金旅工程”建立起的本地旅游目的地信息系统，广泛地建立与本地或外地旅游服务企业、旅游中间商以及电子商务服务商的合作关系，推广当地旅游业。具体的合作方式有以下几项。

(1) 与当地旅游服务企业合作，掌握最新的本地旅游市场信息。DMO 能通过网络营销方式将旅游产品批发或零售给旅游中间商或游客。

(2) 建立与旅游批发商、旅游代理商和订房中心等各种旅游中间商之间的合作关系，为他们提供信息。

(3) 与网上旅行社、搜索引擎、门户网站和其他电子商务服务商建立合作，使信息更好地在互联网上传播。

目前，旅游产品多由旅行社来组装，以包价旅游的形式出售给旅游者。其中，要经历旅游目的地的旅游服务供应商、地接社以及客源地的旅游批发商、组团社，最后才到零售到游客，这种交易方式中间环节多，交易成本高，产品种类不够丰富。而信息时代旅游产品的销售可采用直销模式，DMO 按游客的旅游需要来制定“个性化”的旅游产品或旅游服务，游客打电话来或者从网上预订之后，旅游服务供应商开始服务前准备工作，这样可以有效协调旅游产品供给和需求之间的动态平衡。

三、旅游目的地电子商务基本流程

旅游目的地的一般业务主要由DMO、旅游服务企业、旅游中间商等实体活动组成。同时，目的地营销的公益性也使得政府的主导作用在网络管理活动中显得十分重要，游客是旅游产品和旅游服务的最终消费者，是旅游目的地电子商务活动的营销目标，不断开展目的地营销，提高对游客的吸引力，促成游客前来消费，拉动区域经济良性发展是DMO永恒不变的第一要务。从宏观看，旅游目的地电子商务的一般业务流程如图4-3所示。

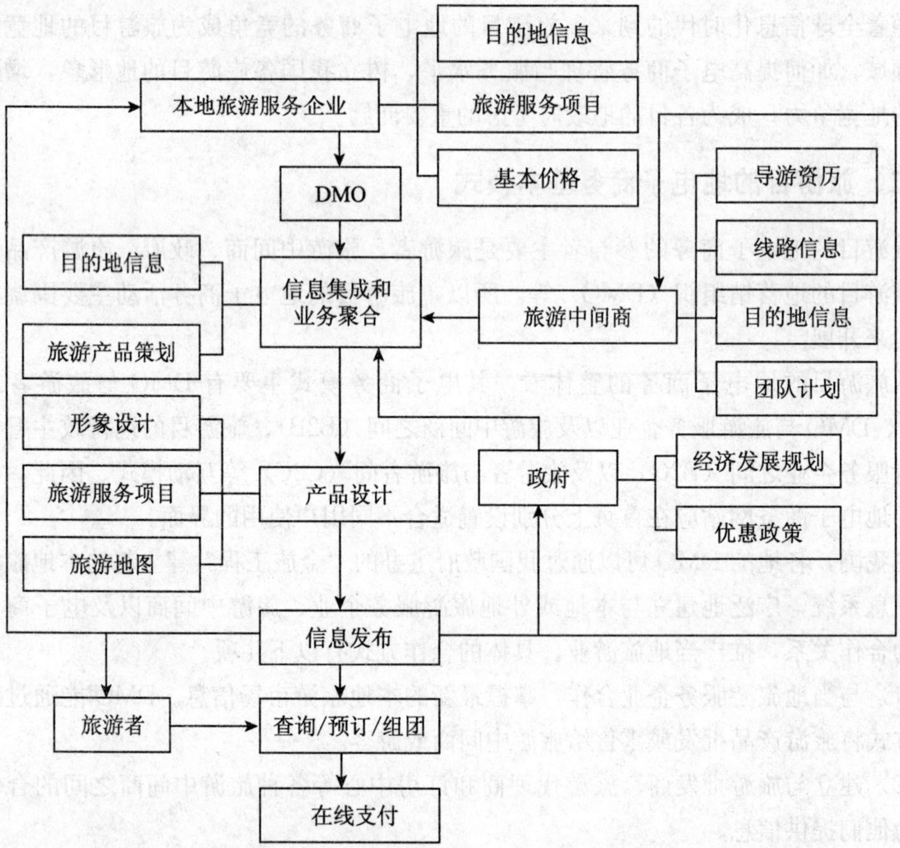

图4-3　旅游目的地电子商务基本流程

从图中可以看出，旅游目的地电子商务网站的流程主要包括信息集成、业务聚合、产品设计、信息发布、产品查询/预订/在线组团服务、在线支付等。

任务实施

登录并观察“桂林旅游网”各种模式的基本流程，如图4-4所示。

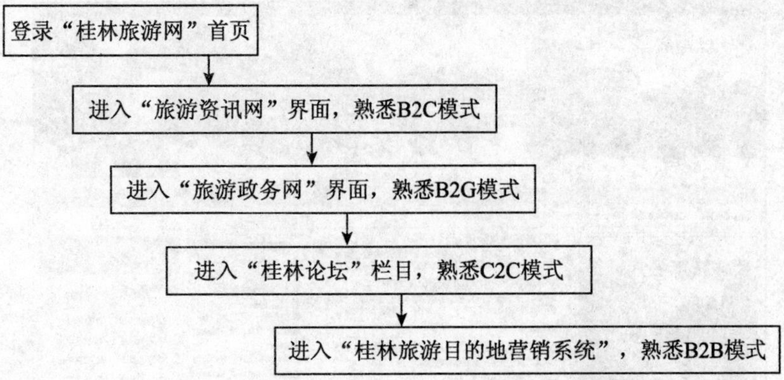

图 4－4　熟悉“桂林旅游目的地营销系统”

第一步，登录桂林旅游网。

桂林旅游网（www. guilin. com. cn）是桂林市旅游局主办的网站，是由桂林旅游咨询服务中心负责运行和维护的旅游营销网站，如图 4－5 所示。实质上，桂林旅游咨询服务中心承担着桂林市旅游目的地营销组织（DMS）的角色。该网站针对旅游者提供旅游目的地商业服务信息设置了“桂林旅游资讯网”和“旅行商务网（www. guilin. com. cn/biz/）”的接口，即 B2C 平台；针对旅游企业提供行政服务信息设置了“旅游政务网（www. gltour. com. cn）”的接口，即 B2G 平台；为给旅游企业提供一个公共交流和交易平台而设置了“旅游行业网站展示网”的接口。

图 4－5　桂林旅游网首页

第二步，进入“旅游资讯网”界面，熟悉 DMO 与旅游者之间（B2C）的模式。

在桂林旅游网的 B2C 交易平台下，如图 4－6 所示，网站为旅游散客提供了旅游前、旅游中和旅游后的各种信息服务。在旅游前，散客先通过网络获取各种旅游目的地信息，然后在网上选择网站推荐的旅游线路或自主设计旅游活动日程表，预订各种旅游产品，如饭店、餐饮、车船票等，或报名参加旅行社的旅游团，如图 4－7 所示。针对当前旅游消费个性化增强，旅游散客日益增长而且分布分散的市场特点，DMO 的 B2C 交易平台方便旅游者的远程搜寻、预订旅游产品，克服距离带来的信息不对称。

图 4－6　桂林旅游网——旅游资讯网

图 4－7　桂林旅游网——旅行商务网

在游客抵达旅游目的地而后进行游览过程中，游客也需要了解目的地的各种情况，查询旅游服务设施，做下一站的行程安排。DMO 的 B2C 交易平台仍需要为游客提供本地旅游信息和产品预订功能，同时还要建设旅游目的地呼叫中心，提供在线咨询服务。

在游客旅游结束后，B2C 交易平台还要提供信息交流和反馈的渠道，游客可通过电子商务网站进行投诉，提出建议，填写调查问卷等。旅游企业可将过去接待的旅游者信息纳入到客户关系数据库中，DMO 可根据客户信息，利用客户关系管理系统

(Customer Relationship Management，CRM)，随时掌握游客的需求信息，做到旅游产品生产与销售的统一，同时DMO可以从客户关系中收集客户数据，进行分类、整理，从而充分了解客户，以便对市场做出准确分析。

总之，在这种交易模式下，游客与DMO以及其他旅游服务企业之间通过电话、网站、短信等网络平台，完成信息流、资金流、服务流和部分物流的交易。

第三步，进入“旅游政务网”界面，熟悉旅游目的地行政主管部门与旅游服务企业之间（B2G）的模式。

政府主管部门会满足旅游相关行业对旅游信息化的需要，按照统筹规划、统一标准的形式，对庞大的旅游信息资源做宏观调控。而DMO大多是由政府支持主办的，具有服务政府的职能，所以通过DMS平台发布行业管理规定和实施行业信息化服务管理，成为DMO支持政府进行行政管理工作的重要方式。“桂林旅游政务网”是由桂林市旅游局主办的，由桂林旅游咨询信息中心提供的技术支持，该部门隶属于桂林旅游局。因此，政府的各种行业管理政策法规、各级旅游规划、政府旅游部门的活动信息都是由“桂林旅游网”的“旅游政务网”版块发布出去的。同时在此版块还提供了服务导游的各种服务，如导游考试网上报名服务、导游考试培训服务等。此外，DMO还可与其他旅游相关行政部门联合，实现电子税务、在线会议支持等政务功能，如图4-8所示。

图4-8　桂林旅游网——旅游政务网

第四步，进入“桂林论坛”栏目，熟悉游客之间（C2C）的模式。

C2C交流平台能够通过IT技术给那些期望得到更加灵活、自由以及个性化旅游体验的游客提供一个专业的平台。在 C2C 交流平台上，可选择博客营销、BBS 营销、网上团购、聊天室营销等方式吸引游客购买旅游产品。在这些交互式的渠道中，游客发布自己的旅游感知，上传游览视频，分享旅游心得，并可以通过组织游客团购来与旅游服务企业进行议价。C2C 交易平台不仅激发了游客的旅游消费热情，也为旅游目的地开展口碑营销提供了宣传渠道。

“桂林论坛”是“桂林旅游网”为了满足游客相互分享旅游经验而建立起来的网上虚拟社区，如图 4－9 所示。该论坛通过各种具有吸引力的讨论话题，如吃在桂林、结伴旅行、特色节事活动等，吸引客户访问，聚集人气。同时，各讨论者都要进行用户注册，这样可以收集大量“驴友”的信息，建立良好的客户关系，使论坛拥有一个稳定的客户群体，从而为占领市场打下坚实的基础。

图 4－9　桂林旅游资讯网——旅游论坛

有的旅游目的地网站为游客提供个人博客服务，许多旅游爱好者经常在自己的博客中发表针对某一目的地、某种类型旅游、某种旅游活动开展方式的看法，以及住、行、游、购、娱、食的推荐与建议。由于博客是个人行为，不具有赢利目的，这有力地吸引了其他潜在游客的浏览，激发了他们的出游动机。博客也经常以在线拼团的方式实施旅游行为，可由某个游客当团长，组织在线游客参加旅游计划，再与目的地旅游服务提供商议价，以获得物美价廉的旅游产品或服务。

第五步，进入“桂林旅游目的地营销系统（www. visitguilin. com)”，熟悉 DMO 与旅游服务企业以及旅游中间商之间（B2B）的电子商务模式。

“桂林旅游目的地营销系统网”是“桂林旅游网”与“金旅工程”主干网站金旅雅途网、中国旅游网（www. china. travel）对接的界面，如图 4－10 所示。也可通过中国旅游网进入广西旅游营销界面，再通过桂林接口连接到“桂林旅游目的地营销系统”。如图 4－11 所示。该界面除了对游客进行宣传桂林旅游外，更多的是收集大量国内旅游企业信息和旅游管理机构信息。该网站设置了旅游管理结构和旅游企业注册会员的接口，新的企业级用户可以通过接口进入该系统。如图 4－12 所示。

图 4－10　桂林旅游目的地营销系统

图 4－11　中国旅游网——广西旅游营销界面

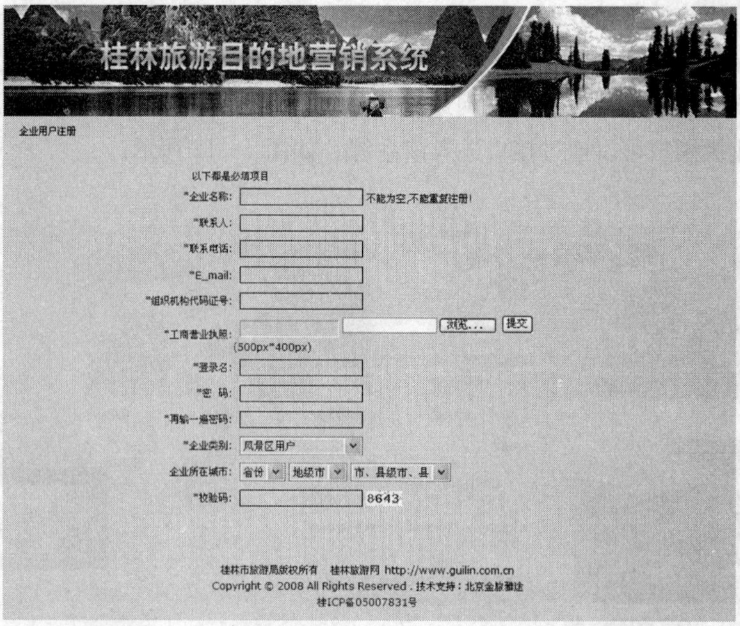

图 4-12 桂林旅游目的地营销系统——企业注册页面

任务实施

了解旅游目的地电子商务网站基本流程中的关键工作环节。

第一步，了解旅游目的地电子商务网站信息集成和业务聚合。

DMO依据本地旅游服务企业（如酒店、餐饮、航空公司、旅行社、风景区）、旅游中间商（如在线旅行社、订房中心等）和当地旅游主管部门提供的信息，这些信息包括企业信息、目的地信息、服务项目、价格信息、旅游线路计划等，结合自身的优势和营销目标，进行产品规划、更新和完善旅游服务营销体系。通过借助电子商务平台，把旅游目的地信息营销系统和外部资源统一集成到同一交易平台。

第二步，了解在线旅游产品设计。

为了增加旅游目的地对游客的吸引力，DMO可以开发和设计更多符合旅游消费市场的个性化旅游线路供游客选择，并将设计好的旅游线路以自助游的方式或转交给某家旅行社以提供全包服务的方式为游客提供服务。在旅游线路设计的过程中，可以通过电子商务网站让旅游者参与进来，比如提供游客在线设计的虚拟社区，让游客根据自身的需求进行旅游产品的组合，这容易使游客更加信赖营销网站，并形成长期合作关系。

第三步，旅游目的地电子商务网站的信息发布。

DMO把旅游目的地形象借助于营销网站进行展示，并根据访问者的建议不断完善，如图 4-13 所示，“桂林旅游网”首页在醒目的位置提供桂林市旅游业最新的旅游活动信息。在此过程中，借助该网站平台，DMO 可以向本地服务提供商、旅游中间商、电子商务服务商、游客等发送各种旅游产品和活动信息，消除企业与游客之间的信息不对称，减少了信息孤岛现象。通过在线咨询，DMO 的坐席人员可以把旅游产品信息传递给在线游客，这样大大提高了服务的实时性。如图 4－14 所示，游客可以通过“桂林旅游网”首页的“在线咨询”栏目直接与 DMO 的坐席人员进行联系，或打电话联系。点击进入“在线咨询”栏目，就进入如图 4－15 所示的在线资询，游客可选择不同的在线坐席人员进行咨询，如果确实需要沟通，则选择一个在线的咨询人员按钮，进入如图4－16所示的聊天室中，开始进行在线沟通。

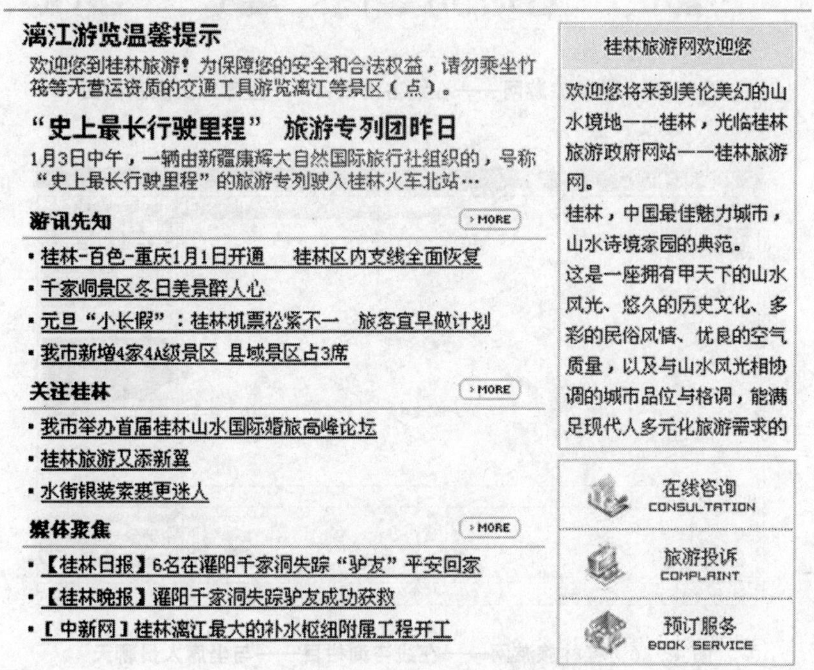

图 4－13　桂林旅游网信息更新栏

图 4－14　桂林旅游网——在线咨询栏

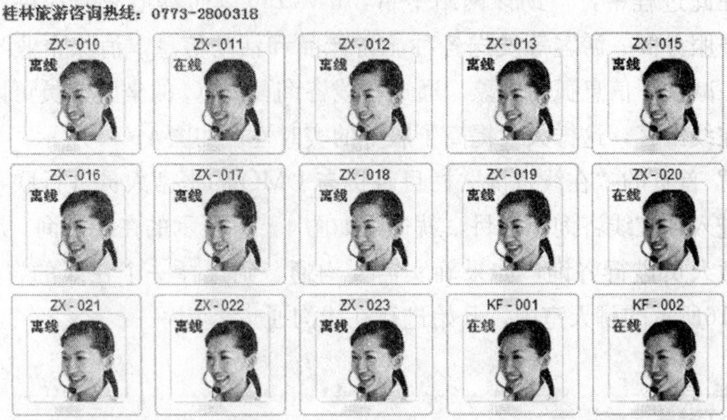

图 4－15　桂林旅游网——在线咨询栏目——坐席人员联系界面

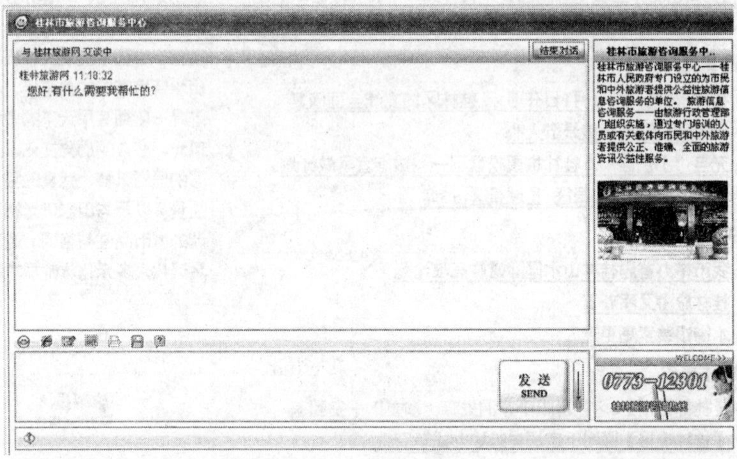

图 4－16　桂林旅游网——在线咨询栏目——与坐席人员聊天

第四步，产品查询、预订与在线组团。

因经营管理的需要，DMO 面对不同的用户会提供不同的产品或服务，各式各样的旅游产品，不方便游客和旅游企业寻找合适的产品，因此网站有必要提供查询检索功能。游客可以按酒店、旅游线路、旅游包车、机票等主题进行在线检索。当游客对目的地产生旅游需求后，会比较不同的旅游产品和服务，这时会有在线咨询的需要。当游客或旅游中间商对 DMO 提供的产品确定后，为保证旅游活动的顺利实施，会对旅游产品提出预订要求，这时在营销网站上提供图、文、声、视并茂的预订服务要比电话预订直观和方便，也符合在线游客的习惯，同时也可以降低成本。

1. “桂林旅游网—旅行商务网”的酒店预订

(1) 在“桂林旅游预订中心”栏目中设置酒店查询的条件，如图 4－17 所示。

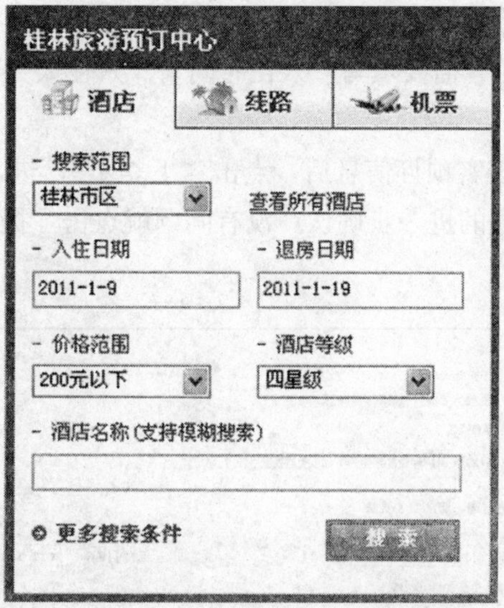

图 4－17　桂林旅游网——旅行商务网——酒店预订查询

（2）展示查询结果，如图 4－18 所示，是根据设定的条件查找到的符合条件的酒店信息。

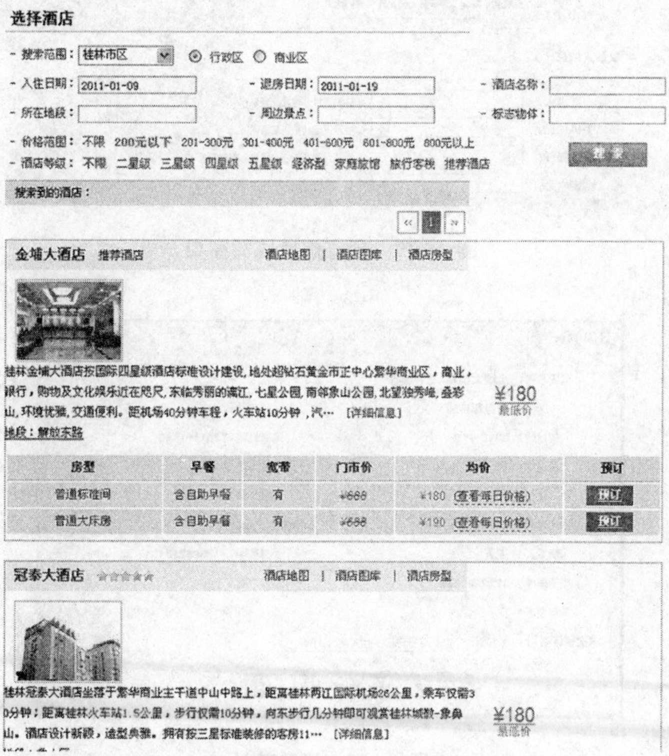

图 4－18　酒店查询结果

(3) 填写游客个人信息。在选中的酒店后面点击“预订”，进入个人信息填写界面，如图 4 - 19 所示。游客需要填写“入住时间”、“入住人数”、“姓名”、“手机”、“电子邮件”等个人信息。

(4) 订单确认。在核实预订信息后，点击“下一步”，进入“订单确认”窗口，如图 4 - 20 所示，进行信息的进一步确认，没有问题就点击“提交订单”。

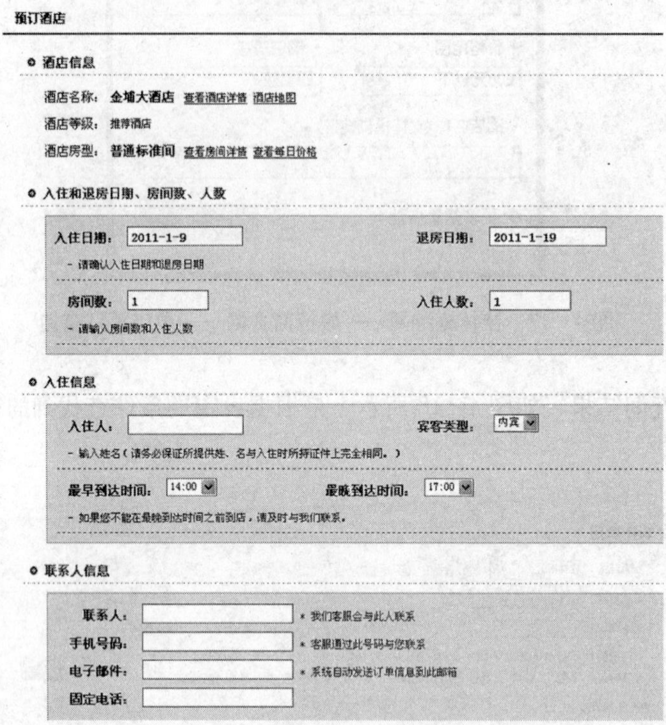

图 4 - 19 预订信息填写窗口

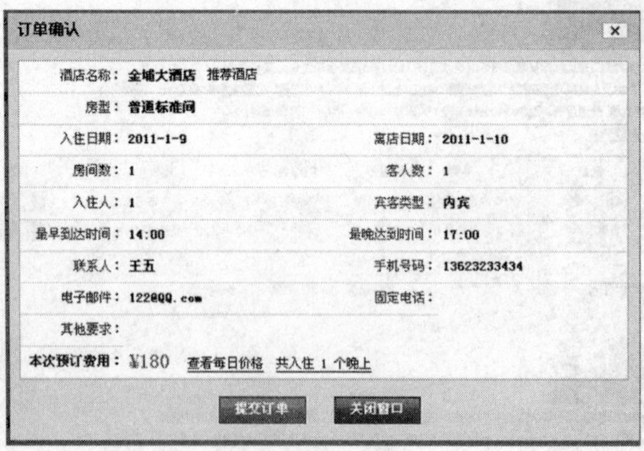

图 4 - 20 订单确认

（5）完成订单。系统为游客提供一份订单详细信息表，如图 4－21 所示，确认订单提交成功，游客可以对该表进行打印和保存，这些订单可以作为自己获取旅游酒店服务的凭证。

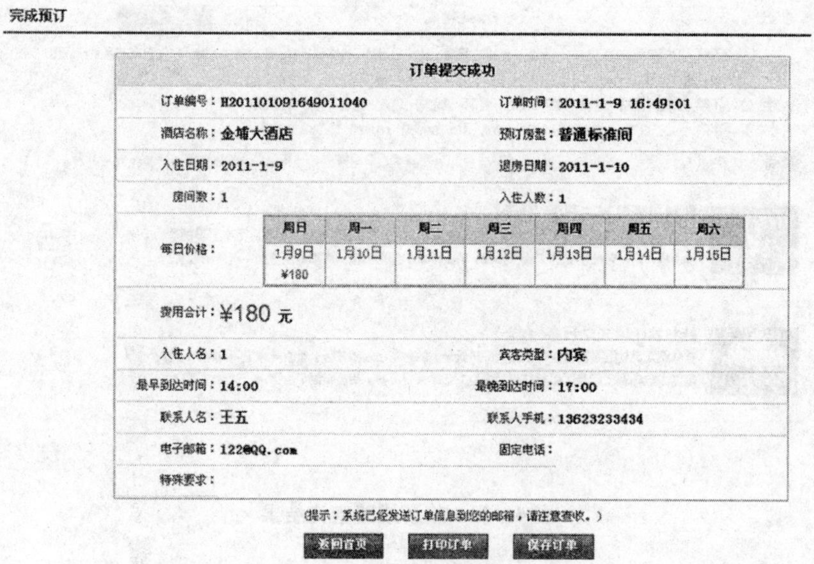

图 4－21　完成预订窗口

2．“桂林旅游网”的线路预订

（1）在“桂林旅游预订中心”栏目中设置旅游线路查询的条件，如图 4－22 所示。

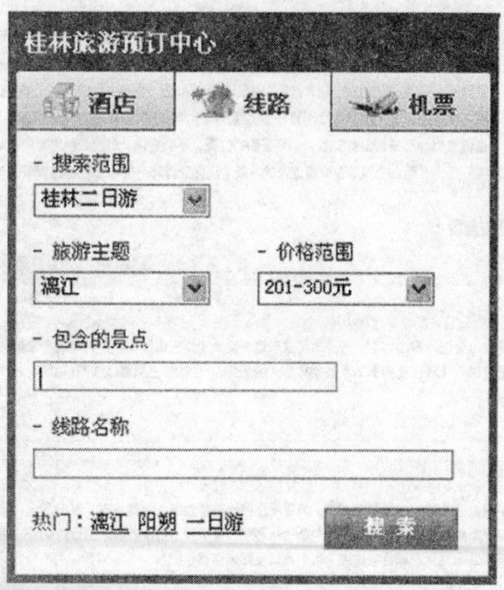

图 4－22　桂林旅游网——旅行商务网——旅游线路预订查询窗口

（2）展示查询结果，如图4－23所示，是根据设定的条件查找到的符合条件的旅游线路信息。

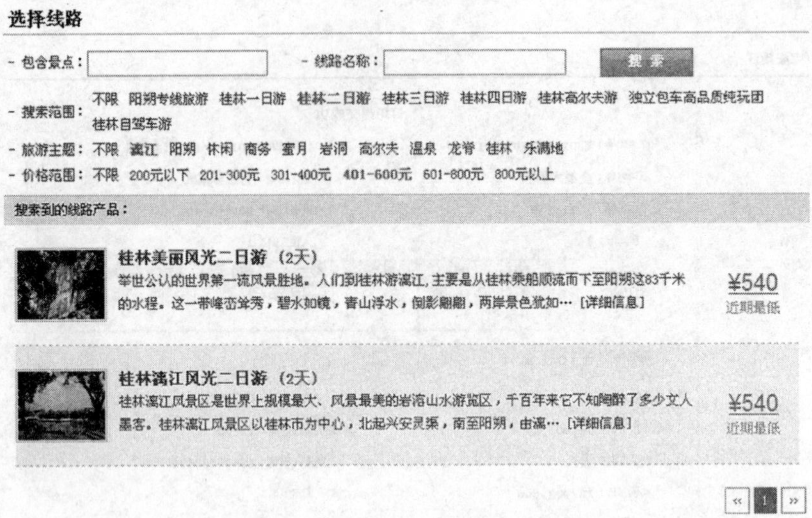

图4－23　旅游线路查询结果

（3）查看旅游线路详细信息。点击“桂林美丽风光二日游”进入该线路的详细信息介绍，详细信息包括旅游线路介绍、旅游线路的日程安排（如图4－24所示）、预订日期（如图4－25所示）、服务内容、报价、游览须知（如图4－26所示）等。

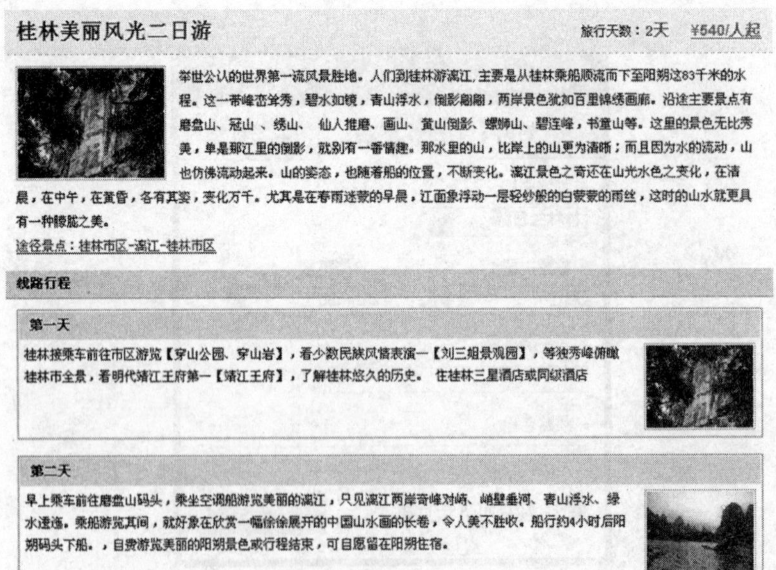

图4－24　“桂林美丽风光二日游”日程安排

网上预订

- 请在日历中选择出行旅游的日期　　2011年1月　▸上个月　下个月▸

周日	周一	周二	周三	周四	周五	周六
						1
2	3	4	5	6	7	8
9 ¥540/人	10 ¥540/人	11 ¥540/人	12 ¥540/人	13 ¥540/人	14 ¥540/人	15 ¥540/人
16 ¥540/人	17 ¥540/人	18 ¥540/人	19 ¥540/人	20 ¥540/人	21 ¥540/人	22 ¥540/人
23 ¥540/人	24 ¥540/人	25 ¥540/人	26 ¥540/人	27 ¥540/人	28 ¥540/人	29 ¥540/人
30 ¥540/人	31 ¥540/人					

* 预订热线：0773-2679633，0773-2679632，0773-2800318

图 4-25　“桂林美丽风光二日游”预订日期

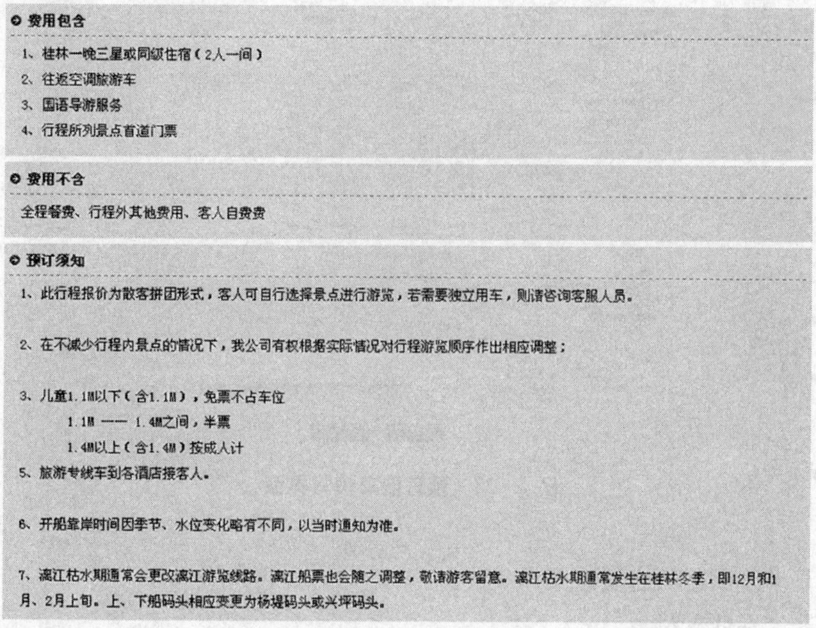

费用包含

1、桂林一晚三星或同级住宿（2人一间）
2、往返空调旅游车
3、国语导游服务
4、行程所列景点首道门票

费用不含

全程餐费、行程外其他费用、客人自费费

预订须知

1、此行程报价为散客拼团形式，客人可自行选择景点进行游览，若需要独立用车，则请咨询客服人员。

2、在不减少行程内景点的情况下，我公司有权根据实际情况对行程游览顺序作出相应调整；

3、儿童1.1M以下（含1.1M），免票不占车位
1.1M —— 1.4M之间，半票
1.4M以上（含1.4M）按成人计

5、旅游专线车到各酒店接客人。

6、开船靠岸时间因季节、水位变化略有不同，以当时通知为准。

7、漓江枯水期通常会更改漓江游览线路。漓江船票也会随之调整，敬请游客留意。漓江枯水期通常发生在桂林冬季，即12月和1月、2月上旬。上、下船码头相应变更为杨堤码头或兴坪码头。

图 4-26　“桂林美丽风光二日游”服务内容、报价、游览须知

(4) 预订线路。在“网上预订”时间表中，选中计划出游的日期（如 2011-01-16)，如图 4-25 所示。出现预订信息填写窗口，如图 4-27 所示，填写参团人数和预订房间数，点击“预订”便可执行预订操作了。

(5) 填写游客个人信息。在“预订线路”表中填写个人的信息，如图 4-28 所示。

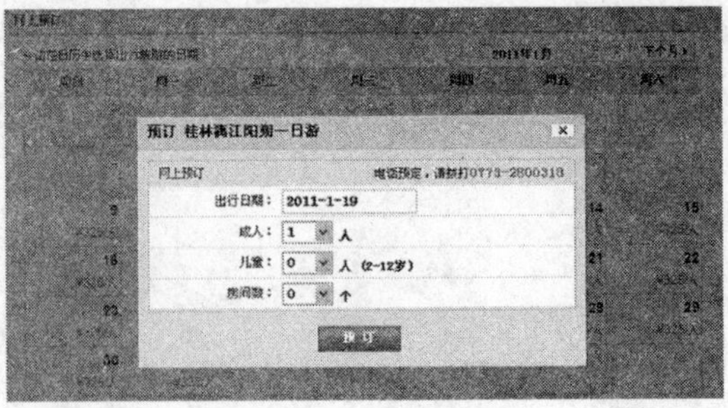

图 4-27　预订窗口

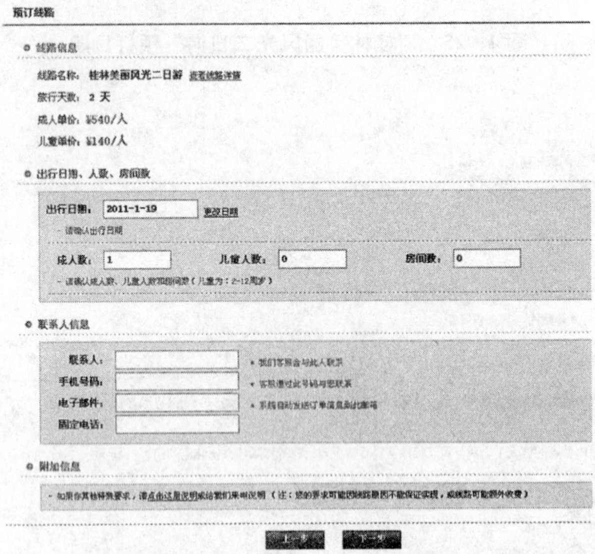

图 4-28　预订信息填写界面

以下环节步骤与酒店预订操作一致。

第五步，在线支付。

当游客或旅游企业在线预订旅游产品后，为保证预订的有效性应通过预订保证金来实现，但同时预订金直接交给旅游服务企业存在着很大的风险。旅游目的地电子商务网站就提供了在线支付的功能，由 DMO 作为第三方进行交易管理，确保游客和旅游服务企业之间达成交易。在线支付是指电子交易的当事人，包括消费者、厂商和金融机构，使用安全电子支付手段通过网络进行的货币支付或现金流转。

在线支付系统一般包括以下四个组成部分。

电子钱包（E-Wallet）。负责客户端的数据处理，包括处理客户的开户信息、货币信息以及购买交易的历史记录。

电子通道（E-POS）。主要指从客户端的电子钱包到收款银行网关之间的交易部分，包括商家业务操作处理（负责商家与客户的交流及订购信息的发出）、银行业务操作处理（负责把交易信息直接发给银行）、来往信息保密。

电子银行。这里指在网上交易过程中完成银行业务的银行网关，包括接受转账卡、信用卡、电子现金、微电子支付等支付方式。

认证机构。负责对网上旅游企业、旅游者、收款银行和发卡银行进行身份证明，以保证交易的合法性。

“桂林旅游网——旅行商务网”提供了在线支付的功能，在线支付必须在预订订单确认之后才能进行。点击“在线支付”，进入以下窗口。

1. 输入支付项目。如图 4－29 所示，包括了订单类型、订单号、姓名、手机号码、电子邮箱的信息。订单号是在酒店预订时系统分配给游客的，其他信息要与预订中所填的信息保持一致。信息填完后，点击“下一步”。

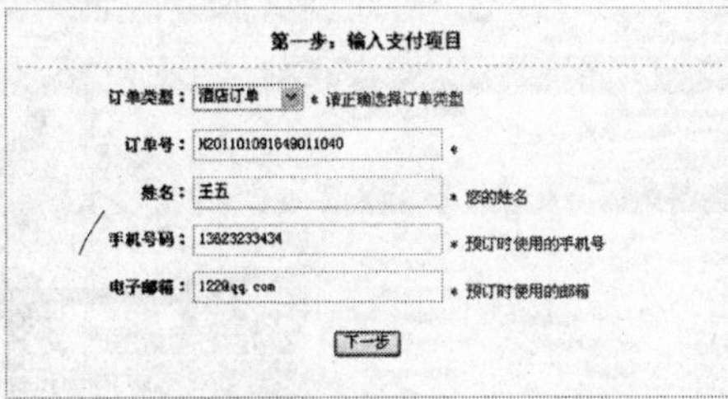

图 4－29 第一步，输入支付项目

2. 输入支付金额。如图 4－30 所示，在“本次支付金额”中填写大于 1 元的金额，也可以支付少于订单的金额，余额可以在客人到来后补交。输入后点击“下一步”。

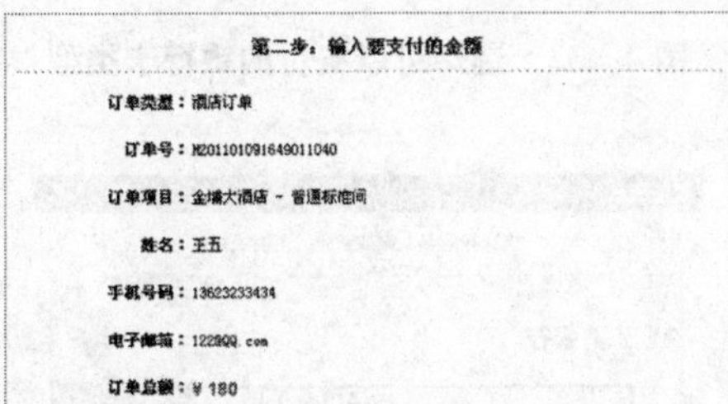

图 4－30 第二步，输入要支付的金额

3. 支付确认。如图 4－31 所示，游客在审核所有填写信息无误后，可确认支付。

4. 选择信用卡类型，并进行支付。在确认支付后，进入以下界面，如图 4－32 所示，选择支付的信用卡所属的电子银行，如工商银行；进入如图 4－33 所示界面；确认提示信息，进入如图 4－34 所示界面，开始通过电子银行进行支付。

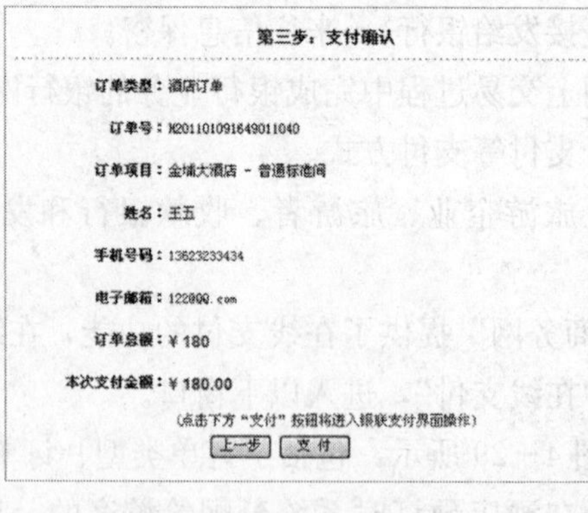

图 4－31　第三步，支付确认

图 4－32　选择可以支付的银行卡类型

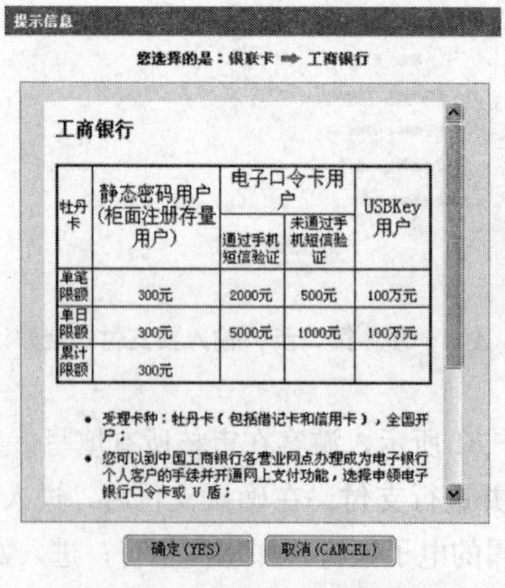

图 4－33　银行卡类型使用确认

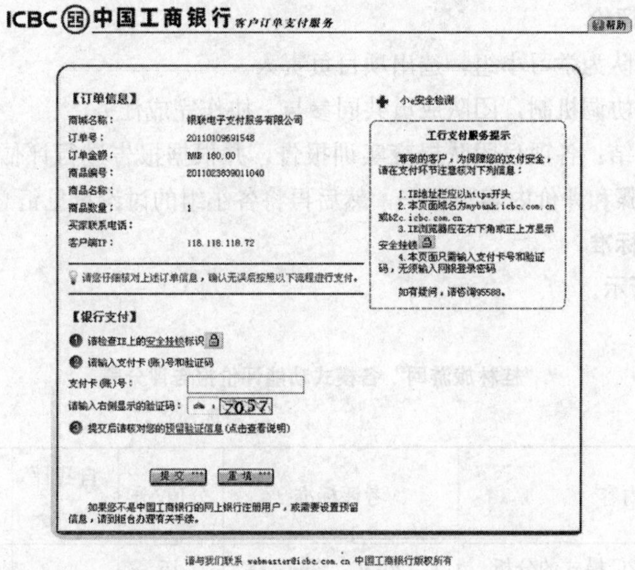

图 4-34　工商银行的在线支付服务界面

任务总结

旅游目的地电子商务是当前目的地开展对外营销和服务的重要手段，而旅游目的地电子商务网站是对外沟通的窗口。网站的各种模式可以为不同类型的客户进行各种信息服务，这些客户包括散客、团队游客、旅游服务企业等。作为旅游目的地的营销和管理者以及各类型客户很有必要掌握这些业务及网络的操作，并进行深入的了解，为今后工作实施奠定基础。

实训项目

目标

1. 培养学生对旅游目的地营销组织及其经营的网站所承担的职能的认识。

2. 培养学生具备分析旅游目的地电子商务网站各类型模式内容与特点的能力。

3. 培养学生运用所学知识分析并提出旅游目的地营销组织在网站平台上进行经营管理行为的建议。

内容与要求

1. 登录“桂林旅游网”各模式平台，观察各模式平台的功能和特点。

2. 结合各模式下各类访问者的实际需要，分析“桂林旅游网”设置这些功能的原因。

3. 参照其他旅游目的地网站的功能对“桂林旅游网”各模式平台进行评价，分析其优点与缺点，提出改进意见，并形成一份报告书。

组织与实施评价

1. 以项目团队为学习小组，选出项目负责人。

2. 建立沟通协调机制，团队成员共同参与、协作完成任务。

3. 评价与总结：各项目团队提交实训报告，并根据报告进行评估。要求首先把本次训练的主要步骤和评价内容写下来，然后再将各小组的讨论意见汇总。

评估指标及标准

如表 4 - 2 所示。

表 4 - 2　　“桂林旅游网”各模式功能评价报告评分表

被考评人：　　　　　　　　　　考评地点：

考评内容		考评标准	分值/分	自我评价/分	小组评价/分	实际得分/分
专业知识技能掌握	对 B2C 模式的分析	翔实、深入	15			
	对 B2G 模式的分析	翔实、深入	15			
	对 C2C 模式的分析	翔实、深入	15			
	对 B2B 模式的分析	翔实、深入	15			
通用能力培养	学习态度	积极主动，不怕困难，勇于探索	15			
	团队分工合作	能融入集体，愿意接受任务并积极完成	10			
	道德自律	自觉遵守纪律，有责任心和荣誉感	15			
合　计			100			

注：1. 实际得分=自我评价×40%+小组评价×60%。

2. 考评满分 100 分，29 分及以下为不及格，30～74 分为及格，75～84 分为良好，85 分及以上为优秀。

任务二　旅游目的地电子商务网站结构与功能

任务引入

浪漫之都——大连，大连旅游网由金旅雅途信息科技有限公司提供技术支持，是我国第一个旅游城市目的地营销系统的试点网站，系统于 2003 年 5 月试运行，并且在 2003 年 7 月 16 日通过验收。大连目的地营销系统网络构建的发展战略是“走出网站做网站”，具体是“一开发三合作”，“一开发”指通过采取树状发展，开发一些与目的地营销系统相关的产品，以目的地营销系统为主干，其他开发为分枝，促使目的地营销系统发展；“三合作”即与其他旅游局合作、与旅游相关企业合作、与传统媒体合作，共同宣传和开发目的地营销系统。大连旅游目的地营销系统在宣传推广大连旅游整体形象的同时，建立起了完善的大连旅游电子商务平台，推动旅游企业信息化建设，并与大连电子政务系统工程、企业信息化应用工程紧密结合，实现系统资源共享、信息共用。同时，系统的建设充分地利用了原有的信息、网络和软硬件资源。

任务分析

我国绝大多数旅游目的地电子商务网站都是在政府部门支持下建立起来的，在开发过程中，政府部门联合社会多种机构组织，包括技术支持部门、旅游企业、各类媒体等进行合作，开展全方位的信息服务。那么，对于这样运营背景的网站，旅游市场各方对其有什么样的需求呢？这类网站应做什么样的定位呢？设计什么样的功能才能满足营销管理的实际需要呢？这是开发网站前必须进行规划的内容。

知识准备

一、旅游目的地电子商务网站的需求与定位

1. 旅游目的地电子商务网站的需求

网站需求分析可以分三个阶段，第一阶段是系统调查，第二阶段是网站的功能描述，第三阶段是评审。

系统调查由一些有经验的网站开发人员组成，主要调查旅游目的地的概况、网站目标、网站的风格要求、旅游目的地电子商务网站开发具有的条件及存在的问题。

系统调查结束后，结合 DMO 的特点和系统调查结果，确定旅游目的地电子商务网站的功能。首先确定构建旅游目的地电子商务网站的类型，然后分析具体的网站应具有的功能。

当前旅游目的地电子商务网站的基本需求一般包括以下几项。

（1）鲜明的形象和值得信赖的身份。旅游目的地电子商务网站是目的地展示形象的重要窗口，游客希望能通过该网站快速获得目的地信息，而 DMO 希望通过网站展示形象，吸引游客前来旅游。如何通过网站展示目的地形象呢？首先，做好网页界面的设计，即完成设定网站风格，统一视觉符号，合理选择图片等设计工作；其次，做好旅游目的地网站形象的宣传工作，大部分游客会通过搜索引擎和一些旅游类网站进行旅游信息的收集，因此，网站应积极在其他旅游网站上开展网络广告和实施搜索引擎营销。除此之外，在网站上明确标识出网站的运营者身份，也是很重要的工作，一般

由政府主办的旅游目的地电子商务网站都会在标题中明确"官方网站"的字样，网站域名一般以 .gov. cn 为后缀。

(2) 丰富的旅游目的地信息。旅游目的地电子商务网站发布旅游目的地信息服务的对象类型多样，满足不同的需求形式，因此，目的地信息具有种类多、内容量大、形式多样等特点。旅游目的地信息是旅游资源、旅游活动和旅游经济现象等客观事物的反映，其范围很广，其中包括旅游目的地行业信息、旅游企业信息、旅游产品信息、旅游者信息、旅游供求信息五大类信息。这些信息与游客的旅游决策和旅游活动，与旅游企业开展经营和旅游目的地营销机构的活动密切相关。如表 4-3、表 4-4 表述了一般旅游目的地电子商务网站的信息发布类型，说明了旅游目的地信息复杂结构和复杂要素。

表 4-3　　旅游目的地信息

旅游地概况及地区旅游形象	省市概述，地区旅游形象主题，宣传语和形象标识，视觉形象设计，平面、音频和视频旅游宣传制品
旅游资源	山岳景观、江河、湖泊、溪流泉水、草原草甸、雪山冰川、湿地、大漠戈壁、文物古迹、博物馆、洞穴奇石、摩崖石刻、城建雕塑、度假村区、游乐场所、观光农业、园林、历史文化名城、名人故居、历史遗迹等
地方文化	民俗风情、饮食文化、民间艺术、历史、宗教、地方文艺、名人、旅游文学
旅游企业	食、宿、行、游、购、娱等各类旅游企业的黄页信息，包括了这些企业的名称、类别、业务范围、所在地、邮政编码、联系人、联系电话、传真、电子信箱、企业网址等 旅游服务设施，包括旅游景区和酒店的服务设施，主要是服务设施类型、规模、规格、价格、特色等
旅游产品	旅游线路信息：线路类型、线路销售方式、线路名称、线路广告名称、主体旅游线路类型、出发地、目的地、关键字、行程天数、行程安排、服务等级、相关图片、特别说明/游客须知/注意事项、线路咨询电话、公众价格、同行价、报价币种、出团时间及相关说明 其他代理产品信息：客房预订、票务预订
旅游交通	交通状况：省际公路铁路网络，航空网状况，旅游区间的通达状况机场，火车站位置等 交通信息：列车时刻查询、公交车路线全表、其他交通，各地发往该城市的航班
当地旅游须知	气候、季节、出游工具、出游交通注意事项、食宿行娱、健康、急救、出境入境、旅游管理方面的特殊规定、旅游常识咨询问答
当地旅游动态事件	节庆活动信息，包括活动名称、举办时间、活动内容简介、活动安排等 旅游促销活动信息，包括促销产品、优惠价格、优惠时段、优惠宣传文字等
旅游新闻、公告	旅游业新闻、旅游节事活动、地方重大活动、会议展览、旅游开发与建设、政府及企业活动、旅游行业动态、旅游管理、旅游政策、特殊新闻、招商引资

表 4－4　旅游目的地电子商务网站记录及调查的旅游者信息

信息类型	信息项	信息提取目的
网站注册信息	网站注册使用的用户名、密码、密码遗忘时的提示	旅游者以注册的用户名登录，可以避免在预订过程中重复填写相同的信息，提高预订效率
客户基本信息	姓名、身份证号码、护照/签证信息、年龄、职业、电话、电子邮件、住址等	旅游者概况的描述 市场细分的依据
旅游偏好	如旅游者最希望何时开始旅游；最想搭乘哪个航空公司的哪个航班，经常飞行的次数；最喜欢租用哪种类型的汽车；最愿意住在什么饭店等	服务器存储了旅游者的偏好信息之后，会自动跟踪，为有这些偏好的旅游者寻找符合条件的产品和服务，旅游机构也可利用信息数据库，更有针对性地进行主动营销
感兴趣的旅游目的地	旅游者最希望了解哪些旅游目的地的咨询	根据选择的目的地，提供当地的天气、人文环境、旅游特色和货币兑换等信息
积累客户的消费量	电子商务系统自动统计游客在网站上的预订量，如客房入住天数、飞行距离等	可作为积分、促销奖励的依据

（3）方便的咨询渠道和详尽的联络方式。有很多旅游目的地电子商务网站嵌入基于在线技术的沟通工具，比如 QQ、MSN 或者在线客服软件，实现了低成本的一对一营销服务。同时，网站还提供电话热线。这种详尽、可靠和稳定的联络方式，是游客参与网络预订的重要保障，例如桂林旅游网中有详尽的联系方式，如图 4－35 所示。而可靠和稳定是指在线服务处于时刻有人接听的状态，并尽量避免频繁更换坐席人员。

图 4－35　桂林旅游网的在线咨询栏目

(4) 可靠的导服推荐。游客初来旅游目的地，对当地的情况了解甚少，无论事先做怎样详细的准备工作，都需要寻求更精细的信息帮助。他们除了从旅游向导、地接导游那里咨询旅游地信息之外，还可以通过旅游目的地电子商务网站那里获得值得信赖的导服推荐信息，这也是自助游客所希望获得的。

(5) 安全的网上支付。现今网上支付成为消费者重要的付款方式，在旅游行业也如此，越来越多的游客愿意通过网上支付来订购自己喜欢的旅游产品或服务。通过网上支付，游客可以减少支付过程中携带现金的不便，提高了预订的时效性，保障自己的旅游计划得以顺利进行，提高了出游的乐趣。

(6) 目的地漫游。能激发游客实施旅游行为的是目的地的资源，但对于很多游客来讲，对目的地咨询掌握不多，想了解目的地资源和服务环境的需求非常强烈。虽然旅行社一般都有图文并茂的介绍资料，但远不能满足这种需要。借助网站的视频和虚拟三维模拟技术，把目的地的资源和服务特色通过漫游展示，更能把游客吸引过来。

2. 旅游目的地电子商务网站的定位

网站定位是在目标客户的心目中为本企业和产品及服务创建特色，赋予一定的形象，以满足并适应客户一定的需求和偏好。成功的定位往往奠定了成功的基础。旅游目的地电子商务网站应从以网站为中心的理念向以客户为中心的理念转变，尽最大可能去满足消费者的个性化需要，缔造个性化的旅游网站，根据旅游目的地的自然和人文特色设计个性化的旅游产品和服务。同时，要为游客提供实时交互的服务，动态地满足游客的需求。

旅游目的地电子商务网站定位要考虑的因素比较复杂，但是，通常来说要考虑以下几个方面。

(1) DMO 自身分析。旅游目的地电子商务网站是为 DMO 服务的，网站定位要符合 DMO 对外营销战略目标；要考虑 DMO 所处旅游行业中的角色和职能；旅游目的地电子商务网站的工作人员的计算机操作水平如何；DMO 提供的旅游产品或服务是否便于通过网络得到较充分的了解，产品交易过程是否能够便于自动化；DMO 传统的促销活动、广告宣传是否能和互联网促销工具相互受益；所提供的旅游产品或服务是否具有全国性甚至全球性；旅游目的地服务企业的分销渠道建设能否满足网络游客的需要。

(2) 目标客户。旅游目的地电子商务网站定位是否符合所定位的客户群体的需求，对网上目标客户进行分析，不仅要找到其表面的、内在的、具有可塑性的各种需求，而且要挖掘出客户在需求信息方面的各种要求，如旅游信息的种类、旅游信息的内容和表现形式、信息浏览和检索习惯、在线支付的安全感、能接受的在线服务的方式等。对目标客户的定位准确直接决定旅游目的地电子商务网站的使用率和使用者满意度，进而增加点击率，提高网站的赢利能力。

(3) 竞争对手。在进行旅游目的地电子商务网站定位时还需掌握竞争对手的相关情况，这是进行网站规划设计不可缺少的内容。针对竞争对手的旅游网站，应了解他们的产品和经营管理方式、销售策略等，这些都会对经营管理、产品或服务的提供造成直接的影响。我们应该从以下几个方面来了解竞争对手，第一，确认网上的竞争对手，DMO主办的目的地电子商务网站的竞争对手主要是目的地旅行社、旅游中间商主办的网站，如桂林旅游网和桂林旅游商务网之间的关系，以及产生竞争关系的旅游目的地的DMO主办的旅游目的地网站，如桂林旅游网和苏州旅游网之间的关系；第二，了解竞争对手电子商务的战略和所开展的主要网上业务，可以通过进入竞争对手的网站浏览网站信息，通过网络查找竞争对手的资料，并可以通过行业网站了解竞争对手的相关信息，将搜索的信息进行整理分析，确定其电子商务网站的定位，电子商务活动策略及DMO主要开展的网上业务。

（4）可行性。在实现网站的设计之前应对规划的网站进行可行性分析。可行性是指在当前组织内外的个体条件下，信息系统的研制是否已经具备必要的资源及其他条件。网站实施的可行性分析包括，技术可行性分析、经济可行性分析、人力资源可行性分析三大部分。技术可行性分析主要考虑计算机技术、通信技术、数据存储技术、产品识别技术等能否完成网站的设计与实施；经济可行性分析主要是对网站开发的资金投入和网站将会获得的效益进行分析；人力资源可行性分析主要考虑网站创建需要的技术人员，投入使用后需要的网站维护和管理人员，网站内容更新需要的信息提供人员，而日常的网站使用也需要使用者有一定的知识和技能。

以桂林旅游网为例，桂林旅游网将其自身定位为桂林旅游信息平台的龙头和主体，以全面的桂林旅游信息服务于政府、旅游企业和游客。它的宗旨是实施旅游信息化战略，推进桂林旅游业信息服务的现代化、社会化和市场化进程，集合桂林旅游信息资源优势，开发各种信息应用方式和技术，协调旅游政策资讯、旅游咨询服务、旅游互联网、旅游监督投诉、旅游公众媒体载体等信息流通主渠道，建立科学统一共享的信息运行机制，提高信息应用和服务实效，创造良好的旅游信息环境，为政府、企业和游客提供全方位的旅游信息服务，为我国旅游行业的信息化进程探索发展道路。根据这一宗旨，桂林旅游网一手抓全市旅游信息的整合，一手抓网络信息服务。同时，对当地政府及旅游行政管理部门、旅游企业、游客、社会媒体及相关单位四类信息资源进行有效整合，通过与他们建立良好的信息交流合作伙伴关系，形成信息流通渠道的高速化、网络化和层次化，实现对信息采集渠道的有效整合。

二、旅游目的地电子商务网站的结构和功能

1. 旅游目的地电子商务网站的结构

旅游目的地电子商务网站可以服务于不同的用户群体，包括在客源地家中或行程中的游客、旅游中间商、旅游媒体、当地旅游服务供应商和其他协作机构。完善的目的地电子商务网站还可以根据DMO的营销计划，对用户进行进一步细分，让不同类别的用户得到不同的信息资源。例如，向不同地区或使用不同语言的游客或旅游企业提供相应的信息，将企业类型的会议组织者与国际组织的会议主办者加以区分。如图4－36所示是桂林旅游网中旅游资讯网的网站结构。

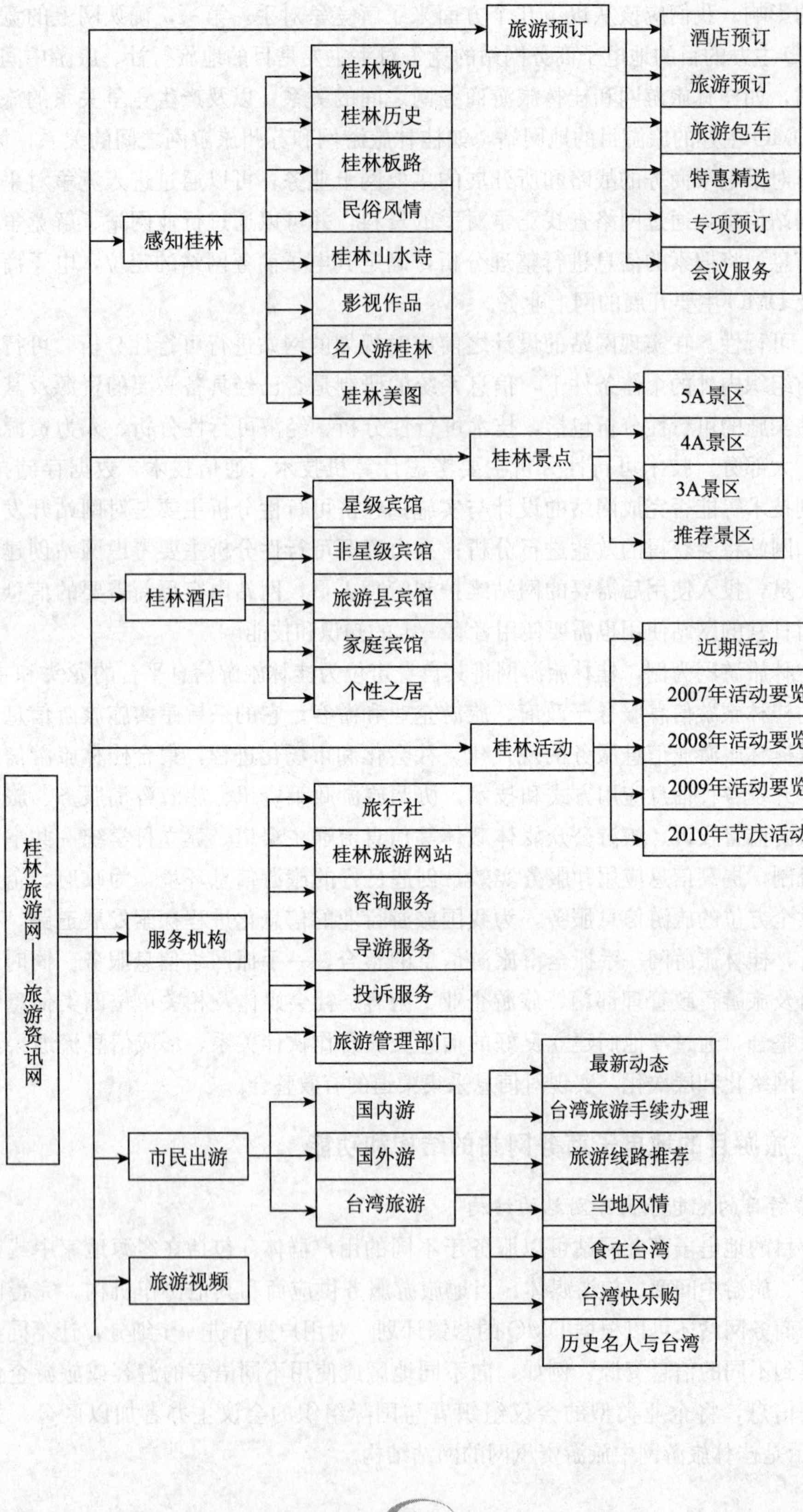
桂林旅游网——旅游资讯网
旅游预订
酒店预订
旅游预订
旅游包车
特惠精选
专项预订
会议服务
感知桂林
桂林概况
桂林历史
桂林板路
民俗风情
桂林山水诗
影视作品
名人游桂林
桂林美图
桂林景点
5A景区
4A景区
3A景区
推荐景区
桂林酒店
星级宾馆
非星级宾馆
旅游县宾馆
家庭宾馆
个性之居
桂林活动
近期活动
2007年活动要览
2008年活动要览
2009年活动要览
2010年节庆活动
服务机构
旅行社
桂林旅游网站
咨询服务
导游服务
投诉服务
旅游管理部门
市民出游
国内游
国外游
台湾旅游
最新动态
台湾旅游手续办理
旅游线路推荐
当地风情
食在台湾
台湾快乐购
历史名人与台湾
旅游视频

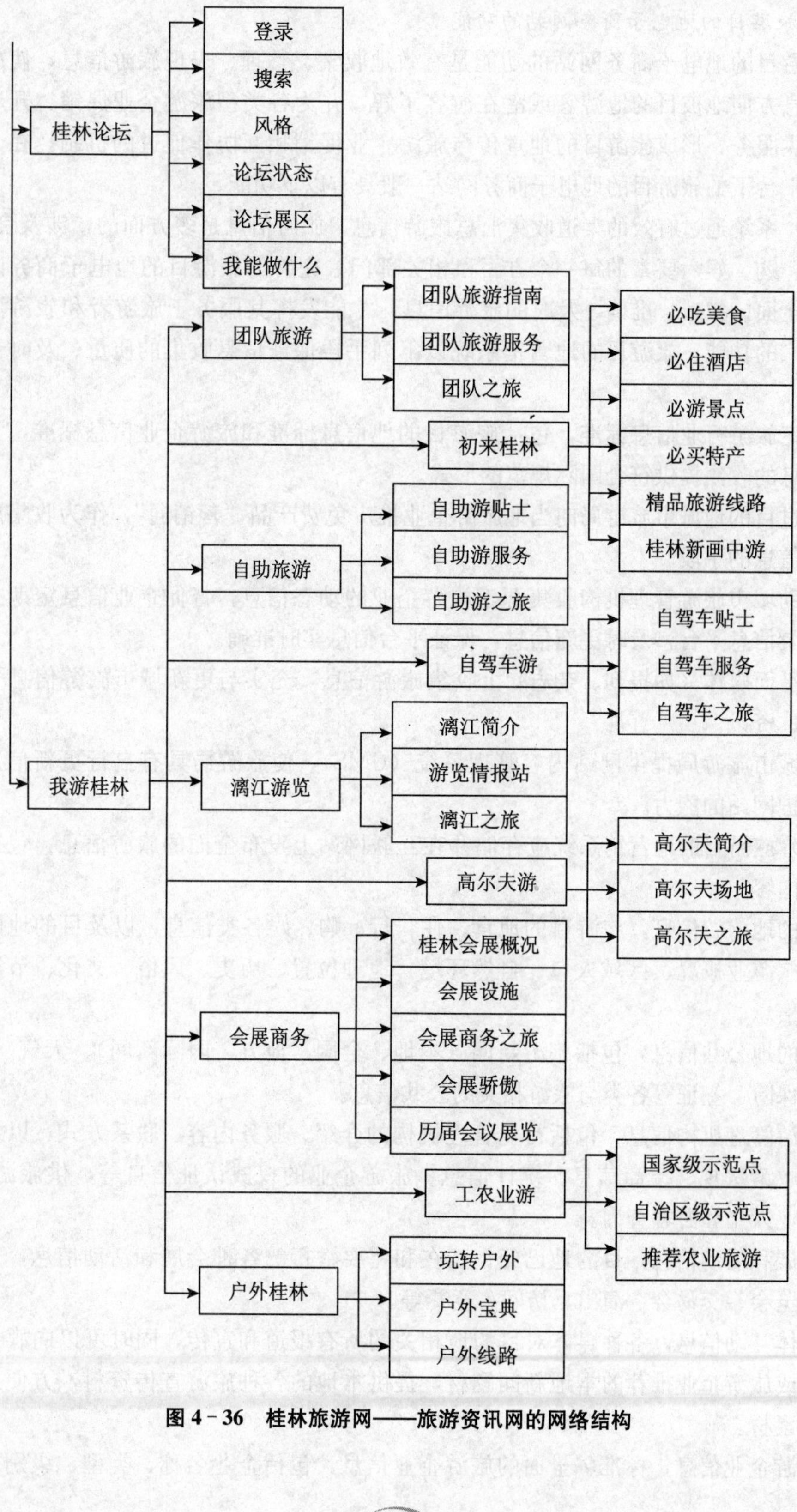

图 4－36　桂林旅游网——旅游资讯网的网络结构

2. 旅游目的地电子商务网站的功能

旅游目的地电子商务网站的功能是有效地收集、整理、表现旅游信息，使旅游目的地信息方便地被目的地游客或潜在游客了解，并为各类型旅游企业促销、开展电子商务提供服务，形成旅游目的地宣传与旅游企业促销相互协作促进的机制。在“金旅工程”平台下的旅游目的地电子商务网站一般具有以下功能。

(1) 系统通过有效的渠道收集汇总旅游信息。旅游信息是多方面的，涉及食、宿、行、游、购、娱六要素的每一个方面和相关部门。完善的旅游目的地电子商务网站应提供最全面、权威、准确、及时的旅游信息，才能发挥其服务于旅游者和旅游城市宣传与推广的功能。旅游目的地营销系统以下列手段保证信息收集的质量、及时性和丰富性。

制定旅游行业信息标准，包括旅游目的地信息标准和旅游企业信息标准，为城市旅游信息的收集提供符合国际规范的形式。

通过目的地城市旅游局向当地旅游企业推广免费产品“营销通”，作为收集旅游企业动态信息的手段。

帮助城市旅游管理机构收集源于旅游企业的动态信息，督促企业信息定期报送至市级旅游信息平台，及时更新信息，保证平台信息实时准确。

从平面媒体（如报刊、杂志）上收集旅游信息，充实与更新城市旅游信息平台上的新闻、资讯。

向城市旅游局提供网站内容管理系统（CMS），使旅游局具有自行更新信息，运营、维护网站的能力。

(2) 旅游目的地营销系统应存储并在互联网站上发布全面的旅游信息，包括以下几方面内容。

目的地旅游信息，旅游目的地食、住、行、购、娱各类信息，以及目的地的经济发展、旅游业概况、区域人口、自然环境、地理位置、历史、风俗、文化、节庆等各种旅游信息。

目的地公共信息，包括旅游新闻（本地、全国、地方、国际新闻）、天气、交通、汇率、保险、签证等各类与旅游相关的公共信息。

旅游管理机构信息，包括行业管理机构的介绍、服务内容、联系方式，以及旅游相关的政策法规、招商信息、统计信息、旅游企业的权威认证信息等，供旅游企业、相关专业人士和游客查询。

会展和活动信息，目的地已经、正在和将要举行的各种会展和活动信息，如博览会、展览会、交易会、演出、访问、竞赛等。

媒体互动信息，各种媒体对目的地相关的所有报道和宣传，同时可以向媒体提供旅游局或旅游企业推荐的本地新闻题材，提供本地的各种旅游宣传资料，方便媒体寻找宣传素材。

旅游企业信息，标准、全面的旅游企业信息，包括企业名称、类型、级别、联系电话、传真、E-mail、网址等，并可以提供相应的各种查询检索功能。

旅游产品信息，旅游线路、酒店客房等各种旅游产品信息，包括企业的产品发布和信息维护功能，产品查询和检索功能。

提供相关链接，对本系统没有而访问者可能会感兴趣的内容，提供外部链接，告知信息的获取渠道。

(3) 旅游目的地营销系统通过各种应用软件系统，使旅游网站具有强大的信息服务功能和主动营销功能。这些功能或应用系统包括以下几项。

网站内容检索系统，提供全网站内容检索，检索条件可以包括标题、主题、关键字等。

电子地图，以目的地公用电子地图为基础，定制形成专门的旅游电子地图，以Web地图的形式可视化地组织和展现目的地的各种旅游信息，并提供各种交互实用的信息查询和分析功能，是目的地旅游的电子地图导航系统。

虚拟旅游，一般称作“多媒体虚拟旅游（Virtual Tour)”，是目的地各种多媒体信息和宣传资料的理想展现方式，可以包括目的地概述（文字和图片)、旅游图片库、电子宣传册、旅游屏保、视频库、音频库、三维实景图库、电子地图、Flash库等，可以作为目的地旅游的虚拟体验方式，提高游客的兴趣，激发消费欲望。

旅游图片库，收集目的地的各种旅游宣传图片，可以用于网站表现、宣传资料印刷出版、宣传光盘制作等，在DMS网站上主要提供图片库的浏览、预览、查看，以及在线打印、下载、邮寄等功能。

三维实景，又称“360°全景图库”，具有“互动、三维、立体”的特点，是目的地旅游的形象化展示，具有很强的表现效果。

电子宣传册，提供目的地旅游宣传资料（小册子、传单等）的电子化版本，主要提供下载和邮寄功能，可以用于与其他旅游目的地的宣传资料交换、旅行社的线路设计和宣传资料制作的素材、媒体宣传报道的原始材料等。

电子邮件营销系统，提供旅游营销电子刊物发行的管理功能，包括目的地营销刊物、企业营销刊物、媒体营销刊物等。

在线调查分析系统，提供在线调查功能，调查的结果可以为旅游管理机构的决策和管理提供客观的统计依据，是现代管理不可缺少的一个工具。

旅游俱乐部系统，提供游客相互交流旅游经验的场所，一般包括论坛、图片、游记等，旅游局也可以设置特定的讨论专题，来广泛地收集各种意见。

网上投诉，为游客提供网上投诉的服务，方便游客反馈意见，得到及时的服务。

(4) 旅游目的地营销系统提供电子商务平台，使游客能远程预订旅游目的地的旅游产品，也为旅游企业开辟了营销的新渠道。电子商务平台的功能包括以下几项。

住宿预订，游客可以按多种条件查询酒店提供的产品和服务信息、进行酒店客房的预订。预订信息可以通过传真或SMS通知给相关酒店。酒店面向游客和旅行团介绍本酒店的各项服务信息、服务报价及服务特色。

旅游线路预订，旅行社面向公众和同行发布的旅游产品和服务的信息，包括旅游线路、地接旅游线路、地接单项服务等，游客可以按多种条件查询旅游线路产品信息、进行旅游线路的预订。预订信息可以通过传真或SMS通知相关的旅行社。

机票预订，通过接口连接航空公司信息系统，提供航班时刻查询、在线机票（座位）预订等。

同业供求信息发布和匹配，提供旅游企业间供求信息发布和查询。主要用于各种组团、拼团、各种价格变动、招商、会展、企业宣传等短期动态信息的发布，还可以自动匹配供求等。

促销管理，提供企业促销信息发布的管理功能。基于旅游促销信息数据库，为旅游消费者提供各种打折、优惠、促销活动等信息，为各类旅游企业提供促销宣传服务，给消费者带来实惠，给企业带来利润。

在线文字洽谈，旅游企业与其客户企业（如组团社与地接社）或消费者、消费者之间可以通过互联网进行在线咨询和洽谈。

在线语音交流，如果交流的双方电脑配置声卡、耳机、麦克风，可以通过特定的软件进行在线的语言交流。

支付网关，通过金融机构提供的接口实现网上支付功能。

(5) 旅游目的地营销系统还开发了多种其他信息传播途径，使人们即便无法用个人电脑上网，也能受益于旅游目的地营销系统。这对于旅行中的游客和无法实时电脑联网的旅游企业尤为重要。这些信息传播途径包括以下几项。

触摸屏，游客通过安放在旅游集散地和公共场所的触摸屏，同样能查看旅游目的地营销系统中心的信息。

旅游问讯中心，借助电脑智能语音技术，旅游目的地营销系统还能提供“7天×24小时”、全天候、全自动、多语言的电话问讯服务。

传真服务系统，可将预订信息等转为传真通知旅游企业。

移动电话短信息，可利用手机短信自动通知旅游企业人员上网查看收到的最新订单信息、游客询价信息、告知游客预订确认。

表4-5是世界旅游组织2000年选出的包括中国、泰国、马来西亚、挪威等国在内的20个“最佳”国家级旅游目的地网站及其分析。表4-5是这些网站的内容栏目设置和提供信息服务功能的详细比较分析。通过观察这些信息，可以了解哪些是旅游目的地网站通常具备的功能。

表4-5　　20个旅游目的地网站的信息服务功能详细分析

网站要素或功能	具有该要素或功能的网站数量
(1) 主页	
标志或品牌	20

续 表

网站要素或功能	具有该要素或功能的网站数量	
描述目的地的简短文字	14	
	不变	变化
目的地的照片	8	8
目的地的图像	10	3
动态或变化的文字	8	
内部链接的列表	19	
必须单击图标或图形才能进入网站	4	
提供不同语言的选择	13	
该网站所获奖项的列表	4	
该网站的访问人数	6	
电子邮件地址	9	
最后更新日期	2	
本地时间	4	
可以注册或进行在线调查	2	
（2）网站内的一般信息		
目的地的照片	19	
气候		
地理		
地形		
穿衣		
货币		
购物时间		
如何到达该目的地		
公共交通		
电信		
目的地内各地区的有关信息		
文化和风俗		
	互动	不互动
建议日程	2	2
事件（大活动）	11	9
景点	11	9

续 表

网站要素或功能	具有该要素或功能的网站数量	
	互动	不互动
目的地特殊的活动	11	9
地图	12	5
(3) 网站的特色功能		
网站有不同语言的版本	14	
在每页上都能看见网站的总目录	21	
每页都有返回主页的链接	20	
网站结构示意图	8	
关于网站设计的信息	10	
网站使用情况的统计数字	1	
虚拟、多媒体旅行	3	
影像直播	1	
外部链接或相关网站的列表	19	
用户意见	8	
填表之后可寄送小册子	10	
在线注册表格	2	
互动旅行规则	2	
(4) 搜索数据库可依据的标准		
如何到达该目的地	1	
在该目的地能做什么	2	
景点	2	
事件	2	
在哪里住宿	1	
交通	1	
旅游线路	2	
出租服务	1	
到哪里寻找进一步的信息	1	
(5) 在数据库产生的表格中包含的内容		
服务供应商名称、地址、电话	2	
传真号码	2	
服务供应商的有关照片	2	

续　表

网站要素或功能	具有该要素或功能的网站数量	
价格信息	2	
关于所提供服务的简短文字描述	2	
	直接链接	
	是	否
服务供应商的电子邮件	2	
服务供应商的网站	1	1
(6) 虚拟小册子	4	
初次用户必须注册	4	
可以包含本网站的有关信息	2	
可编辑小册子	3	
(7) 住宿信息		
不互动的住宿设施列表	8	
可选住宿设施的文字列表	20	
按地点分类的住宿设施列表	5	
按类型（如酒店）分类的住宿设施列表	6	
按价格分类的住宿设施列表		
有搜索功能的互动数据库	16	
搜索数据可依据的标准		
住宿设施类型如酒店、公寓	14	
地点	15	
价格	6	
住宿设施的条件如空调、海景	4	
所提供的关于住宿设施的信息		
地址和电话号码	19	
传真	21	
住宿设施的照片	12	
入住/离开时间	3	
儿童设施	15	
管理部门的质量认证	5	

续 表

网站要素或功能	具有该要素或功能的网站数量	
	直接链接	
	是	否
电子邮件	15	1
住宿供应商的网址	13	
本网站（而非供应商网站）在线预订	4	
(8) 搜索服务	14	
关键字搜索	13	
用目录搜索	3	
(9) 在线商店	5	
服装	2	
纪念品	2	
书籍	4	
地图	4	
最低购物馆	2	
是否必须注册		
(10) 特种旅游部分	10	

资料来源：根据世界旅游组织报告“Marketing Tourism Online，2000”及作者调查结果综合整理而成。

三、“金旅工程”——中国旅游目的地营销系统

宣传促销是旅游业持续快速发展的重要手段，利用网络进行旅游业的促销，是信息时代旅游宣传促销的新课题和新选择。由于我国旅游业电子商务建设还处在起步阶段，信息服务和在线支付能力有限，目前还没有实现真正的国际旅游电子交易，与世界先进国家旅游企业广泛利用网络进行宣传促销还存在较大的差距。为了提高我国旅游业国际竞争力，参与国际市场的竞争，我国各级政府联合投资建设了金旅工程。

金旅工程是国家信息网络系统的重要组成部分，是旅游部门参与国家旅游业信息化建设的重要基石。金旅工程是以“金旅雅途”网为门户网站，如图 4－37 所示，建立起覆盖全国旅游部门的国家—省—市—企业四级的计算机网络系统。建成后，将为提高旅游行业整体管理水平、运行效率、改进业务流程、重组行业资源等方面提供强有力的技术支持；同时，全面发展旅游电子商务，与国际接轨，为世界旅游电子商务市场提供服务。

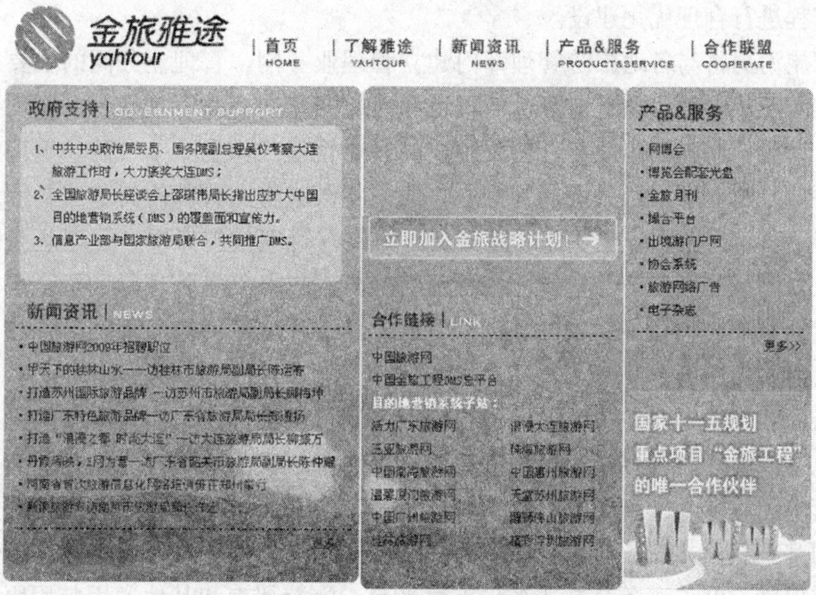

图 4－37　金旅雅途首页

1.“金旅工程”的目标和建设方针

现阶段旅游部门信息化工作的重点是建设“金旅工程”。“金旅工程”是国家信息化工作在旅游部门的具体体现，也是国家信息网络系统的一个组成部分。“金旅工程”由两个基本部分组成，一是政府旅游管理电子化，利用现代化技术手段管理旅游业；二是利用网络技术发展旅游电子商务，与国际接轨。总的目标是最大限度地整合国内外旅游信息资源，力争在3～5年内，建设和完善政府系统办公自动化网络和面向旅游市场的电子商务系统。

为了实现上述目标，国家旅游局计划在2001年初步建立全国旅游部门的国家—省（自治区、直辖市）—重点旅游城市—旅游企业四级计算机网络，重点建立起面向全国旅游部门的，包含旅游业的业务处理、信息管理和执法管理的现代化信息系统，初步形成旅游电子政府的基本骨架；同时，该系统也将建立一个旅游电子商务的标准平台，建立行业标准，提供对旅游电子商务应用环境与网上安全、支付手段的支撑，支持国内企业向电子旅游企业转型。

2.“金旅工程”信息网络的主要任务和功能建设

按照“金旅工程”的框架规划，整个工程可概括为“三网一库”，即内部办公网、管理业务网、公众商务网和公用数据库。

各级旅游行政管理部门要抓好内部网络的建设。国家旅游局要率先建设好内部办公网，建立信息发布、公文处理、文件文献管理、人事财务管理等系统，实现内部办公自动化，为领导决策提供有力的支持。各地旅游部门要形成基本完善的内部办公网络，一方面完善物理网络的建设，为信息处理的数字化、网络化创造条件；另一方面，对业务流程进行合理优化建设。

国家旅游局将与各地旅游管理部门建立管理业务网。管理业务网的主要目标是建立一个旅游系统内部信息上传下达的渠道和功能完善的业务管理平台，实现各项业务处理的自动化，提高工作效率，使旅游业的行业管理工作上一个台阶。管理业务网的首要条件，是建立以国家旅游局为中心，地方各级旅游主管部门为节点的网络，形成功能完善、科学规范、安全实用、覆盖全国的旅游管理虚拟专网。管理业务网充分利用国家公众网络的优势条件，各地旅游部门可根据本身信息处理量和资金条件，选择不同的接入方式，包括卫星网络、DDN 专线、ISDN 或电话拨号上网等方式，与国家旅游局信息中心连通。

公众商务网主要建立一个可供各旅游企业进行供求信息交换、电子商务运作的中国旅游电子商厦，向旅游企业提供整套的电子商务解决方案。同时，公共商务网还将建立一套中国旅游电子商务的标准结构体系，为将来旅游行业电子化、规范化发展打下坚实的基础。公共商务网主要处理为公众和旅游企业服务的业务，包括综合信息发布、宣传促销、电子商务公共服务、支付平台、旅游超市和其他通用应用服务。旅游企业在网内可从事网上同业交易，为全球互联网用户提供旅游产品在线订购等电子商务活动。

建立和完善共享公用信息数据库是管理业务网和公共商务网的基础。数据库系统作为系统平台的一个重要组成部分，是上层应用系统的基础，也是业务处理系统的核心。管理业务网数据库建设，要瞄准需求，充分利用政府信息资源，建立体系完善、标准统一、内容实时、流程规范的动态数据库。国家旅游局将建设大容量的数据处理中心，并制定统一的数据库标准。各地旅游部门按照统一的格式提交各种数据。

3. 旅游目的地营销系统的结构设计

（1）旅游目的地营销系统的基本结构。目的地信息系统以目的地旅游信息数据库为基础，以目的地旅游网为主要信息表现形式。多种软件系统使应用者能简易地操作这一系统，并使网站的功能十分强大。其基本组成结构如图 4－38 所示。

（2）旅游目的地营销系统的多级互联。从整体层面上看，旅游目的地信息平台是国家—省—市的多级系统。信息由下层进入系统，经分类、整理后，有序地表现于相应的目的地信息网上，并向上层汇集，有选择地表现于上层信息网站。最上层的国家级网站表现经筛选的，最重要的旅游信息，并通过导航和搜索功能，让浏览者方便地获得所需的各级系统中的信息。系统层次结构如图 4－39 所示。

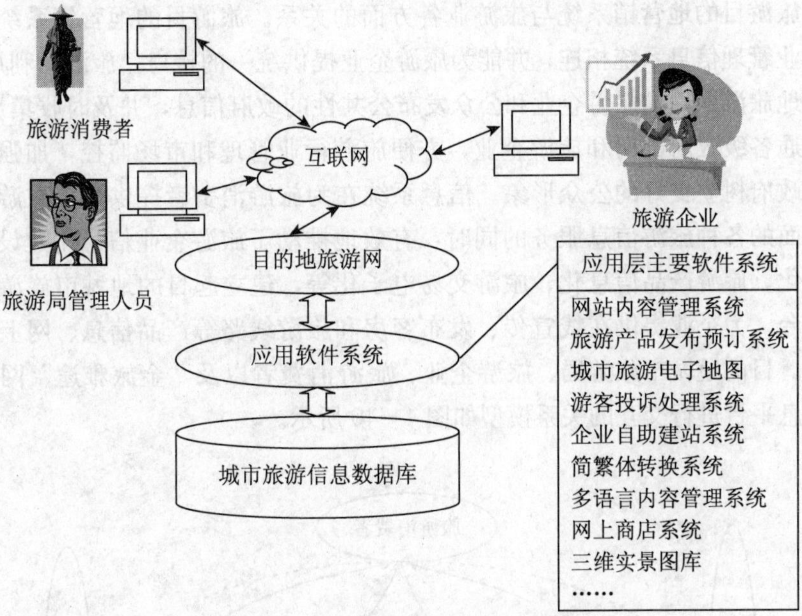

图 4－38　目的地营销系统基本组成结构

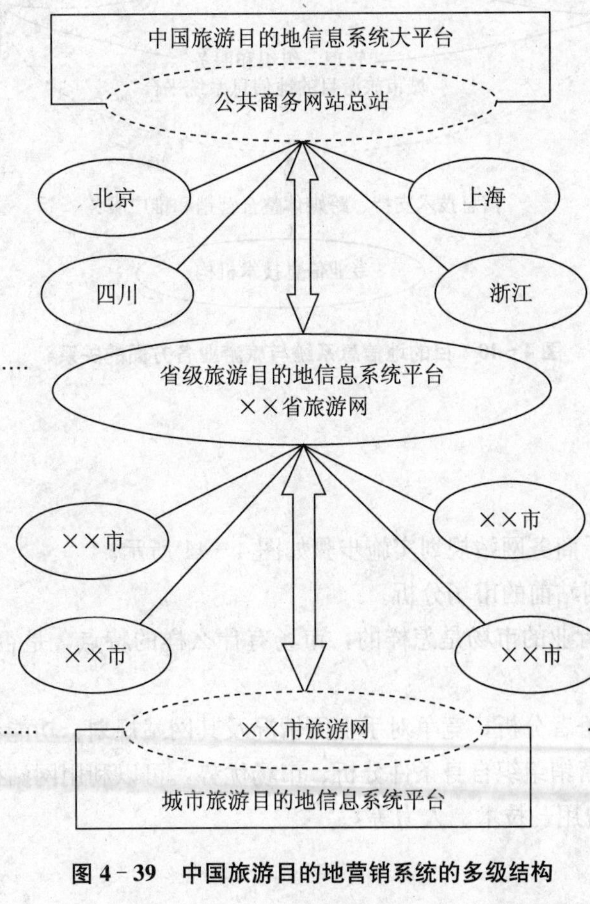

图 4－39　中国旅游目的地营销系统的多级结构

（3）旅游目的地营销系统与旅游业各方面的关系。旅游目的地营销系统能与旅游局原有行业管理信息系统相连，并能为旅游企业提供统一的接口。旅游局利用本平台，通过目的地旅游网面向旅游企业和公众发布公共性的政府信息，并及时收集反馈信息，有效地沟通各级政府部门和旅游企业，方便旅游行业管理和市场监控，加强与企业的关系，为政府树立良好的公众形象。信息系统在为旅游消费者提供覆盖旅游各个阶段和各个方面的各种旅游信息服务的同时，有效地推动了旅游企业信息化建设，即企业宣传网络化、旅游产品信息化、旅游交易电子化等，建立起目的地城市旅游行业的电子商务平台，为企业提供在线宣传、发布客房和旅游线路等产品信息、网上预订等有价值服务。目的地城市旅游局、旅游企业、旅游消费者以及“金旅雅途”网站相互之间通过信息平台进行交互的关系模型如图 4－40 所示。

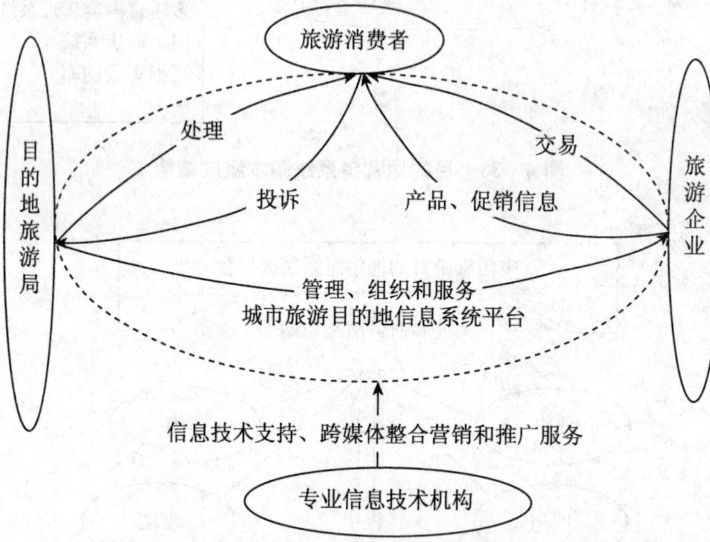

图 4－40　目的地信息系统与旅游业各方面的关系

任务实施

旅游目的地电子商务网站规划实施步骤如图 4－41 所示。

第一步，建设网站前的市场分析。

1. 旅游及相关行业的市场是怎样的，市场有什么样的特点，是否能够在互联网上开展相关业务。

2. 市场主要竞争者分析，竞争对手上网情况及其网站规划、功能作用。

3. 旅游目的地营销组织自身条件分析、市场优势，可以利用网站提升哪些竞争力，建设网站的能力（费用、技术、人力等）。

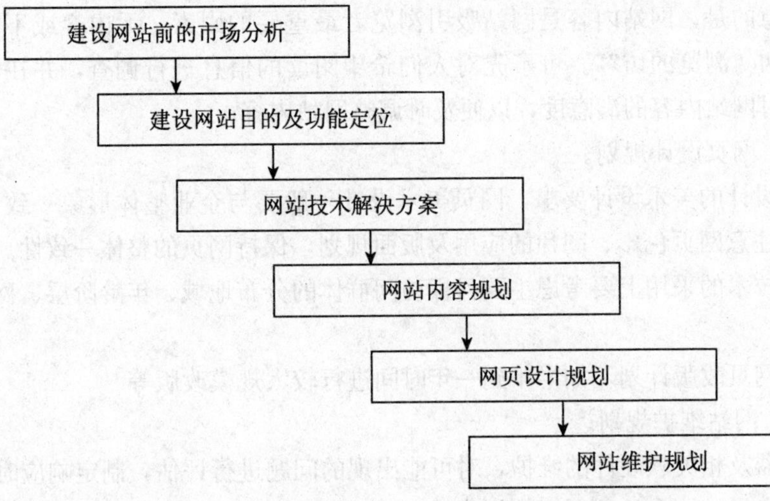

图 4-41　旅游目的地电子商务网站规划实施步骤流程

第二步，建设网站目的及功能定位。

1. 为什么要建立网站，是为了宣传产品，进行电子商务，还是建立行业性网站?

2. 整合旅游目的地营销组织的资源，确定网站功能。根据营销组织的需要和计划，确定网站的功能，产品宣传型、网上营销型、客户服务型、电子商务型等。

3. 根据网站功能，确定网站应达到的目的与作用。

4. 旅游目的地营销组织内部网（Intranet）的建设情况和网站的可扩展性。

第三步，网站技术解决方案。

根据网站的功能确定网站技术解决方案。

1. 采用自建服务器，还是租用虚拟主机。

2. 选择操作系统，用 Unix，Linux 还是 Window Sever 2003。分析投入成本、功能、开发、稳定性和安全性等。

3. 采用系统性的解决方案，如 IBM、HP 等公司提供的企业上网方案、电子商务解决方案，还是自己开发。

4. 网站安全性措施，防黑客、防病毒方案。

5. 相关程序开发。如网页程序 ASP、JSP、CGI、数据库程序等。

第四步，网站内容规划。

1. 根据网站的目的和功能规划网站内容，一般旅游目的地电子商务网站应包括，旅游目的地简介、旅游产品介绍、旅游服务内容、旅游产品价格信息、联系方式、网上订单等基本内容。

2. 电子商务类网站要提供会员注册、详细的商品服务信息、信息搜索查询、订单确认、付款、个人信息保密措施、相关帮助等。

3. 如果网站栏目比较多，则考虑采用网站编程由专人负责相关内容。

需要注意的是，网站内容是网站吸引浏览者最重要的因素，无内容或不实用的信息不会吸引匆匆浏览的访客。可事先对人们希望阅读的信息进行调查，并在网站发布后调查人们对网站内容的满意度，以便及时调整网站内容。

第五步，网页设计规划。

1. 网页设计的美术设计要求，网页美术设计一般要与企业整体形象一致，要符合CI规范。要注意网页色彩、图片的应用及版面规划，保持网页的整体一致性。

2. 在新技术的采用上要考虑主要目标访问群体的分布地域、年龄阶层、网络速度、阅读习惯等。

3. 制订网页改版计划，如半年到一年时间进行较大规模改版等。

第六步，网站维护规划。

1. 服务器及相关软硬件的维护，对可能出现的问题进行评估，制定响应时间。

2. 数据库维护，有效地利用数据库是网站维护的重要内容，因此数据库的维护要受到重视。

3. 内容的更新、调整等。

4. 制定相关网站维护的规定，将网站维护制度化、规范化。

需要注意的是，动态信息的维护通常由企业安排相应人员进行在线的更新管理；静态信息（即没用动态程序数据库支持）可由专业公司进行维护。

任务总结

旅游目的地电子商务网站的需求、定位与功能设计是网站规划的核心，如何设计出适应旅游市场和行业管理需要的电子商务网站是网站经营的关键。因此，掌握旅游目的地电子商务网站规划的核心环节，有助于网站经营者更好地开展工作。

实训项目

目标

1. 使学生能正确认识旅游目的地电子商务需求与定位。

2. 掌握巩固理论知识，提高解决实际问题的能力。

内容与要求

1. 对所在地市的旅游政府信息部门的信息化需求进行调查。

2. 选择运用合适的网站规划方法对本地旅游目的地电子商务网站进行规划。

组织与实施评价

1. 以项目团队为学习小组，选出项目负责人。

2. 建立沟通协调机制，团队成员共同参与、协作完成任务。

3. 各项目团队根据收集的资料和补充的资料进行分析讨论。

4. 评价与总结：各项目团队提交实训报告，并根据报告进行评估。

评估指标及标准

如表 4－6 表示。

表 4－6　　旅游目的地电子商务网站规划实验评价表

被考评人：　　　　　　　　　　　考评地点：

考评内容		考评标准	分值/分	自我评价/分	小组评价/分	实际得分/分
专业知识技能掌握	旅游市场分析	翔实、深入	15			
	网站目的及功能定位	目的明确、定位准确、功能完善	15			
	网站技术解决方案	翔实、可靠	15			
	网站内容规划	翔实、完善	15			
	网页设计规划	针对性强	10			
	网站维护规划	翔实、可靠	10			
通用能力培养	学习态度	积极主动，不怕困难，勇于探索	10			
	报告书写规范	格式工整、图形规范	10			
合　计			100			

注：1. 实际得分＝自我评价×40%＋小组评价×60%。

2. 考评满分 100 分，29 分及以下为不及格，30～74 分为及格，75～84 分为良好，85 分及以上为优秀。

任务三　旅游目的地电子商务网络营销

任务引入

山东省旅游局的旅游目的地数字旅游服务系统与金色世纪旅行社网建立协作关系，实现与该网站数据接口的对接，实现了产品预订业务的整合，即由省旅游局网站上可以预订金色世纪网的旅游产品。同时，金色世纪网可调用全省各级旅游目的地旅游信息，通过金色世纪网平台为其用户提供旅游信息服务。双方合作在金色世纪“贵宾金卡”中增加“好客山东旅游卡”功能，通过金色世纪高端会员提供省内各种旅游消费折扣服务，向高端人群定向推介山东旅游产品。

任务分析

旅游目的地电子商务在开展网络营销时，存在着网站知名度不高，网络资源有限等问题，因此，如何通过其他知名网站提高自身网站的知名度并推荐旅游产品成为开展目的地网络营销的重要难题。

知识准备

一、搜索引擎营销应用

1. 搜索引擎营销概述

搜索引擎（Search Engine）是指根据一定的策略、运用特定的计算机程序从互联网上收集信息，在对信息进行组织和处理后，为用户提供检索服务，将用户检索相关的信息展示给用户的系统。现在搜索引擎已经成为广大网民在互联网中获取所需信息的重要途径，据第 23 次中国互联网络发展状况的统计报告数据显示，截至 2008 年 12 月 31 日，搜索引擎的使用率为 68%，在各互联网应用中列第 4 位。因此，利用搜索引擎开展宣传和网站推广已经成为许多旅游目的地网站推广的重要途径。而推广的基本思路就是想尽办法把旅游信息提交给各大搜索引擎，并排在靠前的位置上，方便游客找到。

2. 搜索引擎在网站推广中的价值

旅游目的地网站在搜索引擎上的价值主要体现在以下几个方面。

（1）提高被访问的机会。旅游目的地电子商务网站在各搜索引擎上注册后，游客可以在通过搜索引擎寻找旅游目的地相关信息时迅速找到该网站，并有可能通过超级链接进入网站。旅游目的地网站注册的搜索引擎越多，被游客发现的可能性就越大，被访问的机会也越多。

（2）扩大旅游目的地电子商务网站的影响力。通过在搜索引擎上注册，可以让更多的人了解旅游目的地的电子商务网站，迅速增加网站的访问量，扩大网站的影响力，并可拓展网站的业务覆盖范围，为树立网站品牌做准备。

（3）旅游目的地电子商务网站营销的重要技巧。网络营销不同于传统营销，营销人员要研究、分析、评价和利用各种不同的搜索引擎，并在选择搜索引擎和注册过程中应用相关的网络技术，使自己的网站在结果列表中的排名较为靠前，从而提高网站的知名度和访问量。

3. 搜索引擎营销的常用手段

（1）竞价排名。即旅游网站在付费后才能出现在搜索结果页面，付费越高排名越靠前；竞价排名服务是由客户为自己的网页购买关键字排名，按点击计费的一种服务。

客户可以通过调整每次点击付费价格，控制自己在特定关键字搜索结果中的排名；并可以通过设定不同的关键词捕捉到不同类型的的目标访问者。现在国内最流行的点击付费搜索引擎有百度、雅虎和谷歌。

(2) 购买关键词广告。即在搜索结果页面显示广告内容，实现高级定位投放，用户可以根据需要更换关键词，相当于在不同页面轮换投放广告。

(3) 搜索引擎优化（Search Engine Optimization，SEO）。就是通过对网站优化设计，使得网站在搜索结果中靠前。搜索引擎优化（SEO）又包括网站内容优化、关键词优化、外部链接优化、内部链接优化、代码优化、图片优化、搜索引擎登录等。

二、旅游目的地电子商务网站的推广

只有旅游目的地营销组织（DMO）不断推广旅游目的地电子商务网站，才能吸引游客和同业旅游企业的访问。站点的访问者数量取决于现有的旅游目的地品牌形象的吸引力、网站推广投入的力度和实施技巧。网站推广可以通过传统媒体和网络工具来实现，即传统的网上推广和网下推广相结合。

1. 了解传统媒体推广旅游目的地电子商务网站的手段

(1) 广播、电视。广播和电视是具有较大优势的传统媒体，电视拥有最多的受众，是网站广告宣传的最好选择。许多电视的旅游节目在播出时都在屏幕上打上网址，这些旅游节目都有较高的收视率，具有极佳的旅游广告宣传效果。

(2) 报纸、杂志。很多国内主要的旅游杂志、报刊，经常报道国内知名的旅游网站的信息，或者在介绍旅游目的地过程中，把旅游目的地电子商务网站和网址放在重要的位置上展示，如图 4-42 所示。

中国旅游报
CHINA TOURISM NEWS
旅视网
WWW.517DV.COM
生命之光
美好前景值得期待
云南成立旅游救援中心
引导资本与项目对接
金丝峡立足低碳显价值

图 4-42　中国旅游报推广旅视网的广告

(3) 户外广告。一般把设置在户外的广告叫做户外广告。常见的户外广告有路边广告牌、高立柱广告牌（俗称高炮）、灯箱、霓虹灯广告牌、LED 看板等，现在甚至有升空气球、飞艇等先进的户外广告形式。这一广告形式被旅游目的地广泛应用在宣传方面，在这些广告上往往有旅游目的地电子商务网站的网址。例如，我国国家旅游局在国外设置了大量宣传中国旅游的户外广告，在广告牌上印着中国对外办事处网站的网址（www.tourismchina-ca.com），如图 4-43 所示。

图 4-43　中国在国外设置的户外广告

(4) 印刷品。DMO 在与外界交流时要消耗大量信封、信笺、名片、礼品包装，如在其上印上网址，让游客和旅游服务企业记住旅游目的地电子商务网站的名字的同时，也看到网站的网址和电子邮件地址。这是一种不需要另外增加广告费的宣传方式。

2. 了解网络工具推广旅游目的地电子商务网站的手段

(1) 在线广告。网络广告是旅游目的地营销及推广网站开展网络营销最主要的策略之一，在网络品牌、产品促销、网站推广等方面均有明显的作用。网络广告的常见形式包括 BANNER 广告、关键词广告、分类广告、自助式广告、E-mail 广告等。BANNER 广告所依托的媒体是网页；关键词广告可以在搜索引擎营销中应用，也可以依托网站开展；E-mail 广告则是许可营销的一种。通过推广网络广告来宣传旅游目的地及其营销网站，具有可选择网络媒体范围广、形式多样、适用性强、投放及时等优点，适合于网站发布初期及运营期的任何阶段。

现阶段很多旅游目的地网站常常与一些门户网站相联合，在门户网站的“旅游频道”栏目上设置关键词广告和旅游目的地营销页面，以借助门户网站的知名度来扩大旅游目的地和营销网站的影响力。例如，“广西旅游在线”与网易的“旅游频道”合作，在旅游频道首页设置了关键词——“广西”，并可以链接到“网易旅游——广西”页面，该页面不但推广了广西，而且也推广了“广西旅游在线”，如图 4-44、图 4-45 所示。

旅游目的地电子商务网站还可以与同类型的网站，或具有互补性的网站之间进行广告交换。利用对方网站的流量，可以获得新的访问人群。但有许多旅游网站进行广告交换时带有一些代码，会弹出一些插件提示，可能会给浏览者带来反感，并影响了本网站的浏览速度，所以在选择合作伙伴时应做到自行交换广告是比较理想的。

图 4－44　网易——旅游频道

图 4－45　网易——旅游频道——广西旅游版面

（2）网站链接。旅游目的地电子商务网站与相关网站进行链接，彼此都提供对相关站点的推荐导航服务，相对于搜索引擎注册来讲，能够更迅速、更有效地吸引访问者，扩大影响力；相比于旗帜广告做网站推广，具有更稳定、更长久的影响力，因为旗帜广告一旦从站点上被撤去，其公司站点的链接也就不存在了。如图 4－46 和图 4－47所示，是桂林旅游网与成都旅游网、昆明旅游网之间相互链接。

图 4－46　桂林旅游网站的交换链接图片

图 4－47　昆明旅游局网站的交换链接图片

另外，网上有多种形式的网站分类排行榜，以突出醒目的网站名字参加这些排行榜，选择合适的分类，对网站的推广会有一定的帮助。如图 4－48 所示，是“开心搜网址大全”引用的 Alexa 对旅游类网进行的排名。

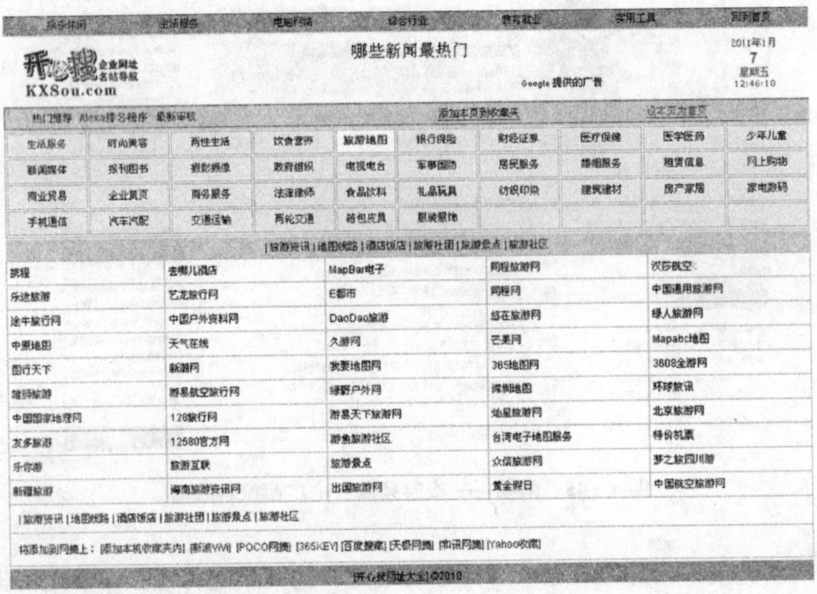

图 4－48　开心搜网引用的旅游类网站的 Alexa 排名顺序

旅游目的地电子商务网站进行网站链接时应注意以下问题。

交换链接图片与自身网站风格统一的问题。

交换链接有图片和文字链接两种方式。若采用图片链接方式，图片应保证在图片大小、格式、色彩等多个方面与自己网站的风格相协调，与网站整体视觉效果相一致。避免链接图片既有动画格式，又有静态图片，给游客以眼花缭乱的感觉。另外，网站首页放置过多的图片影响下载速度，尤其是这些图片分别来自不同的网站服务器。因此，建议不要在网站首页放置过多的图片链接，图片设置的数量应与网站的布局相统一。

定期回访友情链接伙伴的网站。

旅游目的地电子商务网站应该对友情链接网站做不定期检查，即回访对方网站看其是否正常运作，自己的网站是否被取消或出现错误链接，或者是否因为对方网页改变、URL 指向转移等原因，将自己的网址链接错误。若发现与对方链接错误或其他情况，应及时联系对方；如果某些网站因为关闭等原因无法打开，并在一段时间内仍无法恢复，应考虑取消这种失效的链接。

不要链接无关的网站。

当收到一些与旅游不相关的网站，或与自身经营关系不紧密的旅游网站申请交换链接的信件时，不要认为链接的网站数量越多越好，无关的链接对自己的网站没有什么积极效果，相反，大量无关的或者低水平网站的链接，将降低那些高质量网站对本网站的信任，同时，游客也会认为网站质量不高或者不够专业，从而严重影响到网站声誉，进而影响到旅游目的地的形象。

无效的链接。

很多旅游网站都会出现不同程度的无效链接。链接网站往往由于改版、关闭等原因造成原来的路径已经不再有效，而对游客来说，所有的问题都是网站的问题，他们并不去分析对方网站存在的问题。所以，为了维护自身的声誉，网站应该每隔一段时间对网站链接进行系统性的检查。

（3）信息发布推广方法。将旅游目的地及相关网站的信息发布在其他潜在游客可能访问的网站上，利用用户在这些网站获取信息的机会实现网站推广的目的，适用于这些信息发布的网站包括在线黄页、分类广告、论坛、行业网站等。

特别值得一提的是，旅游目的地电子商务网站可以对建立营销组织的企业级博客进行信息发布。企业级博客的价值受到大多数旅游网站营销人员的肯定，它有效地增加了网站访问量和品牌影响力。如图 4－49 所示，是桂林旅游网在东方财富网上设置的博客，开展桂林旅游地信息的推广。

（4）快捷网址推广方法。即利用网络实名、通用网址以及其他类似的关键词快捷访问方式来实现旅游目的地电子商务网站的推广方法。快捷网址使用自然语言和网站 URL 建立其对应关系，这为习惯于使用中文的用户提供了极大的方便，用户只需要输入容易记忆的中文快捷网址就可访问网站。注册中文网络实名时，可以使用自己网站的名称以便让人记忆，这样大大弥补了英文网址不便于宣传的缺陷。

图 4-49　桂林旅游网在东方财富网设置的博客

（5）建立邮件列表。建立旅游目的地电子商务网站自己的内部邮件列表，通过它给一些潜在游客或旅游企业发送旅游目的地各种消费、节庆活动信息。这是与游客和旅游企业保持联系、建立信任、发展品牌机制、建立长期关系的最好方法之一。发送邮件需要采用群发服务器，而发布的邮件主题和正文应进行个性化处理会获得更好的效果。如果网站没有足够的技术力量自行建立邮件列表，还可以租用目标客户邮件列表。

（6）实施会员制营销。旅游目的地电子商务网站可以针对长期通过本网站进行预订旅游产品的游客和通过本网站进行营销的旅游服务企业开展会员制管理。针对游客个人会员，可以采取积分送礼品的方式吸引游客不断地通过本网站进行预订；而针对旅游服务企业，只要他们在本网站上加入盟主网站的链接，通过该链接进入实现销售后，将索取该会员一定佣金。实施会员制营销需要考虑以下因素，给企业级会员的佣金提成比例、开发适合自己的联盟程序、推广会员联盟以获得更多会员链接自己的网站。

当然针对广大游客开展会员制具有一定的困难，这主要是由该类网站所面对游客的市场特征决定的，即一个游客重游旅游目的地的可能性比较小，而商务游客虽然有重游的可能，但他们往往会有固定的饭店进行住宿，这些饭店会与其单位签订相关优惠协议，或给予游客 VIP 会员的身份。因此，再通过旅游目的地网站订购的可能性很小。因此，这些人也不可能完全成为旅游目的地网站的稳定顾客，也就不可能有效开展会员制营销和许可 E-mail 营销。

任务实施

了解搜索引擎排名优化的方法与技巧。

第一步，认识搜索引擎在网站推广中的价值。

进入“百度”网站，键入“桂林旅游”，查看“桂林旅游网”所处的位置，如图4－50所示。另外选择两个相关的关键字进行查询，如“桂林饭店预订”，观察在“桂林旅游网”的排名。

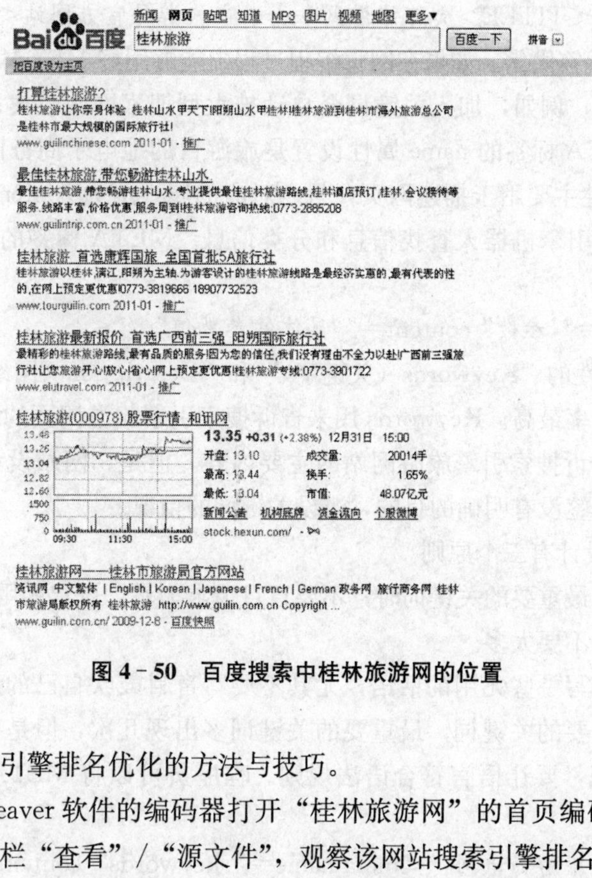

图4－50　百度搜索中桂林旅游网的位置

第二步，搜索引擎排名优化的方法与技巧。

使用Dreamweaver软件的编码器打开“桂林旅游网”的首页编码，或在“桂林旅游网”首页的工具栏“查看”/“源文件”，观察该网站搜索引擎排名优化的方法。

(1) 标题优化。旅游目的地电子商务网站的标题部分是所有搜索引擎判断一个网页和关键词关联程度的重要部分，因此要进行优化。标题优化应注意两点：第一，要保证标题中包含关键词；第二，注意标题优化要以25～30字为宜。以下是桂林旅游网和各子网的标题设置。

桂林旅游网：<TITLE>桂林旅游网—桂林市旅游局官方网站</TITLE>

桂林旅游网　旅游资讯网：<TITLE>桂林旅游网—桂林市旅游局官方网站>>网站首页</TITLE>

桂林旅游网—旅游预订中心网：<TITLE>桂林旅游网—旅游预订中心—桂林市

旅游局官方网站</TITLE>

桂林旅游网—旅游政务网：<TITLE>桂林旅游局—政务网</TITLE>

再如其他旅游目的地网站的标题设置。

长沙旅游网：<TITLE>长沙旅游网｜长沙旅游｜湖南旅游—长沙市旅游局官方网站</TITLE>

青城山—都江堰旅游网：<TITLE>都江堰旅游网—青城山—都江堰旅游官方网站—都江堰、青城山、青城后山、龙池、虹口、青城外山、翠月湖等景区。</TITLE>

大连旅游网：<TITLE>大连旅游网—大连市旅游局官方网站</TITLE>

（2）META 标签优化。如果在网页编程过程中能够用好 META 标签，会给网站带来意想不到的效果，例如，加入关键词会自动被大型搜索网站收集；可以设定页面格式及刷新等。META 标签的 name 属性设置是旅游目的地电子商务网站提高排名的主要方式，name 属性主要用于描述网页，与之对应的属性值为 content，content 中的内容主要是便于搜索引擎机器人查找信息和分类信息。META 标签的 name 属性语法格式是

<meta name=" 参数" content=" 具体的参数值" />

其中 name 属性的“Keywords（关键字）”和“Description（网站内容描述）”参数在优化过程中使用率最高。Keywords 用来告诉搜索引擎旅游网页的关键字是什么，而 Description 用来告诉搜索引擎旅游网站的主要内容。但是，网站设计要尽量避免设定的关键词和描述标签没有明确的目的，滥设关键词的情况。

META 标签设计有三个原则。

设定自己网站最重要的关键词时，不要盲目追求火暴，设定无用关键词。

关键词的数量不要太多。

描述标签不要写一些无用的话语，尤其不要写盲目鼓吹自己的话语，要用朴素的语言，尽量包含重要的关键词，最重要的关键词多出现几次，但是要避免无用的重复累赘或简单的堆积，要让语言符合语法规则。程序员可以将 META 表现设计成以下形式。

桂林旅游网—旅游资讯网：<meta name=" keywords" content=" 桂林，桂林旅游，桂林旅游网，guilin，guilin. com. cn，漓江，lijiang，桂林酒店，酒店预订，如何去桂林，去桂林玩什么" />

<meta name=" keywords" content=" 欢迎您将来到美轮美奂的山水境地——桂林，光临桂林旅游政府网站—桂林旅游网。桂林，中国最佳魅力城市，山水诗境家园的典范。这是一座拥有甲天下的山水风光、悠久的历史文化、多彩的民俗风情、优良的空气质量，以及与山水风光相协调的城市品位与格调，能满足现代人多元化旅游需求的城市。进入您正在浏览的桂林旅游网，它将指引您游览的主要景区（点）：漓江精华游、象山景区、芦笛岩、七星景区、两江四湖、兴安灵渠水街、冠岩、世外桃源、

阳朔西街、愚自乐园、龙脊梯田、乐满地、印象刘三姐……魅力桂林、无限风光、万千风情，请您从这里开始美妙的旅程!" />

桂林旅游网—旅游预订中心网：<meta name=" keywords" content=" 桂林市旅游局官方网站，桂林山水甲天下，桂林旅游网，桂林旅游，桂林酒店，桂林特价酒店，桂林特价机票，桂林度假，桂林景点，桂林酒店预订，桂林旅游线路预订，桂林旅游咨询" />

<meta name=" description" content=" 桂林旅游网—旅游预订中心—桂林旅游局旅游接待中心，桂林酒店预订，特价酒店，旅游线路预订，景点门票预订，旅游接待，桂林旅游资源，漓江，印象刘三姐，阳朔旅游，阳朔西街，龙胜温泉，桂林乐满地，桂林天气，桂林一日游" />

(3) 关键词密度优化。在一个旅游网页中，合理巧妙的关键词部署会让搜索引擎优化起到很好的效果。例如，把关键词应用在 title、description、hl 或者网页的正文中等地方，对该页的排名可能会有所提升。在关键词优化时，设计人员可以把握以下技巧。

不断地寻找关键词。尽量多的将能够想到的关于旅游目的地的关键词全部写下来，并不断地在不同的网站上进行检索，以找出最适合的关键词。

关键词能地域性。通常一个地区性明显的旅游关键词一定会比那些不明显的关键词的吸引更多的访问量，因为人们一般是按照区域性的范围检索，这样更有利于检索的准确性。

使用更长的关键词。有时候一些初级用户在使用搜索引擎输入旅游关键词时，往往会更具体，输入的关键字更长。比如游客想要找到具体的旅游景区时，这个时候往往要在关键词中加入限定条件，如桂林市阳朔县月亮山景区，就可以找到目标地址。

关键字的组合。游客使用关键词的另外一个特点就是经常使用组合关键词，仍以上例说明，关键词也可输入“桂林旅游阳朔月亮山”或“桂林阳朔月亮山”。

了解各类游客使用关键词的习惯。调查表明，不同游客均有使用某些特定关键词的习惯，这就需要通过一些专业的搜索引擎提供的实时检索状况了解一些游客搜索的习惯及内容。

(4) 链接优化。一个旅游目的地电子商务网站包括内部链接和外部链接两个方面，优化时也要从这两个方面入手。

内部链接。内部链接是指同一网站域名下的内容页面之间互相链接。如频道、栏目、终极内容页之间的链接，乃至站内关键词之间的 Tag 链接都可以归类为内部链接，因此内部链接也可以称之为站内链接，对内部链接的优化其实就是对网站站内链接的优化。合理地安排内部链接，尤其是大型旅游目的地电子商务网站，合理的内部链接部署策略同样可以极大地提升网站的 SEO 效果。实施内部链接的优点在于，直接就可以在自己的网站上进行部署，不像外部链接的不可控性比较大，容易控制，成本低。

外部链接。高质量的外部链接指与旅游目的地电子商务网站建立链接的网站知名度高，访问量大，有助于快速提升旅游目的地电子商务网站知名度和排名的其他网站的友情链接。一个旅游网站的反向链接数的多少直接影响着该网站的搜索引擎排名。和其他旅游网站交换链接，如果互不付费则可以称之为友情链接。当网站的点击率达到一定程度时，其他旅游网站自然愿与之链接，而且当网站在别人看来很不错的时候，别人会主动请求与之进行友情链接。有时还可以采用付费方式获得更多的外部链接，因此，实施外部链接需要大量地购买或长期的积累才有办法实现稳定的 SEO 效果。

进入桂林旅游网首页，可以看到"桂林旅游网"与其他旅游目的地电子商务网站、旅游服务企业网站、旅游政府网站以及其他与旅游业相关的旅游网站进行了友情链接，如图 4-51 所示。同时，该网站还设置了专门的友情链接专栏与其他旅游网站相链接，同时该专栏还可以记录这些网站的 Logo、网站简介和网站站长姓名等资料，如图4-52 所示。如果其他旅游网站打算与"桂林旅游网"进行友情链接，该网站提供"申请链接"的服务页面，如图 4-53 所示。只要有意向链接的网站填写自己的资料，并经"桂林旅游网"审核通过后即可。

图 4-51　桂林旅游网首页设置的外部链接

您现在的位置： 桂林旅游网 > 友情链接

友情链接

分类显示：所有类型 所有类型类别 所有类型专题

链接类型	网站名称	网站LOGO	网站简介	站长	操作
文字链接	top china travel				修改 删除
文字链接	灵渠水街景区				修改 删除
文字链接	踏歌漓江				修改 删除
文字链接	桂林中国旅行社				修改 删除
文字链接	广西中青旅				修改 删除
文字链接	桂林大野旅游有限公司				修改 删除
文字链接	长沙旅游网				修改 删除
文字链接	中国野三峡				修改 删除
文字链接	桂林红溪原始森林瀑布景区				修改 删除
文字链接	长江三峡游船				修改 删除
文字链接	000978桂林旅游				修改 删除
文字链接	桂林漓江景区				修改 删除
文字链接	桂林旅游发展总公司				修改 删除
文字链接	桂林台联国际旅行社				修改 删除
文字链接	世外桃源景区				修改 删除
文字链接	阳朔旅游网				修改 删除
文字链接	海客中国网				修改 删除
文字链接	桂林徒步旅游网				修改 删除
文字链接	南远旅游网				修改 删除
文字链接	青城山-都江堰旅游网				修改 删除

图 4-52　桂林旅游网——友情链接专栏

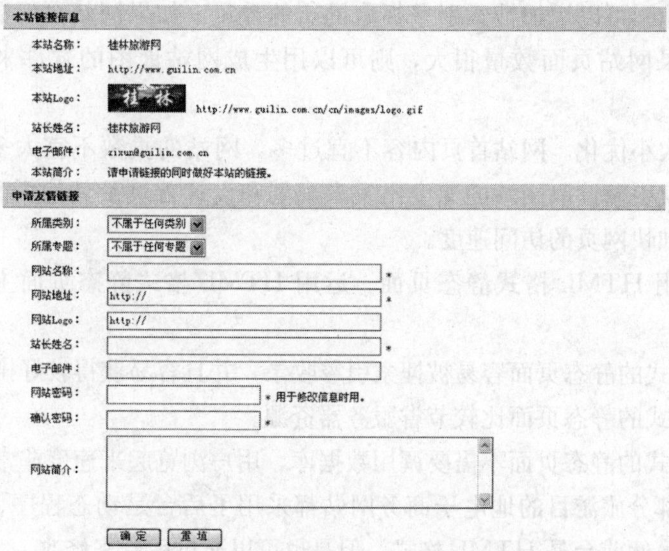

图 4－53　桂林旅游网——申请链接功能

（5）网站地图优化。网站地图又称为站点地图，是指根据网站的结构、框架、内容，生成的导航网页文件，上面放置了网站上所有页面的链接。如图 4－54 所示是大连旅游网（www.dltour.gov.cn）的网站地图。游客在旅游目的地电子商务网站上找不到自己需要的旅游信息时，可以通过网站地图进行查找。

图 4－54　大连旅游网——网站地图

生成网站地图可以增加搜索引擎抓取网页的数量。如果网站页面数量不多，可以人工完成；如果网站页面数量很大，则可以用生成网站地图的软件来自动生成网站地图。

（6）网页大小优化。网站首页内容不宜过多，网站的页数不宜太多或太乱，要从有利于加快搜索引擎读取网站的速度出发来规划和设计首页及其他页面的数量。同时这种优化也能加快网页的访问速度。

（7）多使用 HTML 格式静态页面。运用 HTML 格式静态页面主要有以下几个原因。

HTML 格式的静态页面容易被搜索引擎收录，并且容易获得较好排名。

HTML 格式的静态页面比较节省服务器资源。

HTML 格式的静态页面不需要调用数据库，用户浏览起来速度非常快。

目前，大部分旅游目的地电子商务网站都采用了后台是动态程序、前台是静态页面的新技术。虽然前台是 HTML 格式，但是也可以通过后台来修改。

（8）导航栏目优化。目前，大部分旅游目的地电子商务网站大导航栏都用的是图片，这种方式外观美观，如图 4－55 所示是苏州旅游网的导航栏，但对搜索引擎很不利。所以旅游目的地电子商务网站的导航栏最好用文字链接，并且适当加粗其字体，如图 4－56 所示是桂林旅游网的导航栏。

图 4－55　苏州旅游网——资讯网——首页——大导航栏

图 4－56　桂林旅游网——资讯网——首页——大导航栏

信息较多的页面内部链接比较多，所以建立一个网站地图进行导航显得十分重要，这个页面要条理化、系统化地列出网站的所有链接，然后还可以适当地融入众多关键词，对搜索引擎排名十分有利。

（9）尽量少使用网页框架技术。经验表明，框架页面对搜索引擎收录网页是一个非常大的障碍，所以不建议使用框架技术。

任务总结

旅游目的地电子商务网站的网络营销是网站发挥作用的主要手段。目的地网站应该积极利用互联网网上及网下的资源努力开展网站的推广，提高自身知名度。因此，掌握网络推广的策略对于网站经营者来说就显得十分重要。

实训项目

目标

1. 使学生能正确认识搜索引擎营销的重要性和技术技巧。

2. 掌握巩固理论知识，提高解决实际问题的能力。

内容与要求

1. 对某个地区的旅游目的地电子商务网站的知名度和网站设计技巧进行调查。

2. 对所调查网站的搜索引擎营销能力进行分析和评价。

组织与实施评价

1. 以项目团队为学习小组，选出项目负责人。

2. 建立沟通协调机制，团队成员共同参与、协作完成任务。

3. 各项目团队根据收集的资料和补充的资料进行分析讨论。

4. 评价与总结：各项目团队提交实训报告，并根据报告进行评估。

评估指标及标准

如表 4－7 所示。

表 4－7　　旅游目的地电子商务网站规划实验评价表

被考评人：　　　　　　　　　　　　考评地点：

考评内容		考评标准	分值/分	自我评价/分	小组评价/分	实际得分/分
专业知识技能掌握	搜索引擎在网站推广中价值的评价	翔实、深入	15			
	搜索引擎排名优化的方法与技巧的分析	翔实、深入	65			
通用能力培养	学习态度	积极主动，不怕困难，勇于探索	10			
	报告书写规范	格式工整、图形规范	10			
合　计			100			

注：1. 实际得分＝自我评价×40%＋小组评价×60%。

2. 考评满分 100 分，29 分及以下为不及格，30～74 分为及格，75～84 分为良好，85 分及以上为优秀。

复习思考题

一、填空题

1. 旅游目的地营销系统的应用者包括________、________和________。

2. 网站需求分析可以分三个阶段________、________、________。

3. “金旅工程”的信息网络结构可概括为“三网一库”，它们分别是指________、________、________和________。

4. 旅游目的地网站在搜索引擎上的价值包括________、________和________。

二、选择题

1. 旅游目的地电子商务网站定位应考虑________因素。

A. DMO自身分析　B. 目标客户　C. 竞争对手

D. 经济可行性　E. 技术可行性

2. 在线支付系统的组成包括________部分。

A. 电子钱包　B. 电子通道　C. 电子银行

D. 认证机构　E. 纸币

3. 旅游目的地营销系统的主要优越性在于________。

A. 多功能　B. 规划一体化　C. 权威性

D. 层次性　E. 标准化

4. 下列________工程是旅游部门参与国家旅游业信息化建设的重要基石。

A. 金税工程　B. 金旅工程　C. 金关工程

D. 金桥工程　E. 金卡工程

三、简单题

1. 请简述我国旅游目的地电子商务发展存在的问题。
2. 请简述旅游目的地营销组织应当承担的职能。
3. 请简述旅游目的地电子商务的模式有哪几种。
4. 请绘制旅游目的地电子商务一般的业务流程。
5. 请简述旅游目的地电子商务网站的基本需求包括哪几个方面。
6. 请举例说明一个旅游目的地电子商务网站应具备的功能。
7. 请简述旅游目的地网站开展搜索引擎营销的常用手段有哪些。
8. 请简述网络工具推广旅游目的地电子商务网站的手段。
9. 请简述旅游目的地电子商务网站进行网站链接时应注意哪些问题。

项目五 酒店电子商务

知识目标

- 了解酒店电子商务的历史
- 了解酒店信息管理系统的功能
- 掌握网络预订的相关知识及操作步骤

能力目标

掌握酒店管理信息系统（酒店预订系统）的应用

任务一 酒店管理信息系统应用

任务引入

希尔顿集团积极开展电子商务。2000 年，集团总收入 28.3 亿美元，净收入 27200 万美元，电子商务收入占净收入的 9%。在过去的几年间，利用互联网，希尔顿已成功地推进客房预订业务，大幅度削减成本。2000 年它的所有网站客房预订收入超过 3 亿美元。而后，希尔顿酒店集团又进行了第二次电子商务改革，利用电子商务增强营销能力、拓宽分销渠道、提高预订能力、购买能力和集团内部管理水平。希尔顿集团致力于 B2C（企业对消费者）网络业务，对实施多品牌战略十分重要。2001 年 6 月，美国 InternetWeek 网站公布了 2000 年度全美电子商务 100 强企业的评选结果，希尔顿酒店集团荣膺百强之首。

众多酒店也纷纷开拓酒店电子商务市场，目前，与携程合作的酒店已超过万家，艺龙已超过 7000 家。在电子支付领域，包括汉庭、锦江之星、7 天、如家在内的多家知名连锁酒店与快钱合作，借助快钱先进的支付服务积极拓展酒店订房业务。酒店也积极开拓其他支付手段。

任务分析

AC尼尔森最新的“中国出境游调查报告”数据表明，旅行者通过网络预订房间的比例达到29%。2007年中国在线酒店预订量达到了1500万间/夜，同比2006年增长47.5%，并且未来3年将继续保持高速增长，预计到2011年中国在线旅游市场规模将突破100亿元。资深酒店业人士表示，网络营销已成为中国经济型连锁酒店发展的新动力及新一轮竞争的核心。可以预见，未来一段时间，网络互动服务将成为消费者最关注的酒店服务内容之一，而自主预订也将成为市场主流。

在酒店在线预订方式上，美国有70%的网民会通过互联网在线预订的方式进行酒店预订，但在中国，这个比例仅为15%，市场发展的潜力巨大。随着全球经济衰退大背景的到来，各大公司都在纷纷削减自己第二大可控制成本“差旅开支”的费用，在线订房方式的产生，无疑将会带给消费者和企业最实惠的利益。

知识准备

一、酒店电子商务概述

酒店电子商务是在全球网络化不断进步的背景下出现的一种新的商务模式，其最为显著的特点是通过网络预订系统的引入，使酒店业务拓展范围扩展到全球范围，酒店对产品的宣传更形象化、人性化。酒店电子商务是当今酒店业发展的必然趋势。通过特有的系统连接上国际互联网，向全球多姿多彩、声情并茂地展示自己的风貌、特色，推销自己的客房和各种服务，并可依此组成酒店连锁业，结成战略联盟，以强劲灵活的营销手段向广大市场进军。它可以向众多的客户提供面对面的营销方式，它开拓了市场的广度和深度，这些都是传统模式的人力、物力所无法比拟的。它代表了最新和最有效的营销方式，为酒店开发客源市场带来了无限的商机。

1. 酒店电子商务的发展

当前我国各酒店都开始了电子商务的应用，无论是初级的电话、传真，还是当今的网络化。由于酒店业的劳动密集型特性，特别是我国酒店业发展还处于信息变革时代，距离电子商务的实际广泛应用还具有一定的距离。未来酒店电子商务发展将具备如下的特点：

（1）电子商务理念：从“以交易为中心”到“以服务为中心”

未来的酒店电子商务应向增强与客户的双向交流、改善信息服务、通过个性化服务增加附加值的方向发展，目前我国酒店电子商务“以交易为中心”色彩较浓，预计未来酒店电子商务将在服务上更加完善，更加人性化。

(2) 电子商务规范与标准：整体制定与推行

酒店电子商务是一个新兴领域，我国在酒店电子商务规范与标准的整体制订和推行方面尚非常薄弱，这应是下一阶段发展的重点。

首先是规范化。建立健全酒店电子商务规范体系，为酒店电子商务的实施和监管、企业和消费者的市场行为、信息内容和流程、技术产品和服务等提供指导与约束，预先对那些可能对酒店电子商务活动产生不利影响的潜在因素加以防范，是推动酒店电子商务持续、稳定、健康、高效发展的关键。

其次是标准化。酒店内部信息系统与酒店电子商务平台之间、酒店业与银行的信息系统之间应能实现互联，以自动处理频繁的信息数据交换。在国外，通常是由专门的组织（如OTA）制订一套统一的数据格式和接口标准，酒店电子商务网站、管理信息系统在开发时都遵守这套标准，这样在一开始就保证了与其他单位的信息系统做无缝链接的可能性。我国酒店电子商务的数据也应尽快实施标准化，并与国际接轨。

(3) 新技术应用：移动电子商务将成为主流

移动电子商务结合智能网络技术，是真正实现以人为中心的电子商务应用。如移动支付——顾客无论在何时何地，通过移动电话等终端就能完成对企业或对个人的安全资金支付。新技术的应用将使酒店电子商务功能更加完善，应用更加普及。

(4) 人才培养方向：复合型酒店电子商务人才

目前人才的短缺正成为中国酒店电子商务发展的瓶颈。由于酒店电子商务是酒店业和电子商务的整合，所以唯独具有电子商务和酒店业知识的复合型人才，才能将电子商务的技术手段、应用功能和模式密切联系到酒店业组织、管理、业务方式及其特点之中。

2. 电子商务在酒店管理中的实际应用

在信息化的今天，上网已成为现代人工作、学习、生活、娱乐不可或缺的一部分。作为商务和娱乐活动重要场所之一的酒店，如果能够为住店客人提供上网服务，则既可以提高服务的档次，吸引更多的客人，又可以通过这个服务增加营业收入。一些为国际酒店网络、电脑管理系统而专业服务的高科技产品，充分展现了网络、电子商务在酒店业中广泛的应用，尤其为酒店的管理现代化、智能化、信息化起到了不可忽视的作用。

据Arthur Anderson对全球300家酒店的调查报告《2000年酒店业：科技》显示，其中有13%已经建设了CIS顾客信息集成系统（酒店管理系统＋订房中央系统）。广东亚洲国际大酒店打造智能化数码酒店无疑是走在了科技的前端。据悉，该项目第一期投资超过1000万元，并融入了多项世界一流的酒店管理系统，餐饮管理系统电话计费、语音留言系统、中央门禁控制和check in/check out系统等解决方案。特别是通过双方共同开发的智能化数码酒店的解决方案，用自助式个性化的信息平台连接每个终端，而且用高速传输的宽带接入到每个房间，完全改变了传统的酒店系统。智能化数码酒店（e-Hotel）的主题主要体现在以下9个方面：

(1) e-Lobby（大堂）实现了个性化的 check-in/check-out 新闻、信息显示、自助服务亭提供网上服务；

(2) e-Room（住宿）实现了信息中心、商务房无线上网，提供客人个性化主页，收发电子邮件，联机游戏、账单查询、语音（视频）点播等功能；

(3) e-Conference（会议）可以实时会议预订服务、网络会议、数字实况转播、数字录像回放及制作；

(4) e-Shopping（购物）可以为合作伙伴提供广告服务，客房式个性化销售；

(5) e-Bar/Café（酒吧）实现无线局域网点餐、查账、上网游戏、办公等；

(6) e-Office（写字楼）实现了宽带接入、ASP 应用托管、输出服务；

(7) e-Work（办公）可以实现无纸办公、管理高层远程移动办公、公文流转、工作协同；

(8) e-Booking（预订）让客户进行实时信息查询和预订、销售部和订房中心以及旅行社网上信息交流；

(9) e-Analysis（酒店管理决策分析）为酒店管理层提供决策分析数据，更新促销规则。

通过全面的智能化，广东亚洲国际大酒店全面提升了企业竞争力，可以做到发布餐厅、专卖店、娱乐场所、高尔夫球会、旅行社、名胜景区、寻医问药、大型社团活动、投资指南等有偿资讯，同时，还实现了 e-Office 租金增值、节省办公费用、提高资源利用率、远程商务会议、VOD、网上冲浪、联机游戏等增值服务。这样不仅避免了恶性价格竞争，而且提升了客户忠诚度，保证了开房率。可以说，经过全新打造的广东亚洲国际大酒店将成为全国领先超星级智能化数码酒店，其科技经营模式将成为酒店业的典范。

Internet 远程信息网络的出现是人类文明史上的一个新的里程碑，也是社会形态发生重大进步的重要标志。在这样具有特别重要意义的变化面前，作为人类文明结晶的酒店业当然不能袖手旁观，怎样走在时代的前沿，使具有悠久渊源的饮食文化得以继承和发扬，并且深深地为其烙上时代的烙印，成为我们乃至后代不断努力和前进的动力与支持。电子商务的发展，必将为酒店业的未来开创一个新的春天。

二、酒店管理信息系统应用

1. 酒店管理信息系统的应用

现代化的酒店组织庞大、服务项目众多、信息量大，想要提高工作效率、降低运营成本、提高服务质量和管理水平，进而促进经济效益，必须借助于计算机来进行现代化的信息管理。酒店管理信息系统应运而生。

计算机改变了酒店计划、协调、评价和控制运营的方式、改变了前台和后台的工作程序。从潜在客户接触开始预订，到顾客结账为止，计算机可以监控和记录所有发生在顾客和酒店之间的事务以及酒店运营的整个过程。

（1）酒店管理信息系统的功能。酒店前台管理信息系统的主要功能有预订、接待、结账、调房服务、客房管理和查询服务等。每个功能模块都和宾客直接相关，其采取酒店管理信息系统的目的就是提高酒店的服务质量，提高信息管理的精度，进而提高酒店在顾客心目中的印象，树立良好的酒店服务形象。各功能分析如下：

①预订功能需求：其主要目的是提高酒店的开房率，为客人预留房间，并提供良好的预订服务。其功能需求包括预订查询、可用房确认、预订记录建立、确认预订、预订记录维护等。

②接待功能需求：其主要目的是以最快的速度为客人开房。其功能需求包括宾客登记、可用房确认、修改宾客信息、删除宾客信息和查询宾客信息等。

③结账功能需求：其功能需求包括客人结账、打印报表和客人挂账等。

④调房功能需求：其主要目的是满足客人调房的需要。其主要功能是查询客房、调房登记、调房确认等。

⑤客房管理功能需求：其主要目的是对客房的信息化管理，提高客房管理的精度和准确度，同时减轻酒店客房中心员工的工作负担，从而提高客房管理的效率和服务质量。其主要功能是房态维护、费用记录和客人查询等。

⑥查询功能需求：其主要目的是满足客人的需求，快速查找相应的房间和信息，提高服务的效率和树立酒店良好的企业形象。其主要功能包括房态查询、房间类型查询和房间价格查询等。

（2）酒店管理信息系统的作用。系统通过房控终端提供自助式的信息查询服务，既可查询酒店位置、客房情况、餐饮、休闲娱乐、会议等酒店信息，也可查询酒店周边银行、购物中心、交通、医疗等酒店周边信息，还可查询所在城市的各方面信息。相比酒店介绍册，查询起来更方便、更快捷，信息容量也更大，并且还可以节省印刷成本。

酒店管理信息系统提高管理水平，减轻劳动强度，增加经济效益。以客房管理科学化、规范化为出发点，建立一个具有实用性、高效性、功能划分细致及较高的灵活性好可扩充性的酒店管理信息系统，合理调配酒店资源，提升管理水平，提高服务质量，减少工作中的差错；充分实现数据的最小冗余和最大共享，最终形成客房、洗浴、娱乐等全方位一体化立体的服务体系。

（3）系统实现功能。

①利用本系统可以实现客房远程网上预订。

②使客户不在当地也可以订购酒店的客房。

③利用本系统可以查询、掌握全酒店客房的运营状况，为正确的经营决策提供数据支持。

④利用本系统可发布酒店相关信息，让客户了解酒店的服务理念，提高酒店的知名度。

⑤利用本系统实现客户意见反馈，客户通过留言板或在线服务等方式对酒店服务

提出意见。

⑥拉近了酒店和客户之间的距离，为酒店的发展提供了大量的信息保障。

⑦利用本系统建立客户档案，管理员可随时对客户发送邮件，增加客户的回头率。

2. 酒店信息系统的新发展

为了提高服务质量，酒店的管理系统会随客人的需求而不断完善。及时地共享客人的信息，给客人提供人性化的服务已成为酒店管理的目标与方向，而酒店装潢、客房数量、房间设施等质量竞争和价格竞争将退居二线。可以预见，未来酒店的竞争将主要在智能化、信息化方面展开。

(1) 子系统高度集成。酒店需要一个统一管理系统，每个子系统不只是简单实现单一功能，应该有完整的数据接口的智能控制单元，达到控制及被控制的目的。如入侵探测器检测到外界入侵信息，通过接口，信息自动传到总控室，控制系统通过接口操作，监控摄像机对准报警区域监视、录像，门禁系统将报警区域周边的出入口封闭等，其他相关部门立即作出相关操作。

跨子系统的联动将原本各自独立的各类设备或子系统结合成为一个统一的大系统，在不同子系统的信息点和控制点之间建立联动关系。这种跨子系统的控制流程充分发挥了各设备或子系统的功能，进一步保障各种设施的安全、稳定和高效运行，提高酒店的管理水平和品质。如BAS与火灾自动报警、安全防范等系统间的联动，安全防范系统与城市110报警指挥中心的联动，公共广播与消防系统的联动等。

(2) 能提供个性化服务。服务业现代化的一个重要内容，就是要实现个性化服务。提供个性化服务是智能化酒店的基本功能：如通过网络技术，酒店的会议室可以跨全球同时同声传影传音翻译；基于客户管理积累和建立的常住客人信息库记录了每位客人的个人喜好，客房智能控制系统将根据数据库中的信息实现；新的唤醒系统将会在客人设定的唤醒时间前半小时逐渐自动拉开窗帘或增强房间内的灯光；无匙门锁系统，以指纹或视网膜鉴定客人身份；虚拟现实的窗户，提供由客人自己选择的窗外风景；自动感应系统，窗外光线、电视亮度、音响音量和室内温度以及浴室水温等可以根据每个客人的喜好自动调节。

(3) 网络酒店模式。全球网络分房系统，可以通过Interface接入。网上营销以其信息量大、覆盖面广而成为众多酒店最早接触电子商务平台的领域，通过电子商务平台，旅行社团、会议团队、散客都可以利用计算机直接访问该系统，从中得到某酒店的详细资料，包括酒店的出租状况，并能立即接受预订和确认。同时利用互联网的便捷方式，通过各种经营模式，提升酒店和客人的综合效益。

另外，酒店可以更多地从网上信息平台获取顾客们的兴趣与偏好，针对客人的个性需求和自身能力重新整合酒店产品，全面提升对客户服务和酒店管理，充分体现酒店与顾客共同设计产品的特色，客人们在自已参与设计的酒店里，会得到最大限度的满足。

在日常维护方面，酒店经营需要大量的物资，采购量大、成本难以控制成为酒店经营的一大难点，通过互联网电子订货系统将批发、零售商所产生的订货数据输入电脑，即刻通过电脑网络链接的方式将资料传送至总公司、批发业、商品供货商或制造商处。

(4) 酒店客房智能管理系统（客房控制系统），是利用计算机控制、通信、管理等技术，基于客房内的 RCU（客房智能控制器）构成专用的网络，对酒店客房的安防系统、门禁系统、中央空调系统、智能灯光系统、服务系统、背景音乐系统等进行智能化管理与控制，实时监测客房状态、宾客需求、服务状况以及设备情况等，协助酒店对客房设备及内部资源进行实时控制分析的综合服务管理控制系统。系统采用模块化设计，具有节能、增效、为客人提供人性化服务、提升酒店管理水平和酒店形象等诸多优势。由于其功能丰富，兼容性强，并提供与酒店管理系统的接口，已成为酒店全面智能化的必不可少的一部分。

(5) 酒店业无线上网和网络托管服务的新模式。“我们的许多客人都希望能够在酒店内使用无线上网服务。在会议期间，提供无线上网服务让商务客人和与会代表方便地使用无线上网，就是一个独特的竞争优势。——LouPaladeau（万豪国际酒店管理集团）。”

随着信息网络的快速发展和迅速普及，人们对于互联网的需求和依赖越来越强烈。在酒店行业，是否能够提供优质便捷和安全可靠的互联网服务已经成为衡量酒店服务水平的重要组成部分，顾客无论身在何处，例如，客房、大堂、会议中心、商务中心、餐厅以及酒店其他的公共区域，都希望能够快速地接入互联网进行公务处理或信息查询。

在国内，大多数的酒店能够在客房里为酒店客人提供有线接入互联网服务，但只有少数高端酒店采用网络认证系统来为客人保障酒店互联网接入的安全性，同时在酒店大堂、会议中心等公共区域部署无线热点来为顾客提供便捷的无线上网服务。可以说，无处不在并且具备用户认证等安全措施的无线宽带上网服务正成为酒店业高品质服务的必备设施。

同时，为了有效保证用户无线上网的安全性，网络服务外包托管服务应运而生。网络外包托管服务商为酒店提供无线上网部署，并通过运行在网络服务商后台管理系统的网络运营管理中心，提供一系列在线托管服务计划，使酒店方能够快速、高效和低成本地部署自己的无线网络系统，这种方式在国外已经非常普及，酒店经营者发现利用网络服务商现成的在线运营管理系统，在酒店内建立和管理能够让顾客满意的高品质安全保障的无线上网环境将是一件简单的事情，不需要额外付出任何前期投入和后期运营维护，这一切只需要付给网络托管服务商极低的管理费用或共享网络收入即可实现功能完善的互联网服务建设和管理。

其好处是.①酒店方都有可能不用花一分钱，而由网络托管服务商投资进行酒店网络建设，就能够在全酒店提供无线或有线互联网接入服务，不论是酒店现有的有线互联网络改造，或局部或全面地在酒店内安装一个全新的网络系统。②轻松实现灵活经营。利用网络服务商的在线认证计费系统，可灵活设置适合酒店经营策略的互联网服务收费计划，不论是按顾客使用量收费（时长/流量）或免费提供给客人使用，这同样无须花任何成本去额外采购酒店认证计费软件系统等。

小资料

常见的国外酒店管理系统

在国外，美国ECI公司最早使酒店前台业务实现了计算机管理，主要包括预订、排房、结账、客史资料、餐厅、查询、市场分析等。以下简单介绍国际上著名的、在国内使用较多的软件系统：

1. ECI（EECO）酒店系统

ECI系统是美国易可（ECI）电脑公司最早于1969年开发的酒店信息系统，被全世界公认为酒店电脑系统翘首。ECI公司是美国加州电子工程公司（EECO）所属的子公司，因此该软件也称EECO系统。1970年，在美国夏威夷的喜来登饭店（SHERATON HOTEL）安装了全世界第一台ECI酒店电脑系统。经过20年发展，在其鼎盛时期，全世界有600多家用户（中国有60余家），如杭州香格里拉、桂林文华、广州中国大饭店、北京天伦、青岛海天等。ECI系统采用的是集中式标准多用户系统，目前已被淘汰，还在使用的是其第三代产品GEAC/UX系统。

2. HIS酒店系统

酒店业资讯系统有限公司（Hotle Information Systems，HIS）于1977年成立，总部位于美国洛杉矶，目前是美国上市公司MAI Systems Corporaion的全资公司，全盛时期在全世界80多个国家拥有4000多家用户，如中国的北京王府、北京中国大饭店、北京长城、上海锦江、上海华亭、上海希尔顿、广州花园、浙江世贸中心等，而香港采用HIS系统的高星级酒店最多时占了75%左右，目前该系统已有许多被更换。

HIS系统原采用标准多用户系统，名称为Paragon System，主机采用IBM公司的AS400小型机，数据库采用DB2，一般用于高星级酒店。之后推出Innovation System，采用Novell局域网络，数据库使用Btrive/Oracle，一般用于中高星级酒店。后来推出的产品是HIS龙栈系统（Lodging Touch System），采用基于Windows NT的C/S体系结构，国内用户不多。

3. Fidelio酒店系统

Fidelio Software GmbH于1987年10月在德国慕尼黑成立。成立四年即成为欧洲领先的酒店软件产品，成立6年跃居世界酒店信息系统供应商之首，后来该公司合并入美国Micros System Inc. 公司。目前已经在全球16000余家酒店、豪华游艇和休闲别墅使用，在国内四星级以上市场占有40%左右的市场份额；在五星级酒店市场，占有超过70%的市场份额，而且是目前外资或外方管理的酒店采用最多的软件。1995年，公司在香港成立了 Fidelio Software（China）Limited，专门开发中国大陆市场。1996年8月在北京注册了办事处，1997年7月在上海成立办事处，1998年12月成立上海分公司。

4. OPERA

OPERA 系统是美国 Micros Fidelio 公司旗下的一款多功能用途酒店管理软件，可以适用于酒店预订部，前厅部，财务部，客房部，销售部，其分支系统 OPERA S&C 甚至也覆盖到了宴会部。

常见国产酒店信息系统

1. 华仪软件

1979年清华大学教授金国芬为北京前门饭店开发了一款具有查询功能的酒店管理软件，开创了国内酒店管理的先河；1987年成立北京华仪公司。

2. 中软好泰

1990年北京中软好泰酒店计算机系统工程公司成立，研发了中软好泰系统 CSHIS。

3. 西湖软件

1993年6月杭州西湖软件有限公司成立，研发了 Foxhis 系统，目前最新版为 X5 版，成为最大的国产酒店信息系统公司，公司于2006年12月18日与 Fidelio 和 OPERA 系统的国内代理商北京中长石基信息技术股份有限公司合并。

4. 千里马饭店管理系统

千里马饭店管理系统最初由广东劳业电脑系统开发公司于1983年推出 DOS 版，1998年推出 Windows 版（采用 C/S 结构，用 VB 开发，采用 Windows NT/2000 平台，使用 SQL Serverl 数据库），到目前有300家左右饭店用户，主要分布在广东、湖北、湖南、四川等省市。劳业公司于1998年被香港万达电脑系统有限公司收购，改名为广州万迅电脑软件有限公司。

5. 北京石基公司

1998年，李仲初创办北京中长石基网络系统工程技术有限公司（以下简称石基公司），专门从事酒店信息系统的研究与开发，2001年12月21日改制股份制有限公司。自2003年7月，石基公司与 MICROS 公司签订中国大陆市场独家技术许可协议，全面代理了 MICROS 公司 Fidelio 和 OPERA 的在中国大陆的全部销售。另外，石基公司于北京世纪泰能科技有限公司共同设立北京太能软件有限公司，石基公司以现金500万元出资，占公司注册资本金额的65%，为低星级酒店提供服务。石基公司又在2006年12月18日与当时国内最大的酒店信息系统提供商杭州西湖软件公司合并，在国资酒店的开拓方面进一步加强力量。

任务二　酒店计算机预订系统

酒店计算机预订系统是为酒店或酒店服务中介组织提供酒店预订业务的行业应用软件，基于 WEB SERVICES 技术主要完成酒店信息发布、客户网上预订、业务员（预订员）操作、管理员操作等功能，是为潜在消费者提供实时信息，支持多种旅游产品的预订、确认、购买过程的信息系统。酒店预订是指客人在未到达酒店之前对酒店产品提出需求的整个过程。该需求包括预计使用时间和使用对象。

它应用于各类旅游行业，包括航空公司、旅行社、旅行代理商和酒店。其目的是：一方面作为接待容量管理的重要工具，为企业的内部管理服务；另一方面为分销商或消费者服务，提供实时、准确的信息。

一、预订系统分类

1. 全球销售系统 GDS（Global Distribution System）

通常由多行业的相互联系以合资的方式创建。

全球四大 GDS 包括：Amadeus/System One、SABRE、Worldspan、Galileo/Apollo。

2. 混合销售代理

特指提供不止一个产品线的一种预订网络。

3. 饭店集团的中央预订系统

会员制和非会员制的系统。会员制预订系统特指一种酒店连锁中央预订系统，所有参与的酒店都有合同关系。如假日酒店集团的 HOLIDEX 预订系统，喜来登集团的 CRS，雅高集团的 PROLOGIN 订房系统，希尔顿的 HILTRON 中央预订系统等。

4. 互联网上的预订

5. 酒店内部预订系统

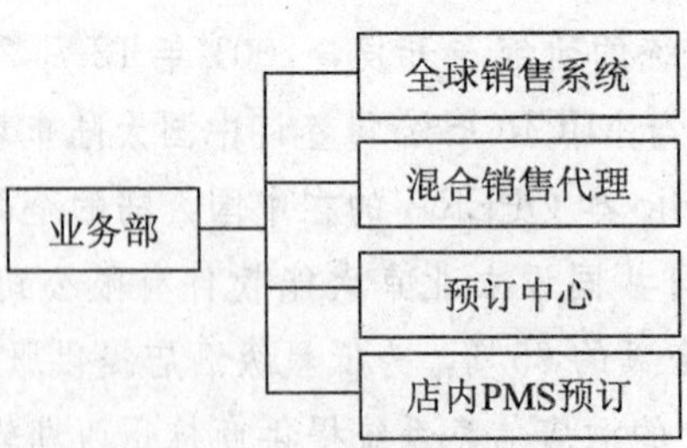

图 5－1　预订分类图

各种电子分销渠道的出现增加了酒店的预订来源。

二、酒店级预订系统

预订模块使预订员能对顾客未来的入住要求作出快速准确的反应；能在客人到达酒店前识别顾客和他们的需求，从而为每位顾客提供个性化服务及合适的日程安排；可以生成一系列的重要报告用于管理决策。它是整个酒店管理系统中的重要一部分。

1. 酒店预订系统功能目标

（1）提高接待能力和经营效率。

（2）实现客房接待容量控制。

（3）辅助收入管理。

（4）增强团队预订和散客预订管理能力。

（5）跟踪常住客。

（6）针对常住客的直接市场营销和个性化服务。

（7）帮助实现市场营销调查和规划。

2. 预订系统的典型活动

（1）预订查询。抵达日期、所需房类型与房间数、夜数、房费、团队人数等。

（2）可用房确认。接受或拒绝、后备房类型或房费建议、后备酒店建议。

（3）预订记录建立。顾客数据、抵达时间、预订分级、确认编号、预订者数据、特殊要求。

（4）预订确认。生成确认信函。

（5）预订记录维护。更新、取消预订记录等。

（6）报表生成。预订事务记录、预订抵达和离开名单、代理佣金报告、预订拒绝统计。

预订环节处理与酒店的具体操作如图 5-2、图 5-3 所示。

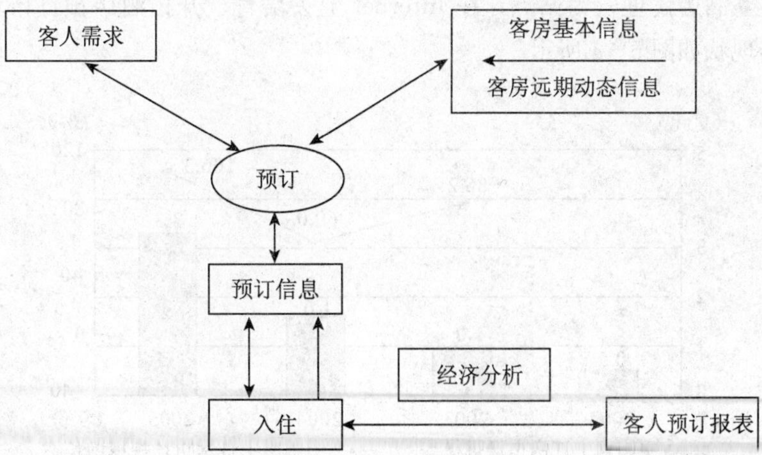

图 5-2　预订环节处理

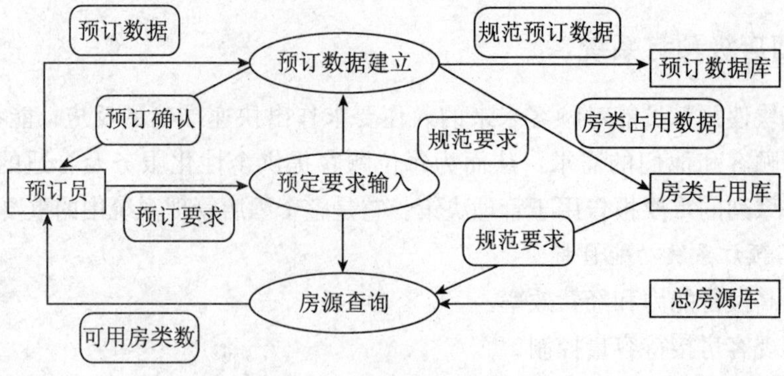

图 5－3 酒店预订操作过程

一般情况下确认预订在系统更新期间生成确认信息。包括：客人姓名和地址；抵达、离开日期；房间类型、房间数和房费；人数；预订级别；客人的特殊服务要求；确认编号；保证金或预付费用要求；初始预订更新（再确认、修正或取消）；取消预订条款。

三、我国网络预订系统的现状和发展趋势

1. 国内酒店网络预订系统现状

（1）Internet 的飞速发展为我国建立酒店预订系统提供了极佳的机遇，它描述了一个全新的营销方式，也提供了众多的商机。

（2）当前，我们国内已经有许多酒店开展了网上订房业务，其中，既有酒店自己投入技术力量开展的，也有利用网络中介公司开展的。

（3）目前提供该项服务的酒店还多限于高星级酒店、外资和合资酒店。

（4）随着技术和环境的日新月异，我们将越来越依赖于全球分销系统、地区分销系统和个人分销系统去进行旅游和酒店营销。今后，国内酒店将纷纷加入各种网络预订系统，建立酒店代理营销站点，在 Internet 上去培育、开拓酒店预订市场。我国网上订房市场现状如图 5－4 所示。

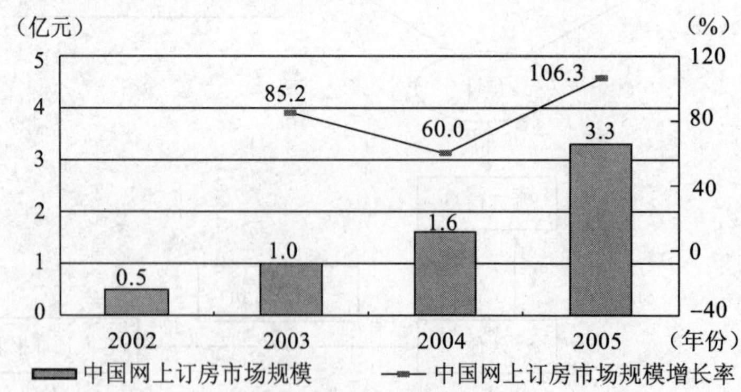

图 5－4 我国网上订房市场现状

2. 目前我国酒店网络预订系统中的主要问题

当前，我国酒店开展网络订房还存在问题，原因主要有以下几点：

（1）单个酒店网址很难形成大的访问量。

（2）酒店没有足够的技术支持力量。

（3）酒店的网络意识不强、价格设定不合理。

（4）网络订单难以管理。

3. 国内预订系统的发展趋势

（1）加强行业联盟，实行联合促销。

（2）加强横向联盟，实现全程服务。

（3）使用电子商务技术，实现网上实时预订。

（4）建立适合我国特色的 Web Hotel 预订系统商务模式。

4. 新技术应用

（1）无线通信（蓝牙技术）。

（2）识别技术（生物工程学、无线电射频）。

四、现代酒店开展网络订房的必要性

由于网络，客户可以在任何时间和地点查询任何目的地的酒店经营信息和客房价格，导致现代酒店企业面临着全球性的经营竞争，因此，在信息时代酒店必须面对客户开展诚信经营，并利用现代网络订房建立起忠诚客户群，这已成为酒店预订业务的发展趋势。开展网络订房的必要性主要表现在以下几个方面。

1. 网络预订有利于酒店实现产品异地有形化，扩大市场份额

酒店产品具有异地性和不可移动性的特点，传统的销售模式对于客人一方而言酒店的产品是不可提前试用的，是无形的，但是网络空间的无限扩展性使酒店在网络上进行营销不会受到空间篇幅的限制，可以超越时空进行信息交换。酒店利用互联网可以在 24 小时提供全球性的营销服务，人们可以通过网络实实在在地看到酒店客房的样式和种类、房间内的设施、客房的价格等，从而使酒店产品在异地有形化，除此之外，酒店网页上还会向顾客介绍酒店附近的情况，例如，商业区、中心区、餐馆以及其他能引起顾客兴趣的信息，以吸引顾客的注意力，有利于酒店扩大客源市场。

2. 网络预订有利于酒店实现个性化服务

客户资源管理是现代酒店经营管理的重要内容，特别是新经济下的企业经营是以客户为主，而不是以产品为主。通过互联网，酒店可以与每一位上网的顾客建立直接的关系。通过双方互动，顾客了解酒店，酒店也可以通过在线服务了解顾客的需求特点，及时捕捉顾客需求变化信息，形成酒店与顾客之间的“双向信息交流”，从而克服传统营销中酒店与顾客之间无法及时沟通的“单向信息交流”的弱点。另外，通过网络订房还有利于对网络客户资源实现计算机管理，根据顾客以往的需求信息，提供经过精心挑选的个性化的产品和服务信息，使酒店抓住更多的潜在客户资源，赢得发展

先机。

3. 现代酒店建立品牌意识的需要

现代企业的竞争在某种范围内来讲是品牌的竞争，而树立一个家喻户晓的品牌需要花费大量的时间和金钱，旅游酒店一般规模较小，经济实力有限，很难在传统广告媒体上大作宣传，而通过互联网，无论酒店规模大小，酒店可以通过制作精美的网页，向顾客传递大量的相关信息，包括酒店产品的特点、服务的特色，以及相应的价格等，用比较低的成本进行广告宣传，扩大知名度，提高美誉度。

4. 有利于酒店降低成本

酒店的客源主要来自两个方面：一是直接与酒店联系，并购买酒店产品或服务的顾客。二是通过旅行社、预订机构等中间商购买酒店产品或服务的顾客。传统酒店推销客房必须依靠大量的销售人员和其他各地的中间商，在市场上投入大量的人力、广告以及其他费用，酒店争取每一位顾客入住的成本非常高。但是，网络营销只需要一台连接在网上的服务器，从网上直接获取顾客的建议和需求，并按照顾客的要求进行经营管理，减少了营销费用，节约了大量的通信、交通费用和宣传品印刷成本及媒体广告成本等。

5. 现代酒店加强竞争意识的需要

作为一个现代酒店企业，信息是酒店经营的重要战略资源。在现代这样一个信息社会中，对经济增长起决定性作用的，从某一方面来说已不再是资本，而是信息，谁拥有信息，谁就拥有未来。酒店开展网络订房，可以说就是对未来客源市场的战略思考，因为谁在未来的经营竞争中拥有更多的客户信息，就意味着拥有更多的市场。

五、计算机预订系统

1. 预订系统功能

(1) 酒店客户可以通过浏览器登录系统，浏览酒店公布的资料，注册成为会员，登录系统和查询酒店更新，预订客房，查询预订结果或修改订单以及修改会员资料。

(2) 加盟酒店登录系统后，可以更新酒店资料，发布最新房态信息。

(3) 酒店服务中介组织对注册酒店资料、酒店资料发布、会员订单进行确认和管理。

(4) 酒店或酒店服务中介组织处理客户的预订要求，更新发布酒店资讯。

(5) 酒店或酒店服务中介组织也可对内部运行机制进行管理。

酒店预订系统如图 5-5 所示。

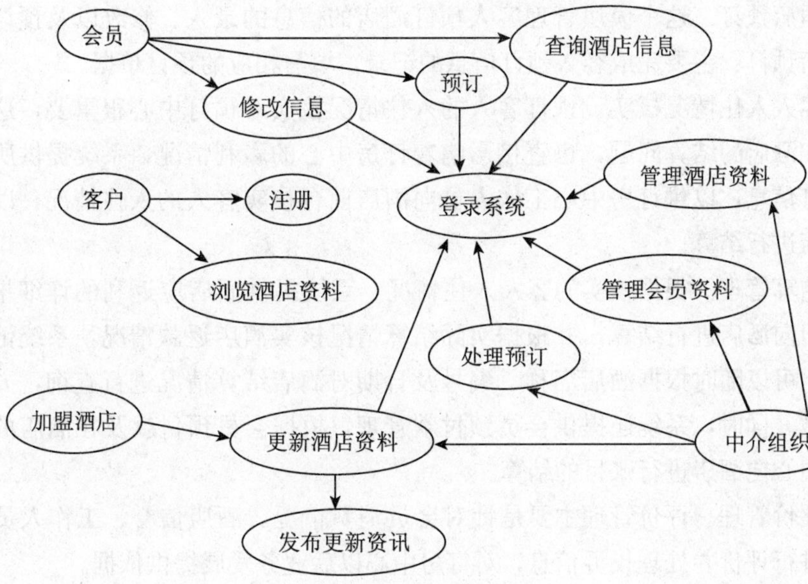

图 5-5　酒店预订系统

2. 预订系统的功能模块

(1) 系统设置。

①人员及权限管理：根据公司内部部门及人员构成情况，设置人员类型、权限等，便于管理和考核员工工作情况。

②字典库管理：字典管理包括省市、国家及协议酒店附属设施的管理，方便客人订房，为客人提供快捷的服务，提高服务质量。

③标准设定：这里我们提出了一个“会员”的概念，这样便于我们对所有提供服务过的客人的客史档案进行统一管理。主要包括会员卡型管理、积分奖励标准管理以及酒店客房的房型管理。

(2) 会员信息管理。会员信息管理主要是按照会员的类型进行区分，主要分为：散客会员和公司会员，按照卡型区分有金卡、银卡、临时卡和预付卡等类型，关于会员类型的区分可以根据个人习惯自由设定。

会员信息查询：在这里可以查询会员以往所有的预订情况，包括订房类型、累计积分、奖励情况及投诉情况等。

(3) 协议酒店信息管理。协议酒店信息主要包括：酒店的星级、房间类型、各种辅助设施、假日设定情况以及各类房间的协议价格等。

(4) 价格体系。价格管理主要包括：酒店协议价格管理、会员价格管理。酒店协议价格管理是指酒店按照房间类型、入住日期的不同的各种协议价格，主要有：门市价、内宾价、外宾价、节假日价、协议底价等。会员价管理是指订房中心对所有预订酒店的会员按照会员类型或级别实行的价格及所享受优惠程度等。

(5) 酒店预订。这个模块管理客人预订酒店的信息的录入、修改以及预订信息的查询。酒店预订：主要完成客人预订信息的记录，填写相应的预订单据。

(6) 客人入住情况核实。预订客人的入住情况核实对预订中心很重要，这决定着订房中心和酒店的结算问题，也直接影响着订房中心的赢利情况，系统提供所有预订客人的预订信息，以供订房中心工作人员向酒店前台核实客人的入住情况，以便结算部门和酒店进行结算。

(7) 结算管理。根据核实的客人入住情况，系统提供酒店应返利的详细报表，方便结算部门向酒店进行结算，并根据实际结算情况核实酒店返款情况，系统记录下所有的信息，可以随时根据酒店名称、编号及日期对酒店结算情况进行查询，方便应收账款的催缴。同时，系统还提供会员预付款管理，根据会员预付款及在酒店的消费情况，订房中心向酒店进行账目的结算。

(8) 评价管理。评价管理主要是针对会员消费情况、酒店信誉、工作人员预订及销售业绩进行评价并处理投诉信息，对订房中心以后业务发展提供依据。

(9) 统计报表。系统可以对订房中心定置的报表进行生成、数据统计和打印；各种价格表统计打印；会员信息及消费情况统计打印；酒店预订消费情况统计打印等诸多功能。并可以转换成 Excel 格式进行存储。

任务实施

酒店预订流程如图 5－6 所示。

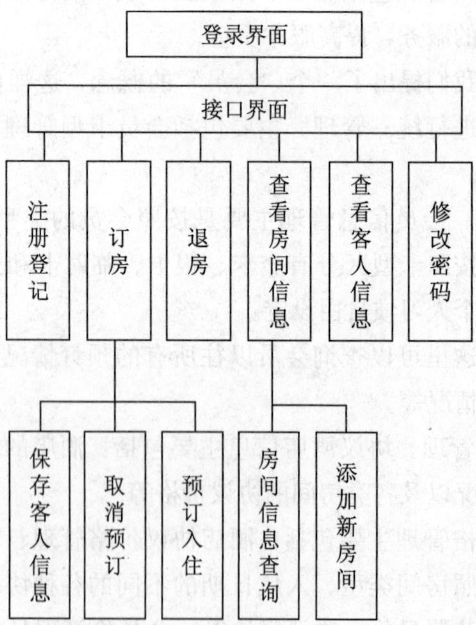

图 5－6　预订流程

（1）首先进入酒店网站如图5－7所示，然后进行注册登录，如图5－8、图5－9所示，最后进入预订界面。

图5－7　酒店预订页面（携程旅行网）

图5－8　预订注册登记页面（携程旅行网）

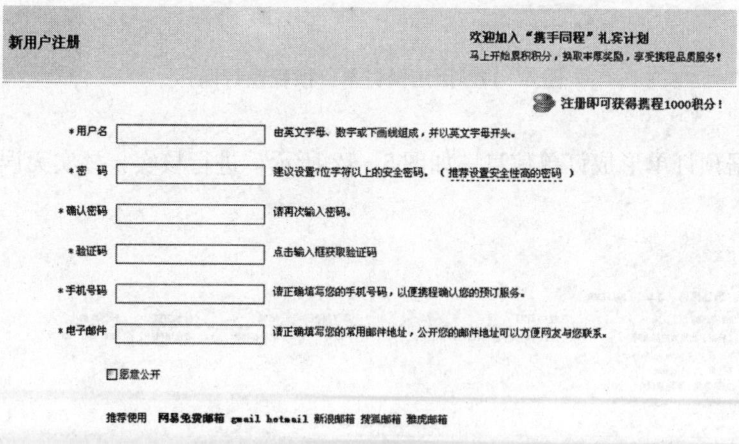

图5－9　预订注册页面

（2）在预订界面，点击国内进入查找界面，选择好相应的客房类型、价格、位置等后开始相应的预订工作，如图 5-10 所示。

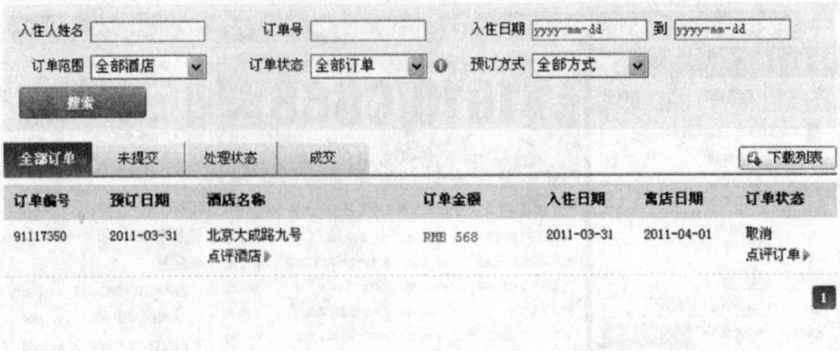

图 5-10　酒店预订

（3）根据条件选择，填写预订单，如图 5-11 所示。

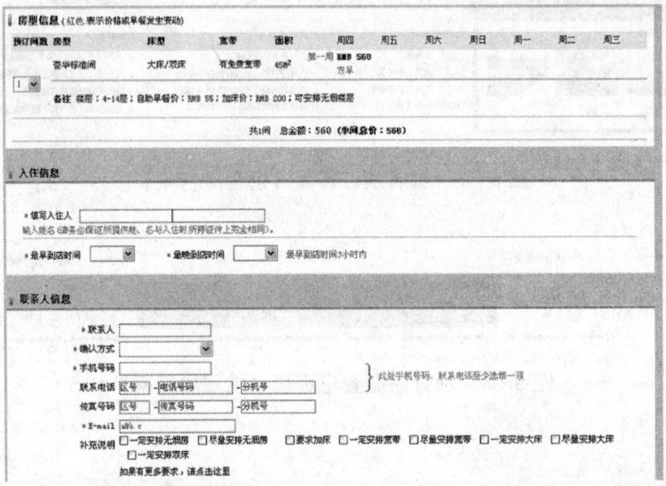

图 5-11　酒店预订单（携程预订网）

（4）根据预订单形成订单信息，如图 5-12 所示，进行核实，核实无误后提交，形成正式订单。

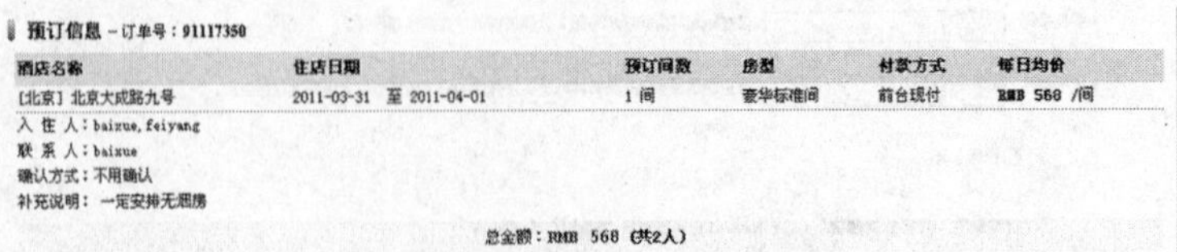

图 5-12　核对预订单信息

(5) 酒店在获得客人预订信息后及时进行确认、回复；预订结束。

(6) 客人根据个人实际情况在入住前具有修改预订信息、取消预订及确认预订入住的选择。

(7) 酒店预订部门及时掌握酒店房态，及时对房态进行更新。

(8) 酒店要及时掌握客人预订信息的变动，并在入住前进行提醒和确认。

(9) 客人具有修改注册密码等个人信息的选择，如图 5－13 所示。

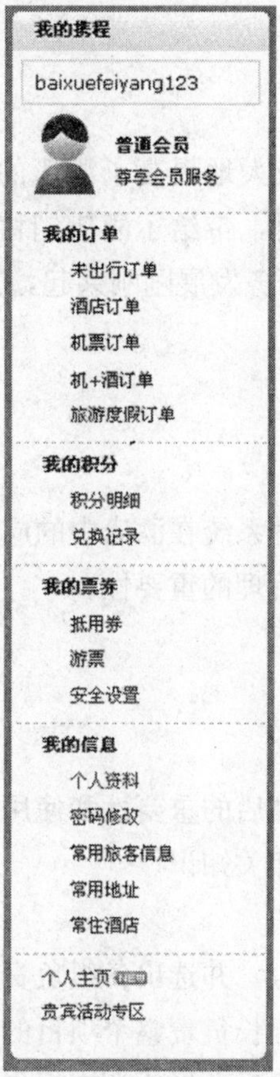

图 5－13　顾客信息修改页面

注意事项：

(1) 办理入住：入住酒店须凭有效证件登记，一般酒店办理入住时会收取客人一定的押金，作为其在酒店内的部分消费或损坏（遗失）酒店物品的保证金，退房时凭押金单结清费用后退回，押金的多少视各酒店规定。

(2) 酒店房间一般情况下保留到预订当天的下午 6：00，节假日可能保留到下午 5：00。

(3) 如客人因其他原因晚到，请在预订成功后直接致电保留房间，会展等特殊时期需要提供信用卡担保或者提前支付房费。

(4) 房间价格因季节变化可能不准确，请以电话咨询或最终确认为准。

(5) 需要信用卡担保的酒店对取消预订有不同的要求，如果是在酒店要求的有效工作日内取消，是可以的。否则将不可以取消预订，如未能去入住，将从信用卡中扣除相应的房费。

(6) 客人入住时，住店客人要与预订信息一致，以免带来不便。

任务总结

酒店信息管理系统的引入，极大地提高了酒店的管理水平，尤其是网络预订系统的实施，在扩大酒店知名度的同时，带给了酒店销售量的大幅提升，保证了酒店的效益最大化。由于我国酒店业电子商务发展刚刚兴起，其发展正是方兴未艾。

实训项目

目标

1. 培养学生正确认识信息管理系统在酒店中的应用。
2. 了解信息管理系统对酒店管理的重要性。
3. 掌握网络预订的相关知识。

内容与要求

1. 了解当前酒店电子商务现状。
2. 掌握酒店信息管理系统在酒店的重要性和使用。
3. 重点了解酒店预订系统的相关知识。

组织与实施评价

1. 按工作内容分小组进行调查，并选出各组负责人。
2. 各小组独立进行工作，小组长负责整个项目的掌控。
3. 各小组将调查结果总结分析后，形成调查报告，进行上报。
4. 集中汇总，并进行调查结果评价。

调查表格

内 容	评判条目	结 果
酒店是否引入信息管理系统（1分）	是（1分） 否（0分）	
网络预订系统使用前后对酒店的销售量影响（1分）	很大（1分）大（0.8分）一般（0.5分）没有（0分）	

续 表

内　容	评判条目	结　果
酒店的预订系统是否有，如有是自有还是使用其他预订平台（1分）	自有（1分）其他预订平台（0.5分）没有（0分）	
酒店网站信息的更新是否及时（1分）	更新及时（1分）一般（0分）	
酒店的知名度是否有所提升（1分）	是（1分）一般（0.5分）没有（0分）	
信息管理系统对日常工作的影响（1分）	效率显著提高（1分）效率有所提高（0.5分）一般（0分）	
信息管理系统引入对酒店经营成本是否有影响（1分）	成本提高（1分）成本降低（0.5分）没有影响（0分）	
酒店网络的引入是否提升了客人的满意度（1分）	是（1分）否（0.5分）一般（0分）	
酒店是否关注信息管理系统的作用（1分）	非常重视（1分）重视（0.5分）一般（0分）	
酒店是否有专人或专门机构负责系统的维护（1分）	有（1分）没有（0分）	
酒店信息管理系统是否定期升级或更新（1分）	是（1分）否（0分）	
酒店对信息管理系统的投入是否有保证（1分）	固定投入（1分）随机投入（0.5分）一般（0分）	

复习思考题

一、填空题

1. 酒店管理系统的功能由________、________、________、________和________等组成。

2. 酒店信息化的发展方向是_______、_______、_______、_______、________。

3. 酒店预订系统设置是指________、________及________等。

二、选择题

1. 酒店房间一般情况下保留到预订当天的下午________。

A. 5：00　　B. 6：00　　C. 7：00

2. 酒店必须为客人提供________等全方位的服务。

A. 吃　　B. 住　　C. 游　　D. 购

E. 娱乐

3. 国外酒店预订系统主要有________。

A. HIS　　B. ECI　　C. Fidelio　　D. OPERA

4. 解决网络信息或产品不全面，可以采取的措施是________。

A. 加强用户互动　　B. 扩充酒店数量

C. 优化搜索功能　　D. 加快网络建设

三、简答题

1. 简述酒店引入信息管理系统的必要性。

2. 客户浏览预订网站但没有有效进行预订的原因有哪些？

3. 简述酒店开展网络预订的必要性。

项目六　餐饮电子商务

知识目标

- 了解餐饮业发展状况及餐饮业对信息化的基本需求
- 熟悉电子商务网站及其类型
- 掌握餐饮电子商务系统及各模块功能并能应用
- 了解餐饮信息化管理发展现状及发展的必要性
- 了解我国餐饮信息化发展措施及未来发展方向

能力目标

1. 能够根据餐饮企业自身经营的特点选择适合企业特点的餐饮管理信息系统
2. 能够运用餐饮管理信息系统为企业创造更大的效益
3. 能够对目前餐饮企业所使用的信息系统作出正确的评价和分析

任务　餐饮管理信息系统应用

任务引入

中国烹饪协会在2008年发布了一则《中国餐饮产业运行报告》。报告中指出，中国餐饮业零售额从1978年的54.8亿元增长到2007年的12352亿元，零售额增长225倍，人均餐饮消费额也从1978年的5.69元增长到2007年的950.15元，增长了166倍。

而目前的一组公开数据又显示，2008年中国的住宿餐饮业零售额是15404亿元，2009年的住宿餐饮业零售额是17998亿元，而2010年1—10月的纯餐饮收入就高达14312.7亿元。业内预测，到2010年中国人将吃掉2万亿元。

显然，餐饮业是中国的黄金产业，拥有巨大的消费市场，随着人民生活水平和生活方式的转变，对餐饮业的新需求也随时代不断变化。在餐饮市场中，过去拼价格、拼菜品、比档次、比服务等竞争手段已不足为奇，如今的网络经济时代，许多餐饮企业正逐渐依靠灵敏的电子信息工具，不断提高市场应变能力。门槛较低的传统餐饮业又该如何与电子商务相结合？

任务分析

目前，我国的餐饮企业已经进入了“微利”时代，餐饮产品的价值不仅随着劳动量的变化而变化，而且还与信息量的变化密切相关。我国餐饮企业在信息处理方面已经从不能适应市场需求的手工操作调整为使用计算机管理系统。通过计算机管理系统使企业快速准确地处理信息，提高了运作效率，稳定了服务质量，增强了消费者的满意度和忠诚度，控制了经营成本，创造了更高的经济效益和社会效益。

餐饮企业的电子商务体现在内部和外部两个方面，外部主要指建立电子商务网站，实行网上预订、查询、问询等服务；内部主要指使用餐饮管理系统。

餐饮管理信息系统种类繁多，生产系统的厂家也不胜枚举，如何选择适合企业经营状况的系统是关键。对于生意火暴的餐馆酒楼来说，在点菜过程当中使用电子化的方式大大节约了时间。点菜员只要输入菜品编码或拼音字头简码，就能在手持POS机里迅速调出菜品数据，系统自动识别后在厨房打印机分单打印出来，厨师根据菜单很快就能了解到顾客的需求，避免了顾客高峰期带来的混乱，提高了上菜的速度，也提高了酒楼的翻台率，进而提升了酒楼的效益。现在，计算机信息管理系统已经将预订、接待、点菜、菜品上传、厨房分单打印、条码划菜、收银、经理查询等方面在大型酒楼全方位地运用起来。电子信息系统的优势就是它能针对餐馆的所有环节采用信息手段进行整合。然而部分餐饮企业在使用餐饮管理系统时只体现了其点菜功能，未发挥其他方面的功能，如何更大化地发挥餐饮信息管理系统的作用是餐饮企业一直探讨的问题。

餐饮管理系统实现了餐饮业务流程的电脑监控，实现了数字化，数字化的好处不仅节省了人工的消耗和费用，而且使管理者对整个餐厅各个环节的运营非常清楚。可以全程跟踪一道菜的过程，清楚地计算出毛利率，各个环节都能一清二楚，使每一种菜品的投入产出都能做到胸中有数。

知识准备

一、餐饮业概述

餐饮业是指利用餐饮设施为客人提供各种酒水、食品等餐饮产品和服务的生产经营性行业。

餐饮的概念主要有两种，一是指饮食，如经营餐饮，提供餐饮。二是指提供餐饮的行业或者机构——餐饮企业，其主要内容是，从事该行业的组织（如餐厅、酒店、食品加工厂）或个人，通过对食品进行加工处理，满足客人的饮食需要，从而获取相应的服务收入。由于在不同的地区、不同的文化下，不同的人群饮食习惯、口味的不同，世界各地的餐饮表现出多样化的特点。

1. 餐饮业发展现状及发展趋势

餐饮业属于第三产业，随着一个国家的经济发展、社会进步、现代化程度的不断提高而发展。由此可见，餐饮业的发展潜力巨大，设施设备将不断现代化，经营管理也将日益科学化、专业化。我国实行改革开放政策以来，经济得以迅速发展，餐饮业也随之蓬勃兴旺。2004 年年底，我国餐饮业经营网点已达 350 多万家，从业人员超过 1660 万人，全社会餐饮营业额首次突破 5000 亿元，达到 5092 亿元，同比增长 16.6%，占国内生产总值的 5.1%，占社会消费品零售总额的 12.5%，高于社会消费品增长幅度 6.4 个百分点，且以年均超过两倍于 GDP 增速的速度增长。

餐饮业对拉动内需、扩大就业和促进国民经济发展做出了突出贡献。作为经济贸易重要组成部分的我国餐饮业，目前正呈现出以下特征。

(1) 以大众消费为主，市场格局贴近百姓生活。近年，在大众化经营的潮流下，一些家常菜馆、火锅店、小吃街、美食广场、快餐厅、外卖店等发展势头良好，以快餐为例，已占到国内餐饮业营业额的 20%。

(2) 现代经营方式和先进营销理念为传统餐饮业带来强大生命力。目前，我国有麦当劳连锁店 300 多家、肯德基 400 多家，中式正餐和快餐也发展了不少连锁经营企业，并取得了很好的业绩。2005 年，中国饭店协会排列的全国百家餐饮企业中，41 家是实行连锁式经营的。

(3) 餐饮品种兼容并蓄，餐饮市场百花齐放。在生猛海鲜、重庆火锅风靡不衰的时候，杭州菜取各家之长，逐渐成为创新菜的精品，并在沿海城市成熟走俏。

(4) 市场竞争激烈，要求餐饮业将多样化和个性化结合起来。在国内，餐饮企业经营较好的、经营持平的、不赚钱的三分天下，可见竞争激烈。在这样的情况下，不少城市餐饮开始进行市场细分和定位，以适应家庭、假日、休闲、会展、旅游等多种消费需求。

(5) 餐饮业还成了促进就业的主力军。2004 年中国餐饮业从业人员已经达到 1660 多万人，“十五”期间平均每年为社会安置就业人员 160 万人。西安市餐饮业从业人员已经占全市社会从业人员的 1.8%。

改革开放和经济发展，使我国餐饮业取得了显著成绩，成为国民经济各行业中改革开放最早、市场化程度最高、发展速度最快的行业。

面对国际化的竞争，我国餐饮业出现了以下发展趋势，以品牌为核心提高企业竞争力；以技术创新为核心进行战略部署；以连锁为基本模式改进经营管理；以管理和人才为企业支柱；以多种业态构成多样化的餐饮世界；以国际化发展模式向环保、绿色、营养、社会化方向迈进。

2. 我国餐饮业发展存在的问题

近几年来，我国的餐饮业正在经历着深刻的变革，特别是随着我国餐饮业的对外开放，与国外餐饮技术的不断交流与合作，使得我国的餐饮业发展有了质的突破。但是，我国的餐饮业尚处于初期成长阶段，有待进一步规范和改善。我国餐饮业目前还面临的一个主要问题是高素质人才紧缺。餐饮市场的竞争，不外乎资金投入、经营理念、环境设施、菜品风味、营销策略、服务水准和价格定位等几个方面，而这一切又集中体现在人才（含经营管理型人才与技术型人才）的数量和质量方面。

当前中国城镇拥有餐馆500多万家，但是整个行业赢利的只有40%，30%的保本，而剩下的30%就是亏损了。在传统的供应链中采购系统全靠中间商，原料从产地到餐馆之间的价格差距几乎达到3～8倍。中间商从中获利太大，而餐饮企业往往采取拖欠的方式来寻找平衡，这就造成了恶性循环。

另外，餐饮行业发展中还存在着两个历史遗留问题。首先是经营者对消费者的了解几乎是零。所以经营者只是凭感觉猜测消费者需要什么，而消费者对吃的变化是非常快的。另外，消费者非常被动，只能在餐馆做什么的基础上去选择自已所吃的东西。其次就是餐馆与餐馆之间消息非常闭塞，餐馆经营者之间关于信息，管理经验，厨师、服务员招聘，以及餐馆买卖的沟通方面非常少。因此中国餐饮业发展电子商务非常必要，迫切希望有一个全行业的电子商务平台能够对各种资源进行整合。

3. 餐饮业发展电子商务的优势

我国餐饮业目前的营销观念还很陈旧，餐馆与餐馆之间消息非常闭塞，餐馆经营者之间关于信息，管理经验，厨师、服务员招聘，以及餐馆买卖的沟通非常少。因此开展网络营销对于拓宽传统的经营方式，提高竞争力有很大的意义。在现代企业竞争力不断强调供应链物流管理时，餐饮行业更需要在供应链采购创新上下工夫，从而降低中间成本，而开展电子商务是解决这一问题的好方式。

餐饮业本身还有比其他行业更适合发展电子商务的特点。

第一，中国餐饮业以中小企业为核心，其中国有成分只占1%多，所以大部分的餐饮老板都希望通过电子商务降低成本、提高利润。

快餐业是对技术最敏锐的现代餐饮业，随着技术、配方、设备和人才的引入，每年以递增20%多的营业额在高速发展。技术革新的财富效应对众多传统餐饮企业的刺激很大，大家都在寻求一种安全、稳定、绿色、快捷的增值方式。

第二，电子商务从本质上来说是服务经济，而无论是中国还是世界都没有其他行业比餐饮业更精通服务经济的。

服务业的显著特点就是经营方式灵活，一切以客户为中心。绿色营销作为一种新型的营销观念，是电子商务的重要特征，也逐渐为现代餐饮业所接受和重视。绿色营销要求餐饮企业加强技术改造，在引进环保设备的同时，积极开展餐饮电子商务，充分发挥电子商务的绿色环保、受众面广及与其他旅游服务配套的特点，达到环保效益、社会效益与经济效益的统一。

第三，电子商务是一种个性化服务的生产方式，而餐饮业长期以来就是个性化的生产服务体系。

餐饮业是个大的小行业。大就大在民以食为天，小就小在它遍及大街小巷，就餐方式多样，经营机制灵活，价位丰俭由人，个性化特点体现得非常充分。电子商务是一种柔性化定制、个性化服务的生产方式，二者具有经济学意义上的同构性。特许经营、连锁店、品牌效应、电子物流配送等都是电子商务的强项，正因为餐饮的分散，才特别适合于网络的聚集。

随着行业竞争的加剧，简单粗放的经营已经越来越成为餐饮企业向前、向大发展的瓶颈，而信息技术的作用却渐渐凸显。用信息技术改造餐饮行业的流程，其巨大的价值提升作用已经被越来越多的餐饮企业经营者和管理者所认识到。所以说餐饮业不仅是适合发展电子商务的，而且是有可能最先赢利的行业。

4. 餐饮信息化发展的劣势

(1) 人才的专业化程度不够导致内功不足。因餐饮业门槛较低，中国的大多数餐饮企业的老板都是从小店发展起来的，家族式管理的居多，还没有发展到聘请职业经理人，许多还是“人治”，并没有一套现代企业制度和监督管理体制，所以观念意识、经营思想和管理水平还有待专业化。

(2) 应变能力差，缺乏先进的信息工具。现在的餐饮市场火暴，许多以前做电子、房地产等其他行业的老板都凭借雄厚的资金实力挤进餐饮市场，争先恐后的上规模、上档次、比菜品、比服务、拼价格，使餐饮市场竞争激烈，但是许多餐饮企业缺乏对市场的应变能力和灵敏的信息工具。在现今的网络经济时代，许多餐饮企业还处在手工及半手工状态，即使有计算机也只当个点菜器和计算器用，并没有真正通过计算机系统来实现改造流程、强化管理、降低成本、堵漏节流等作用。

(3) 缺乏科学和标准的管理体系。国外著名的快餐连锁经过上百年的探索都形成了标准化的工作流程和方法。中餐因其菜品的多样化和特色化的服务很难实现标准化管理，这使中餐企业的成本控制很难实现，但近几年也出现了引进快餐式经营特点的中餐企业，从流程、服务、出品都开了中餐标准化的先河。

二、餐饮企业管理的电子商务化

餐饮业作为我国一项传统产业，随着社会经济的稳步发展和人民生活水平的不断提高，近年来一直保持着持续快速发展，行业规模和经营领域日趋扩大，成为国内消费需求市场中增长幅度最高、发展速度最快的热点行业。电子商务的发展对餐饮业的冲击不可低估，蕴藏着很大的机会。对中国的餐饮业来说，怎样利用电子商务所提供的契机，提高网上订单、采购管理及信息技术的整合等方面的能力，全面提升市场适应能力和竞争力，以更好地适应在入世后经营环境变化的需要，这已成为一项紧迫的任务，对探索餐饮业电子商务的发展问题，具有十分重要的现实意义。

小资料

饭统网通过电子商务信用认证

2010年10月29日，商务部所属的中国国际电子商务中心推出了针对电子商务和网络团购的诚信资质认证与评级标准，公布了首批通过认证的29家团购网站名单，饭统网旗下的饭团获得商务部中国国际电子商务中心首批信用认证，成为国内第一批获得信用认证的团购网站。

据悉，由中国国际电子商务中心制定的首个《电子商务信用认证规则》(以下简称《规则》)尚处试行阶段，目前只要通过信用认证的网站，就会接受第三方的信用监督。根据会上颁布的《规则》，如果网站在巡查过程中连续两次被评为“损失”，将取消信用认证资格，列入信用认证黑名单，并在商务部中国反商业欺诈网公示。

随着团购网站的兴起，信用问题正受到极大关注，饭统网创始人臧力表示，饭团十分支持团购网站信用认证工作，这将规范国内团购市场的行业标准，促进团购市场的健康发展，保障商家、用户和第三方平台团购网站关键链的信任与互利的模式。

1. 餐饮业电子商务概述

所谓餐饮业电子商务，是指以网络为载体，以餐饮信息库、网络银行为基础，利用先进的电子手段运作餐饮业及其分销系统。它集合了客户关系学、消费者心理学、商户心理学、计算机网络等多门学科，展现并提升了“网络”和“餐饮”的价值，具有营运成本低、用户范围广、无时空限制以及能同用户直接交流等特点，提供了更加个性化、人性化的服务。

2. 餐饮电子商务网站存在形式

目前我国餐饮业的电子商务网站发展主要以如下几种形式存在。

(1) 个别餐饮企业建立自己的网站，进行产品菜肴的介绍。据不完全统计，到2006年，餐饮业的网点已经达到了500万户。这种各自为政的小而全的网站，在企业宣传等方面起到一定作用，但由于只是停留在介绍为主，不存在网上交易，对原材料成本的降低和市场的拓展起的作用不大。对整个行业的发展来说则是一种信息、资源、资金、劳动力的浪费。

(2) 由第三方建立的餐饮综合性网站。这一类网站主要是介绍饮食文化、营养保健、各家菜系、有名的餐馆等。

如中华美食网，网址是 http：//www.5eat.com，主要内容包括吃在中国、食谱大全、企业家园、饮食文化、健康常识、饮食男女等内容。

中国饮食文化网，网址是 http：//www.ccas.com.cn，是中国烹饪协会主办的饮食类权威网站，主要介绍中国菜系、名菜及名厨等，为会员和全社会餐饮业提供多方位服务。

还有地方建立的网站，如山东美食网，网址是 http：//www.qlcw.com，是山东省烹饪协会官方门户网站，主要是为山东的餐饮、娱乐企业服务。

(3) 大型连锁餐饮企业的电子商务。这种形式发展的较成熟，从原料采购到网络营销。如必胜客餐厅的网站，有网上订餐、下载优惠券等服务。但这样的企业局限于大型的连锁企业。

(4) 小范围内的餐饮电子商务。这种电子商务网站主要由第三方建立操作，实现网上订餐。在杭城某文教区，一些大学生看准大学校园的广阔市场自行筹建了一个餐饮电子商务网站——“要饭网”（http：//www.yaofan.net)，它将附近的多家餐饮店组织起来，利用网络的优势，接受外卖订单。目前公布在“要饭网”上的餐饮店，包括学校附近的米宝宝便当、兰州拉面馆、乐回头饺子店等一些小型餐馆，网页上有各家餐饮店的菜单、菜品名称和价格，顾客只需免费注册成为该网站的会员，登录之后点击网页即可进行订餐，之后网站将在几分钟内自动处理订单，并将订单发送到相对应的餐馆里，由他们负责上门送餐。在整个过程中顾客不需要出门，简单方便，价格与店里一致，而且每天还提供 24 小时服务。

从以上分析可以看出我国餐饮业电子商务发展仍处于起步阶段。第一、第二类网站主要是介绍性的，网站建立较容易，成本低，但收效甚微，占目前餐饮业电子商务的绝大部分。第三、第四类网站具有电子商务的实质，对电子商务技术与管理能力要求高，但目前数目较少。

小资料

电子商务是一种新型的互联网业务形态，是传统行业互联网化的重要途径，其实餐饮行业早已经伴随大众点评网、饭统网、订餐小秘书等生活信息类网站的发展，介入到了电子商务的领域，如餐厅点评、优惠券下载等，只是这属于早期的介入形式。

从现阶段看，餐饮行业涉足电子商务的表象有点评、电子优惠券、联网订餐的形式等。

据了解，起步较早、目前占据市场份额最大的联网订餐网站是北京的饭统网，该网站的日订单已达 4000 张，而且现已将业务延伸到全国 79 个城市。与饭统网可以平分秋色的订餐小秘书也在上海树立了自己在餐饮联网订位领域的影响力。这两个网站都得到过风投的青睐，但目前仍还在上市之路上奋力前行。

这些网站的成功上线是餐饮业融入电子商务向前迈的一大步，但这些网站实际是一个餐饮细分领域的信息交互平台。其在模式表象上已经日趋成熟，但最终落实到电子商务的最末端环节还是需要某个餐饮企业的配合一起来完成。

3. 餐饮电子商务网站分类

2010年，是电子商务的井喷年，随着中国网民的网购习惯慢慢养成，各行各业都纷纷走出了形形色色的电子商务之路。民以食为天，作为关系到国计民生的餐饮行业，近几年，各种模式的餐饮电子商务网站也如雨后春笋一样出现在网民面前。虽然网站很多，不过真正称得上是电子商务的网站，主流大致可以分为以下三种。

(1) 外卖类在线订购平台网站。

日本出前馆（http：//www.demae－can.com）。在日本，出前就是外卖的意思，出前馆是日本的一家上市公司，成立于2002年，大约在整个日本为9800家外卖店铺提供服务，每天的外卖单量大概有近万单。出前馆于2006年在日本上市。

上海外卖连锁网（http：//www.129T.com）。129T域名就是一按就通的意思，129T.com是上海最大的外卖在线订购平台，成立于2008年年底，目前为上海本地的2000多家外卖店铺提供服务，每天的外卖订单大约在2500单。

北京豆丁网（http：//www.doodii.com）。这个豆丁不是分享文档的那个豆丁网，成立于2005年年底，目前为北京本地的200多家外卖店铺提供服务，每天的外卖订单数不详。

(2) 餐馆预订网站。

OpenTable（http：//www.opentable.com）。OpenTable网站成立于1998年，总部位于美国旧金山，是一家提供饭店预订服务的网站，与其签约的美国饭店数量达到1万家。2009年5月20日OpenTable上市。2010年9月16日OpenTable以大约5500万美元收购英国订餐网站Toptable。

饭统网（http：//www.fantong.com）。饭统网成立于2003年，该网站通过六年多的努力，拥有全国30万家餐厅会员和近200万名消费者会员，成为目前国内首屈一指的餐馆订位网站。2008年7月，饭统网获得日本亚洲投资为代表的四家海外风险投资企业近3000万元（400万美元）的风险投资。

订餐小秘书（http：//www.95171.cn）。该网站成立于2004年年底，目前仍然是上海的地方性服务平台，拥有上海近3000家餐馆会员，120万名消费者会员，不过绝大部分用户仍然采用通过57575777这个电话进行餐馆订位。2007年，订餐小秘书获得500万美元风险投资。

(3) 知名餐饮连锁企业网站。

星巴克（http：//www.starbucksstore.com）。网站可以实现在线订购，但商品仅限于咖啡，且品种不多，目前每天大概有近万人访问该站点，不过具体的下单量，无从考究。毕竟，纯粹的咖啡文化，对于国内的电子商务网站还没有参考价值。

肯德基宅急送（http：//www.4008823823.com.cn）。肯德基的网上订餐业务是2008年7月推出的，确实是个网购平台，可直接在线下单；调查发现肯德基在美国的网站不具备订购功能，只是形象网站，麦当劳在中国和美国的网站都是形象网站，不具备订购功能。

巴贝拉家家送（http：//www.4007787878.com）。巴贝拉在2007年获得凯雷1亿元投资，网站内容以在线订购、特需经营业务和与用户俱乐部互动相结合，但无法真正点击订购，会让人感到名不副实。

丽华快餐（http：//www.lihua.com）。丽华快餐成立于1993年，在传统餐饮领域，作为无店铺快餐外送行业的创先河者，丽华快餐一直处于领先地位，不过该公司对于网络订购不是非常重视。丽华快餐目前可以直接网上订购，不过网单数量在丽华快餐每天的订单中所占比例几乎可以忽略不计。

小资料

餐饮业电子商务网站的成功案例

2001年5月30日中国肯德基网站ChinaKFC.com正式开通，消费者上网就能获得肯德基全国通用的电子优惠券并可注册成为“肯德基网友会”的会员。中国肯德基网站在功能和图片色彩等设计上都首先充分考虑网民们的浏览习惯和喜好，并以不影响网速为前提，通过有趣的内容、特别的设计以吸引网民进入网站，并对各个频道的内容进行尝试。首页以红色为背景，使网民感觉更有中国色彩和亲和力。针对不同功能和不同网民，中国肯德基网站设有最新促销、电子赠券下载、美食天地、奇奇儿童乐园、游戏区、快乐家庭、我们的餐厅等其他主要频道。其中，我们的餐厅，能够查询到全国100多个城市的400多家餐厅的城市分布图和餐厅商圈图，使消费者了解更多的餐厅信息；产品查询，使网民足不出户也能充分了解到肯德基的美食信息；游戏区，两款有肯德基特色的小游戏可以让网民随时轻松一下，同时网站还提供漂亮的壁纸和屏幕保护程序以供网民随时下载。

这是肯德基在中国发展快餐连锁业14年以来的又一重大里程碑，标志着肯德基已领先于国内同类餐饮行业，为消费者拓展出了一条全新的服务渠道。

ChinaKFC.com第一阶段的目的是让消费者通过网络媒体更容易认识和了解肯德基，并且通过成立肯德基网友会，逐步建立与消费者之间更好的互动沟通关系。从此肯德基将利用先进的互联网技术，提供经济、快捷、高效的网络服务，使消费者不仅在餐厅，在网络上也能充分享受到肯德基提供的美食和全方位的优质服务。

目前利用互联网发展电子商务仍处于初期阶段，肯德基的分店现已分布在全国各地近120个城市，有近450家餐厅，建立网站使肯德基结合传统商务与消费者直接接触，并利用网络经济快捷的特性，逐步的、稳健的、一步步扩大电子商务的范畴。

现在，中国的互联网行业已逐步度过其初期的泡沫阶段，过去许多梦幻般不切实际的现象将成为过去，取而代之的，将是真正符合大众需要，同时又能充分利用互联网优势的网站和他们所能为大众提供的优质服务。中国肯德基网站ChinaKFC.com正是基于这一点而建立起来的。随着e—life的日益普及，网络与传统行业也正实现更广泛、更深层的融合，搜狐与肯德基的合作，为大众提供了一个全新概念的网上快餐平台，并成为网上快餐行业的重要的阶段性标志。

三、餐饮管理信息系统

餐饮管理系统是以处理餐饮业务为核心，以降低成本提高利润为目标的信息管理系统，超越了传统餐饮管理系统的概念，融入了客户关系管理（CRM）、企业资源计划（ERP）等先进的管理思想，为加强财务管理、建立高效率供销链、减少库存、提高工作效率、降低运营成本、提高服务质量等方面提供强有力的工具，同时为高层管理人员经营决策提供快捷精确的依据，以提高企业的市场竞争力，创造最大效益。

1. 餐饮管理信息系统概述

餐饮企业信息化管理系统实际上就是一套围绕餐饮企业日常运行与管理的计算机管理系统。与一般的企业信息化管理类似，系统本身就是面向餐饮企业的企业综合资源计划管理系统。管理的核心是企业的人、财、物，而餐饮企业信息化管理系统本身更具有行业特色，围绕餐饮企业的流程特点形成独特的解决方案。

餐饮企业信息化管理对于人的管理，主要体现在两个方面，内部员工与客户。对于内部员工管理，包括工资管理、考勤及考核。相应地，系统包括员工薪酬管理、员工考勤管理以及员工绩效管理三个部分。在初始阶段，信息化管理系统一般不将薪酬和考勤纳入管理体系，主要进行员工绩效管理。随着餐饮信息化的发展，系统会涵盖所有涉及内部员工的管理，功能将更加全面、细致。

在客户管理方面，餐饮企业通过实施客户管理系统，达到对客户消费形态的分析，以针对性地实施客户管理，最大限度地留住老客户，争取新客户。

餐饮信息化管理对于财务的管理，集中体现在对销售数据的后台处理与分析。其内容主要包括销售统计、销售分析、财务审计。销售统计完成对日常经营销售的管理，如日报表、阶段报表、月报表等，属于账目管理范畴。通过报表，企业管理者很容易掌握前台的销售情况，从而得到对财务的控制；销售分析是对销售数据的再加工，通过表格或图形等方式显示餐厅的销售特征，如菜品排行榜、日（月）客户流量、日（月）销售收入分析等。通过相关分析数据，企业管理者可以分析销售的特点，找出其中的问题，从而改进不足，以提高餐厅的运行效率；财务审计主要完成对经营过程中涉及的打折、免单、去零、退菜等一些涉及收入金额的行为的审核管理。通过财务审计，可以进行追溯，从而达到对经营过程的有效控制。

餐饮信息化管理对于物的管理，主要体现在物资的进销存，实际上就是一套融采购、管理、销售、盘存为一体的物流管理系统。物流管理的输出是物流流转过程的各种数据单据查询与分析等。对于连锁企业还涉及综合配送管理等。

以上所述针对餐饮企业人、财、物的综合管理必须基于一套前台运行系统才能完成。同时，就连锁企业而言，这种管理又必须具有扩展性，以实现对集团旗下连锁店的统一、综合管理。此外，针对不同的餐饮业态，系统应具有适应性，可以支持流程重组。因此，餐饮信息化管理系统必须具有如下特点。

(1) 层次化、模块化、可叠加。系统按层次规划，并按模块化设计，用户可以根据管理需要，选择不同的业务模块，并根据经营需要，随时叠加，保护初期投资。

(2) 客户化、流程重组、可扩展性。系统充分考虑不同经营模式和不同经营风格，支持流程重组，以达到对用户运营的支持，并与其他系统进行接口，同时具有较强的扩展性。

小资料

饭统网成立于2003年12月，是中国第一家免费提供餐厅预订服务、免费提供餐饮优惠折扣服务的在线餐饮综合服务企业。面对大众点评网、号码百事通、中国移动、请客800等多个竞争对手的“围追堵截”，饭统网仍取得了行业金字塔的顶尖位置。目前，饭统网形成了四个主要赢利来源。

1. 饭统网的赢利模型

赢利模式是企业在市场竞争中逐步形成的企业特有的赖以赢利的商务结构及其对应的业务结构。根据这个定义，饭统网的赢利模式可以概括为以食客为主要利润源，以市场营销为主要利润杠杆，以掌握客源为主要利润屏障，专注于以提供餐饮订餐为主要利润点的信息服务。

2. 饭统网的利润点分析

饭统网的主要收入源自四个方面，第一是餐厅会员费，第二是餐厅业务返回的佣金，第三是集团客户年服务费，第四是网络广告费。

(1) 会员费。饭统网上推荐的餐厅都是饭统网的会员，而要成为会员餐厅需要缴纳一年1000元的会费。收取会费是饭统网最初唯一的赢利点，也是其运作和发展的基础。目前，与饭统网合作的餐厅超过50万家，遍布全国60余个城市。以一个餐厅合作1年为例，每年收取1000元会费计，饭统网在会员费上的收入超过5亿元。

(2) 佣金。预订来自饭统网的消费，会员餐厅将以消费额的5%作为佣金返给饭统网。截至2008年10月，饭统网为中国餐饮行业累计贡献消费额高达10亿元，已从餐厅取得500万元的佣金。

(3) 集团客户服务年费。针对团体用户的服务，是饭统网新增的赢利模式。其专门承办如公司年会，商务宴，会议培训等各种大型、专业的特色餐饮服务。此业务开始之初就得到了GE、INTEL、OLYMPUS、雀巢、联想等诸多知名企业的青睐。

(4) 网络广告费。饭统网借其在领域内的领头羊地位，拥有广泛的知名度。随着其一如既往的良性发展，广告收入也是逐年递增。除页面广告形式外，“独立专题”和“饭统导吃”也是饭统网独特的广告形式。在餐饮行业稳定性差和饭统网一枝独秀的大背景下，广告收入是其最稳定和最容易的收益。

结合传统行业的Web2.0互联网模式给正在过冬的互联网业一个很好的提示，赢利模式不在于简单与否，只要能赢利就是好模式；网站技术不在于先进与否，只要能给用户带来其需要的服务，就是好技术。

2. 餐饮企业信息化的基本需求

整体看，由于餐饮企业对信息化的认识深度和广度不够，当前的信息化建设还停留在业务流程优化和效率提升层面的起步阶段，而对信息化建设有长远规划和明确具体目标的企业数量极少。从目前大部分餐饮企业的认识来看，当前阶段企业在信息化需求方面具有以下特征。

（1）业务层面的信息化改造和升级是着力点。现阶段的大多数餐饮企业，正处在不断扩大规模、提升品牌价值的时期，从信息化角度来看，大多数企业的信息化应用水平还处在建立企业内部局域网和邮件系统、外部网站等方面，信息化整体水平还不足以全面支撑起企业管理提升的目标。

调查结果显示，目前餐饮企业对信息化的关注，更多地侧重于利用信息化实现对物的管理，关心的是信息化对企业门店运营和流程管理的改造及效率提升的作用和效果，以及通过信息化软件实现原材料的成本控制、菜品加工和成品控制以及前台与后厨的快捷沟通和反馈，显然还处在如何更好地将业务流程、操作规范等经验型的东西转变为程序化、科学化的管理工具的阶段。因此，要真正实现餐饮业信息化的广泛覆盖和全面推动，无论是从企业自身发展素质的制约还是餐饮信息化系统软件发展的客观现状来看，目前时机都还不成熟。

（2）功能完善和操作简易是对软件的基本要求。从业人员素质较低与流动过快的现状，决定了餐饮企业的软件系统不能过于繁复，否则就会无形中增大企业的应用成本，因此，软件的简单易用是目前的基本要求。如果能有一款梳理和优化餐饮业从前台到后厨、从原料采购到菜品出售的整个业务流程，在减少人工投入的基础上可以提高准确率和运行效率，功能完善、稳定实用的软件，这将是所有餐饮企业梦寐以求的。当然，简易操作和功能强大完善本身就存在着一定的矛盾，如何掌握二者的平衡对软件开发商提出了更高的要求，而对餐饮企业运行及需求进行深入了解应该是实现这一目标的最好切入点。

（3）系统维护和相关培训是推进信息化的最大难点。目前，餐饮企业信息化缺乏的是高级科技人员和高级管理人员，其中尤以既懂餐饮经营管理又懂 IT 的高级复合型人才最为缺乏，由此一方面使得信息化软件不能真正切合企业实际需求，但又提不出建设性的意见，使得信息化系统的使用效果大打折扣；另一方面也使信息化的推广培训工作缺乏效率，往往出现虽有软件系统而其功能没有充分体现的系统“闲置”现象。而当信息化系统出现企业内部无法自行维护的问题时，一旦软件公司售后服务维护迟缓，反而影响了整个企业的正常运转，造成资源浪费和效率低下。

对于专业人才缺乏这个信息化建设的最大瓶颈，如何做好培训推广，使员工真正理解系统的流程及功能，并充分利用，是餐饮企业和餐饮软件供应服务商都需要思考的问题。同时，完善信息化系统维护也是供应商增加竞争力的重要筹码。

(4) 投入回报与风险是企业的最大顾虑。调查结果显示，由于对信息化认识不充分，在财力有限的情况下，企业往往对此投入的回报和风险问题估计不足，有的企业将信息化看成是无所不能的，以为只要有了软件系统，就一定能提高效率、增加营业额，而忽视信息化系统与企业运行之间的实际磨合与调试，忽视系统的应用推广，导致实际效果大打折扣；还有的企业缺乏对信息化目标的清晰认识，要么贪大求全，盲目投资，重复投资，要么抓不住重点，使信息化工作流于形式，不仅达不到信息化建设的基本目标，反而影响了企业的正常运转，得不偿失。

3. 餐饮管理系统类型

由于经营特色、规模等因素的不同餐饮业态有不同的标准，但是提高餐饮企业核心竞争力的管理信息工具越来越受到餐饮老板的重视，因此许多公司都陆续推出了餐饮管理系统，但由于自身经验的缺乏和对酒店餐饮行业管理理解的不够，致使市场上的产品良莠不分。目前市场上的餐饮管理系统大致有手工单据集中上传、PDA点菜和手持无线POS点菜三种类型。

(1) 手工单据集中上传类型。顾名思义，集中上传就是点菜员手工开单后，统一到前台的计算机、POS机或触摸屏POS机来进行统一录入上传。很明显，这将导致效率非常低下。在营业高峰时经常出现录入菜单排队现象，随着当前餐饮管理的发展，这种效率低下的管理模式将逐渐被淘汰。另外，没有条码划菜系统，无法统计上菜的时间，一旦出现问题，在厨师和传菜员之间无法追究明确责任。

应用范围如下。

计算机收银台录入菜单投资低廉，使用者大多是中低档家常菜馆，营业面积一般为几百平方米，基本上为粗放式管理流程。

触摸屏录入点菜软硬件投资高，因开发者多是海外的软件公司，往往偏重于西餐厅点菜模式，此类系统设计过于简单，很难满足中餐品种繁多、经营管理理念、复杂的业务流程等，所以用户以客流量不大的高档粤菜酒楼或西餐厅、茶餐厅、咖啡厅居多，此系统的特点是图片化，操作容易，可以防水，由服务员手工写单后到触摸屏上录入，但繁忙时会发生点菜员排队等待录入的现象。

(2) PDA点菜类型。PDA点菜上传，其主要是通过无线传输技术来进行数据传输。PDA用于点菜机，优点是可实现触摸界面，手写识别字体，这对一些不懂拼音又记不住编码的点菜员有吸引力。缺点是用手写触摸屏写单速度慢，如果是无按键的PDA，操作烦琐、点菜速度慢，在输入数量、附加项时必须用笔触式界面，对比较潦草的字难以识别，易出错、修改麻烦、损坏频率高。如果是完全触屏的PDA点菜，服务员必须双手，影响为客人介绍菜品及服务。待机时间短，电池充电麻烦。体积和重量大，点菜员多为女孩子，拿着非常不方便。

(3) 手持无线POS点菜类型。使用餐饮专用的手持POS点菜系统是拥有众多用户群的一套系统，其系统注重流程管理，针对中餐酒店的所有环节采用信息手段进行整合，是预订、接待、点菜、菜品上传、厨房分单打印、条码划菜、收银、经理查询等全方位计算机管理信息系统，是目前业内较为先进的，非常适合中大型酒楼的管理系统，其主要特性有以下几点。

数据准确、无丢单漏单现象。用手持无线 POS 进行点菜，可随点随发送，从点菜到上传至厨房出单只需几秒钟即可完成，上菜速度快捷准确。

全程计算机跟踪管理，无一张手工单据，数据准确无误，各种权限设置严密，避免了人为的失误，从源头上杜绝了跑冒滴漏现象。

上传速度快、提高翻台率。

厨房打印菜单，条码划菜，便于统计菜品和厨师业绩，并有多级备份和日志可查。

日清日结，实时查询统计、核算清楚准确。每天由收银打出日营业报表，财务审核非常轻松。

灵活而准确高效的收银结账系统。客人用餐完毕结账时，结账由台面服务员同收款员配合完成，并可由收银 POS 打印出结算单；收银系统支持集团消费、会员卡、挂账、现金、支票、礼券等多种付款方式，可根据酒店管理要求和在收银员权限范围内进行折扣和服务费等的使用。

辅助酒店老板监控和决策的工具。系统中总经理查询决策系统的功能非常强大，可以查询营业收入统计、员工业绩统计、人均消费额、翻台率等；可以以图形或表格形式进行财务状况分析、营销决策分析、营业收入分析等各种分析；能对餐饮企业的经营起到全面的辅助决策作用，另外系统还有针对餐饮连锁集团所开发的总部远程查询系统，使酒店管理者可以异地监控和查询分店的营业情况。

点菜，上传速度快。

操作键大，功能键简单，可简拼、编码点菜，服务员容易上手。

功能多，点菜、加菜、退菜、催菜、缓菜、口味、制作方法、查询埋单、套餐、储存，可简拼点菜，可输中文，可以应对客人特殊要求。

内存大，个头小。

锂电电池，无须更换电池，服务员休息时即可充电。

4. 餐饮管理系统模块介绍

（1）点菜系统各模块应用及功能介绍。

点菜收银系统模块。支持无线、红外掌上电脑、触摸屏、键盘多种设备操作；有预约、外卖、结账、交接班次、桌位信息查询、会员管理等功能；无线终端实现点菜、加减菜、等叫与叫起，信息同步，快速发送到各操作间；支持手写，可对所点菜品说明特殊制作要求，如口味、做法、紧急制作等；点菜时可选择录入辅助数量，便于财务及库管统计；一键操作即时查询当天缺菜和退菜；随时浏览餐厅所有桌位使用信息；自由设置不同的折扣方案、菜品例份、做法及对应的单价；实现一台多单，一台一单，先出分单后出总单，方便点菜单进行加菜，后厨控制出品；点菜单及传菜部均显示点菜员信息，责任到位；支持打折、抹零、会员优惠结算；支持现金、支票、信用卡、挂账、IC卡等多种结账方式，可满足结部分账，以两种方式结一笔账等。

后厨出品系统模块。有操作间分类、所有菜品自动优先级排序、显示特殊制作要求、送达指定桌位、缺菜登记、并台、分台等功能；可设置菜品、原材料估清报警，及时通知前台；传菜部可随时查询某一桌台上菜情况，安排上菜顺序及进度；使用明显标志区分加菜单和退菜单，可根据菜品是否跟单设置菜单是否切纸；支持高速并行打印，信息一旦发送，各挡口同时快速打印。

后厨条码划菜系统模块。通过条码划菜，系统会在厨房制作单上打印出条码，制作完成的菜品随制作单送到传菜部，传菜人员通过扫描枪进行条码扫描上菜。条码划菜速度快、准确率高，可以简便地完成后厨划菜工作。

库存管理系统模块。有入库、出库、库存查询、退货、出货至吧台库并自动生成吧台库存量、领料、盘点功能；通过设置保质期报警、最低库存量报警，系统自动生成合理的采购计划，提供先进先出、后进先出、一次加权平均等多种计价方法，进行成本估算；根据出品数量、配方信息，定期地自动生成领料单，方便库存核算，减少原材料的丢失浪费。

客户关系管理系统模块。有效收集客户的重要信息，包括客人的生日、喜好、忌讳、累计消费金额等；系统会提前提醒客人的重要日期，便于与客人更好地沟通，为客人提供更好的服务；可以对客人一次未消费完的酒水、茶叶等进行寄存登记，系统还可以在寄存期限快到的时候给予提示；根据累计消费额或指定客人进行分类，如VIP客户、普通客户等，定期组织会员活动，给予不同的优惠。

财务管理系统模块。包括财务凭证的录入、审核、明细账、日记账、总账等完整财务报表；系统对前台收银单据、库房出库入库单据、直拔单，自动汇总，自动生成会计凭证，方便快速进行财务核算，避免中间环节的人为错误；提供数据库查询，灵活定义模板，方便报表制作。

领导查询系统模块。系统具有查询统计今日收入、今日支出、当月收入、当月支出、上月结余、本月结余、本月赢利、库存情况、预收付单、未付欠单、凭证录入、日记账、总账等功能，可对有问题的或出差错的账务在一定的权限下进行调整。查询结果可用表格、图形等多种形式浏览，便于分析、快速决策；收银汇总表、收银明细表、就餐客人明细表、消费明细表、餐饮毛利表、菜品排名表、金牌菜、最优菜、滞销菜统计提供目标成本管理、员工工作状态、工作业绩、原材料消耗、估清情况等查询。

人力资源管理系统模块。员工权限的设置，会员打折级别的设置，库存种类等所有初数据录入；有营销、制作、采购等各部门工作情况，业绩分析功能；员工档案管理、员工调离处理、工资数据管理、奖金数据管理、工资发放、历史数据查询；掌握员工每一次使用系统的情况，每一次开单、每一次修改、每一笔账务及相关的操作人员。

(2) 无线点菜系统优点介绍。

无线点菜员无须无碳复写的纸张耗材，纸张费用仅是传统手工方式的1/2。

客人点菜完毕，吧台和厨房单子全部领先系统传送，很短时间内便可完成，大大缩短了上菜时间，同时也提高了翻台率。

服务员始终不离客人视线，服务更周到更及时，并且避免了跑单漏单现象。

服务员不必往返传送单子，减少了服务员的工作量，降低了服务员的劳动强度，相应地减少了服务员数量。

避免因服务员来回跑动产生的忙乱现象，大大提升服务品质和服务形象，为营造高档就餐环境创造良好条件，吸引更多的顾客就餐。

四、餐饮企业信息化管理

企业信息化是指利用先进的计算机、网络等信息技术代替人工操作，把企业日常经营、管理过程中所产生的信息进行快速而高效的传递、分析处理、呈现，为企业的经营决策提供信息支持的过程。其目的是通过效率的提高来节约成本、提高企业管理水平、增加企业利润。企业信息化是随着计算机技术的发展由来已久的话题，由于餐饮业自身的特点，信息化一直未在业内形成规模化发展。

餐饮企业的信息化并不是用上计算机、装一套点菜软件就可以了。当今的“点菜软件”便实现了其中很重要的一部分功能。未使用“点菜软件”前需要几个人来往于前台和厨房进行点菜单的传递、收银员需要一遍遍用计算器去计算客人的消费账单，使用软件后这些都被计算机所代替，老板即时就可以看到营业数据，但这仍不是全部。信息化除以上功能外还担负着更为重要的责任。

现在的“点菜软件”多数是以营业功能为主，包括点菜、收银、传单、报表等，管理功能为辅，如成本分析与控制、管理流程控制、人力资源、员工考核等。这也是当前绝大多数“点菜软件”的操作理念。但随着信息技术日益渗透、影响餐饮企业，餐饮软件在管理功能上的需求会越来越突出。

完整的餐饮信息化应当把餐饮企业经营过程中的所有信息纳入其中进行传递、管理、分析，并形成清晰明了的统计结果呈现给经营管理者。

1. 餐饮企业信息化管理发展现状

现如今，由于互联网的飞速发展，越来越多的传统行业和电子商务结合在了一起。餐饮类电子商务就是最为典型的代表。

如何利用现代的信息技术提高餐饮企业的运作效率，降低运营成本，提高客户满意度和忠诚度，如何在激烈的市场竞争中获得竞争优势与永续发展是每个餐饮企业老板必须思考的问题。但是餐饮企业信息化的现状却不容乐观。据有关机构调查，我国餐饮业中超过90%的企业没有信息化应用，行业的信息化水平处于最初的培育阶段，餐饮业运用餐饮管理系统的企业不到30%。

目前，大多数国内中小型餐饮企业的信息化应用水平还处在建立企业内部局域网和邮件系统、外部网站等方面，而应用较好的企业则集中体现在企业局部的业务和管理环节的应用上，如财务、人力资源、销售、客户管理、进销存等方面。绝大多数企业目前的信息化整体水平还不足以全面支撑起企业管理提升的目标。

调查结果显示，点餐收银系统、成本核算与采购系统和财务系统是当前餐饮企业应用最广泛的软件系统，这也是确保企业正常有序运转的基础系统。从企业经营风险的角度考虑，对于信息化了解不多、认识不深入或者财力有限的餐饮企业而言，从企业内部最紧迫及最需要规范管理的部门入手推进信息化建设不失为一条稳妥保险的路径，因此前台营业、后台厨房管理和原料采购等环节自然成为餐饮企业信息化推进的第一步。

但是很多餐厅的计算机点菜，仅仅停留在点菜操作的层面，还没有涉及对数据的运用以及流程的优化和完善，这些还不算是信息化的系统运用。信息化是科技发展到一定阶段的产物，其系统涵盖了信息化工具为餐饮企业带来的作用，具体指餐饮信息化为餐饮企业的顾客、餐饮企业的员工、餐饮企业的供货商以及餐饮企业的投资者提供的解决方案。

相对而言，全国客服系统、网上电子商务系统和仓储配送物流系统目前在餐饮企业的运用率较低，其主要原因在于这三类系统对企业经营规模、企业经营实力和企业经营业态范围要求比较高，就目前餐饮企业的发展现状和对信息化的认识来看，这三类系统运用程度较低也在情理之中。

餐饮信息管理要想在整个市场上普及，还需一个比较长的过程，因为要普及首先要在大多数小型餐馆里运用起来，传统的方式还有它的生存空间，在短期萎缩是不太可能的。

2. 餐饮企业走信息化管理的必要性

餐饮业给人的印象是一个较古老的行业，而电子商务则是新兴发展的一项科技含量高的技术，但是这一传统行业具有适合运用电子商务技术的特点。电子商务技术在传统的餐饮行业中的运用，对餐饮企业具有变革性的作用。

首先，电子商务中供应链技术的运用可以大大降低餐饮企业的采购成本；其次，电子商务中网络营销的实施可以为餐饮企业提供广阔的顾客渠道；最后，物流技术的运用可以为餐饮企业拓展销售的模式。

3. 餐饮信息化的整体构架

不同于一般的收银结账软件，餐饮信息化管理系统是一套面向餐饮企业的企业综合资源计划管理系统。因餐饮企业在不同的发展阶段、不同的管理需求以及不同的经营模式下需求层次不同，整个系统一般分成三层，分别是门店运营、门店管理、集团管理。

门店运营层支持整个餐厅的日常运营，从预订、排位到无线点菜、触摸屏点菜和计算机下单，从自动分单打印到出菜监控，再到收银结账，都是日常运营的一部分。

门店管理层则主要解决单门店的后台管理，包括员工绩效管理、客户关系管理、库存管理及经营数据查询与分析等。

集团管理层以日益成熟的互联网为基础，支持远程查询和综合管理。管理者可以选择两种方式对下属企业进行管理，一个是远程监控，通过远程访问，获取下属企业的整体运行数据，提供决策依据；另一个是连锁综合管理，即将下属企业的管理资源进行集中，进行统一的人、财、物的管理，包括财务管理、物资配送等。

五、餐饮管理信息化的未来之路

1. 全球餐饮业电子商务的未来发展趋势

随着网络时代的到来，全球的餐饮也进入了数字化餐饮时代。数字化餐饮时代的基本特征是个性化、多样化、保健化和生态化。电子商务时代人们生活形态的变化必然影响餐饮业态的发展。互联网造就了一个虚拟社会，在这个社会中的人类就是所谓的“新新人类”。“新新人类”生活在互联网时代，有全新的思维方式、工作方式和生活方式。因此，在电子商务时代，餐饮业具有以下特点。

（1）小规模，提供灵活、多样化菜肴与服务的餐厅竞争力将会大大提高。

（2）利用互联网连锁化经营的餐厅，由于统一采购、统一管理、统一品牌，也能大大提升餐厅的竞争力。

（3）互联网的出现让“无店铺”的餐饮企业有了相当大的发展空间。餐饮企业经营场所的租金往往占据整个餐厅经营成本的30%甚至更多。互联网的出现让餐饮上门服务的经营业态成为可能，一旦这一模式成熟起来，在互联网上采取连锁经营，其扩张成本必将大大降低。

（4）个性化、特色化的餐饮服务市场空间将大大拓展。互联网的出现使得餐厅的知名度比较容易做到超越本地社区的范围。当然，在网上建立知名度必须有个性、有特色、有创新，有一整套的营销推广策略。

（5）可以打破时间和空间的限制。网络餐厅可以做到一年365天、一天24小时不关门不打烊。假如餐厅在某些方面比如菜肴、服务方式、环境别具一格，在互联网上就可能吸引远在他乡、他国的顾客，一旦有机会他们就会慕名而至。

（6）综合利用网络广告媒体如网站、电子报刊、电子杂志等，可以达到广告效果倍增效应。

（7）在网络餐厅上听取顾客的反馈意见，鼓励顾客参与互动，是网络餐厅的又一大好处。网站上的顾客留言板、调查问卷、聊天室等都是很常用的工具。这些工具是了解顾客，掌握消费动向前所未有的利器。

（8）跨国餐饮业将蓬勃发展，饮食文化的传播速度将大大的提高。人们对餐饮消费的需求更加的多样化。

2. 中国餐饮业电子商务未来之路

中国是世界上公认的美食王国，既有粤菜、鲁菜、川菜、苏菜、浙江菜、闽菜、湘菜、徽菜这些历史悠久的八大菜系，也有各少数民族的民族食品，这些都是中华民族智慧的结晶。然而要保存这些智慧的结晶，将中华几千年的饮食文化发扬光大，我国的餐饮企业任重而道远。未来中国餐饮业的电子商务要经历以下阶段。

（1）营销阶段。这时能够充分利用餐厅的网站，与餐厅在网下的营销推广结合起来进行整合营销，效果非常理想的阶段。目前在欧美等发达国家这已经成为一种流行的做法，但在国内尚未见到有类似做法的餐饮企业。目前我们推广的“网络餐厅”就是处于这一阶段的产品/服务。核心要点是，经过对现阶段餐饮企业互联网的需求分析，并考虑到中国目前互联网整体发展水平的实际，结合传统市场营销推广手段，把网上、网下的整合营销做得有声有色，轰轰烈烈，让互联网成为现阶段餐饮企业的全新的、革命性的竞争策略。

（2）电子商务阶段。处于这一阶段的餐厅应该从采购、内部管理、顾客关系管理及市场营销全面借助于互联网，餐厅经营的业态也有可能发生重大的变化。如虚拟化经营、连锁品牌经营等，毫无疑问，这是餐饮业未来发展的方向。目前，中国的互联网发展状况以及市场环境都还没有满足餐饮业做这一阶段尝试的条件，如网上采购、物流配送、电子支付以及信用机制的建立等，不是一朝一夕能够做到的。因此，我们认为任何鼓励餐饮业在现阶段做这样尝试的设想都是不现实的、不负责任的，餐饮业对此应有足够清醒的认识。

小资料

丽华快餐电子商务成功案例

作为一家民营企业，丽华快餐1993年起步于江苏常州，其创始人蒋建平是一个敢于“尝鲜”的人。尽管当时公司规模还很小，快餐业又是微利行业，但他硬是买回了10台电脑。当时的电脑价格昂贵，却又因为性能有限而做不了什么事。丽华快餐北京分公司副总经理冯卫华向本刊介绍，当时还没有Windows95，更不要说互联网了。“那时候要把计算机联网是非常困难的事情。”

蒋建平考虑的初衷是，丽华快餐是通过电话接受订餐的，电话订餐只能实现一对一的沟通，假如订餐客户想要查询自己所下订单的处理情况，再打电话到丽华快餐的服务中心时，很可能不是同一个接线员接这两个电话，就会出现信息查询障碍。而丽华快餐的接线员也不可能在确定了一个订单之后，再向所有同事递交一份备忘录，这无论是在时间上还是在工作流程上都不可能实现。如果把电脑联网的话，接线员在接到订餐电话之后，把信息录入到电脑中，再共享给其他接线员，就可以巧妙地解决问题。

为此，丽华快餐专门开发了信息共享平台，使得每个接线员录入的订餐信息都能与他人共享，而这些信息又可以快速传达到送餐部门。快餐递送不同于其他商品，是有时效性的，必须及时送到。为了保证及时，就要尽量缩短客户从订餐到信息传达到送餐部门的时间，而这几台连接成局域网的电脑，刚好解决了这些问题。

如今想来，在解决订餐信息共享和快速传递的时候，投入的成本可能不菲，但这给丽华快餐奠定了之后加快信息化建设的基础。果然，1997年，随着互联网在中国出现并迅速成长，丽华快餐上网了。

上网之初，国内只有少数网站，网民则更稀少。“当时很多网民都不太相信网上也能订餐。”冯卫华说。作为参与并组织了丽华快餐走上互联网的核心人员，冯卫华对丽华快餐实现网上订餐的一步步努力深有感触。“当时很多人不理解，说为什么要投入这么多钱去搞网上订餐，有这个必要吗?”

但在冯卫华看来，互联网电子商务是未来的大趋势，这一步非走不可。“我们老总(蒋建平)就说过，不提前走，之后再做，付出的代价未必就比提前走更少。”

丽华快餐是没有门店的饭馆，在网上建一个主页，就相当于在互联网上有了一个门店，起到了一定的宣传作用。最初丽华快餐也只是在互联网上做了一个主页而已，订餐用户可以在这里查到公司的订餐电话。到 1999 年，主页实现了网上订餐，而彼时一些 IT 从业者也已经开始尝试在网上消费。到如今，在网上订餐或者是打丽华快餐的订餐电话，对于很多人来说已经没有很大的差别了。

随着行业竞争的加剧，简单粗放的经营已经越来越成为餐饮企业向前的瓶颈，而信息技术的作用却渐渐凸显。餐饮业目前已从卖方市场转变为买方市场，饭店等级结构及分布的不合理使得众多饭店卷入了降价的风潮，电子商务的出现为饭店的经营带来了新的思路。全国餐饮百强之一的丽华快餐的“无店铺经营”在很大程度上得益于信息技术的应用。用信息技术改造餐饮行业的流程，其巨大的价值提升作用已经被越来越多餐饮企业的经营者和管理者所认识到。

小资料

传统餐饮行业与电子商务结合的创新之路

据调查，起步较早、目前占据市场份额最大的餐饮网站要属北京的饭统网，而且已经将业务延伸到全国各大城市；订餐小秘书也在上海树立了自己在餐馆订位领域的影响力，不过虽然他们已经得到了风投的青睐，但目前仍在上市之路上奋力前行，而且还要面对诸多后起之秀的竞争，比如同样驻足餐馆订位业务的餐饮通。

自金融危机爆发以来，酒店堂吃的销售额开始下滑，餐饮外卖市场的份额反而急速上升，出现此消彼长的趋势，在这种环境下，部分互联网企业纷纷开始尝试利用电子商务来瓜分餐饮外送这一庞大的市场。其中就有深圳的便利中国，上海的外卖宝，特别是来自上海的 129T 外卖连锁网，发展势头尤为迅猛，在短短不到一年半的时间里，已经完成了整个上海市近 5000 家合作餐饮商户的战略布局，注册用户达到 20 余万户，截至 2009 年年底日交易金额已经突破 10 万元，大有在餐饮外送领域独占为王的味道。

据悉，129T 外卖连锁网于 2010 年 1 月 12 日成功地举办了第一届商户交流会议，上海餐饮行业协会代表也在会上表示“2009年上海餐饮业零售额761.5亿元，增长13.7%，其中快餐市场的总规模已超过每年200亿元的规模，并且以每年55%的速度快速增长”。上海电子商务信息服务行业协会代表张女士更是看好餐饮外送类电子商务网站宽巨大的发展潜力。

129T外卖连锁网的某一高管在会上发表讲话时说道：“表面看起来外卖电子商务网站是一个微利行业，我们毅然进入是因为看到叫外卖这一需求的频繁性，量的积累必然带来利润空间质的转变，根据现有的数据统计，外卖网站的ARPU值绝对高于利润空间看起来更大的餐馆订位类网站，而且我们跟商户完全采取CPS的合作模式，较低的服务费用商户普遍都能够接受，不会有坏账的发生。”另外，据内部人士透露，129T外卖连锁网正在积极筹备外卖小秘书，届时即可通过4006001717一个电话号码就能订购沪上千余家餐厅的外卖产品，为用户提供更多的选择，相信业务量也会有所突破。

餐饮业作为中国最具活力、增长最快的行业之一，在现阶段，更应该充分利用电子商务带来的机遇，加强自身的核心竞争力。电子商务不仅能解决餐饮物流配送、客户关系管理、企业资源管理、餐厅企业文化建设等方面的问题，而且在市场营销方面，互联网一旦和传统的营销手段相结合，便有更强大的功能。无论如何，电子商务可以成为餐饮业全新的、革命性的竞争策略。

任务实施

消费者专用点菜器、点菜系统、预订点菜流程如图6-1、图6-2、图6-3所示。

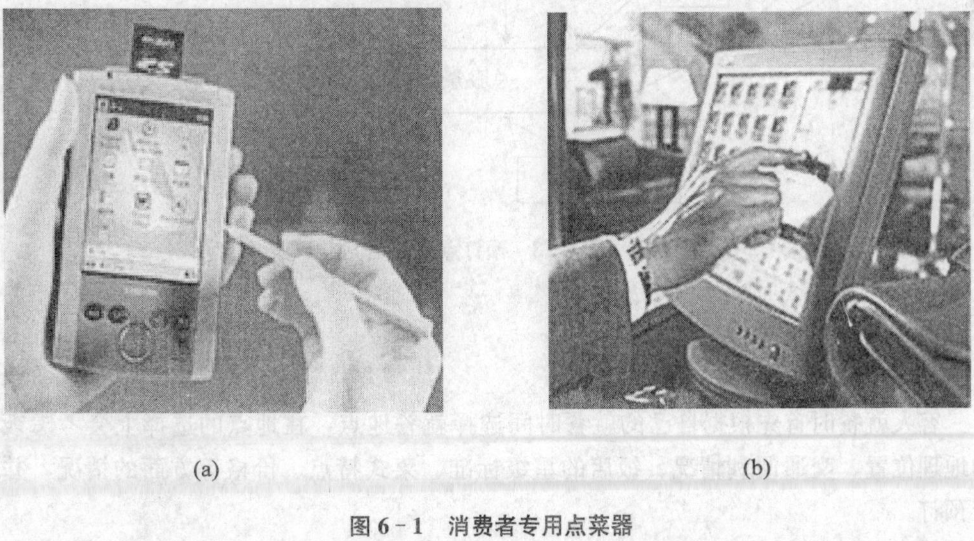

(a)　　(b)

图6-1　消费者专用点菜器

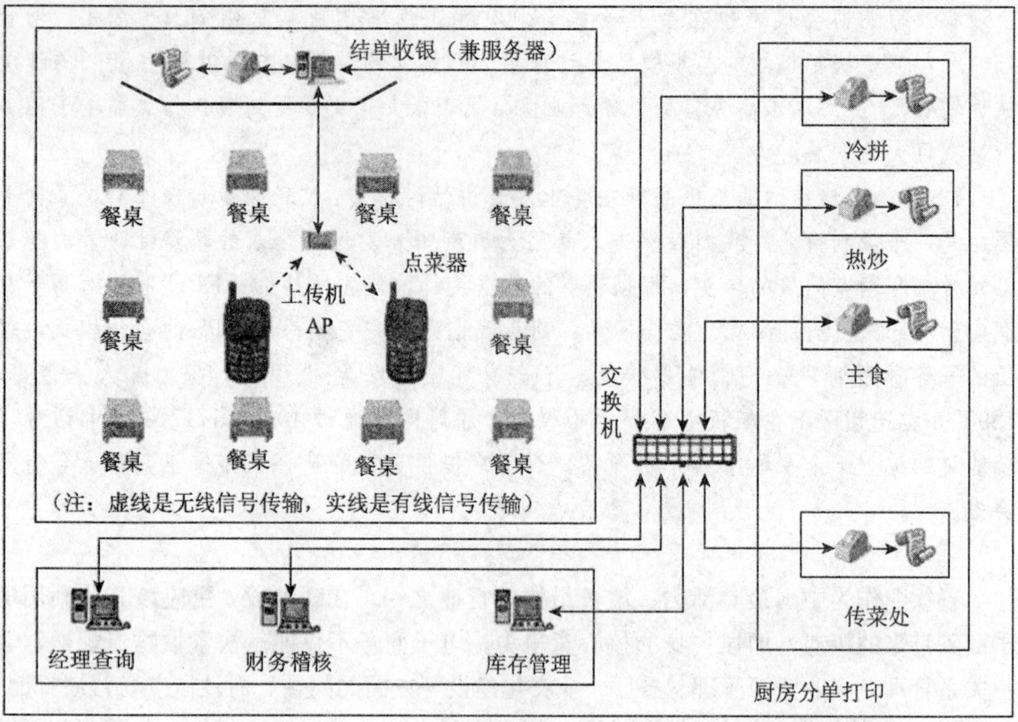

图 6-2　点菜系统

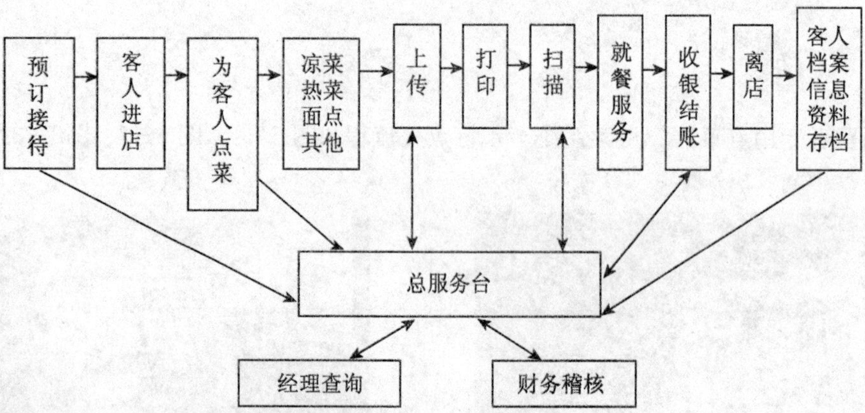

图 6-3　预订点菜流程

电子点菜系统操作实施流程。

第一步，客人选择就餐时间及地点。

客人就餐时首先根据自己的就餐时间选择就餐地点，在地点的选择上会考虑饭店的地理位置、交通便利情况、饭店的星级标准、菜式特点、价格等方面的情况，并进行预订。

第二步，进入饭店并点菜。

服务员将客人所点的菜式输入点菜机，利用点菜机营养价值测评系统提示的测评结果向客人作出相应的提示，点菜结果得到客人的确认后再点确认键，点菜结果就会自动传输到厨房、收银台、库房、餐厅经理等处。

第三步，餐厅各部门根据点菜结果提供相应的服务。

凉菜间、热菜间、面点间、酒水间等根据点菜结果分别打印点菜单，并按点菜单制作相应菜式，控制上菜顺序和上菜速度。

第四步，收银服务。

收银台根据点菜单汇总账单为客人提供结账服务，收银台还可以对当日（月）的营业数据进行汇总，形成日（月）报表。甚至可以对某道菜的销售情况进行分析。

第五步，客户信息管理。

系统终端对消费者的消费信息进行汇总并存档，方便客人下次消费时参考。制作客户信息档案，以便保持长久联系。

第六步，经理查询。

餐厅经理可以随时进行查询，计算销售量、翻台率、利润率等，根据销售结果调整菜单及经营对策。

第七步，财务稽核。

财务处根据系统终端提供的信息对销售过程进行对账、审核，避免出现跑单、漏单等现象发生。

任务总结

在了解餐饮电子商务特点、发展优势及餐饮信息系统基本情况与发展前景的前提下对餐饮企业的信息化程度进行调查了解，可以更好地掌握所学到的知识，也可以把自己所学知识运用到实际工作中，使餐饮信息系统能更好地发挥作用，使餐饮企业更好地利用餐饮管理信息系统，实现其最大效益。

实训项目

目标

1. 使学生了解更多的餐饮信息管理系统。

2. 巩固所掌握的理论知识，提高实践能力。

内容与要求

1. 对所在地市不同等级的餐饮企业进行调查。

2. 运用所掌握的知识测评其所使用的餐饮信息系统是否适合其企业。

3. 测评内容。

如表 6 - 1 所示。

表 6-1　餐饮企业餐饮信息系统使用调查表

调查内容	评分标准及分值 10 分	 5 分	 0 分	评分结果
餐饮企业是否引入信息管理系统	是		否	
使用范围是否广泛	非常广泛	一般	非常窄	
所使用的软件有几项功能	7 个以上	5 个	3 个以下	
使用此软件的关注点	实用性	售后服务	价格	
采购成本	成本较低	一般	成本较高	
系统使用对日常工作的影响	提高了工作效率	没有变化	增加了工作负担	
使用此系统对客流量的影响	客流量明显增加	效果不明显	客流量减少	
系统的引入是否提高了消费者满意度	明显提高	效果不明显	有所降低	
使用此系统对企业经营利润的影响	利润增加较多	效果不明显	利润下降	
使用满意度	满意	一般	不满意	

组织与实施评价

1. 分小组进行调查，选出小组负责人。
2. 小组成员分工协作，共同完成任务。
3. 各小组将调查的结果进行汇总并分析讨论。
4. 各小组提交实训报告，并对至少五家餐饮企业的餐饮信息管理系统进行评估。

各小组成员评估指标及标准

如表 6-2 所示。

表 6-2　餐饮信息系统使用情况调查评分

被考评人：　　　　　　　　　　　　　所属小组名称：

考评内容		考评标准	分值/分	自我评价/分	小组评价/分	实际得分/分
专业知识技能掌握	餐饮信息系统使用情况	熟悉	15			
	餐饮信息系统结构	掌握	15			
	餐饮信息系统需求预测	熟练掌握	20			
	报告完成情况	良好	20			

续　表

考评内容		考评标准	分值/分	自我评价/分	小组评价/分	实际得分/分
通用能力培养	学习态度	积极主动，不怕困难，勇于探索	10			
	团队分工合作	能融入集体，愿意接受任务并积极完成	10			
	道德自律	自觉遵守纪律，有责任心和荣誉感	10			
合　计			100			

注：1. 实际得分＝自我评价×40%＋小组评价×60%。

2. 考评满分 100 分，39 分及以下为不及格，40～65 分为及格，66～84 分为良好，85 分及以上为优秀。

复习思考题

一、填空题

1. 目前市场上的餐饮管理系统大致有________、________和________三种类型。
2. 餐饮信息化管理系统的特点________、________。
3. 餐饮企业信息化管理对于人的管理主要体现在________和________。
4. 我国餐饮业的传统经营模式走的是________、________和________。

二、选择题

1. 餐饮业电子商务网站目前存在的集中形式有________。

A. 企业自建网站　　B. 第三方建立的餐饮综合性网站

C. 大型连锁餐饮企业的电子商务　　D. 小范围内的餐饮企业的电子商务

2. 互联网连锁化经营餐厅的竞争力体现在________。

A. 统一采购　　B. 统一管理　　C. 统一特色　　D. 统一品牌

3. 餐饮企业走信息化管理的必要性是________。

A. 降低采购成本　　B. 提供广阔的顾客渠道

C. 拓展销售模式　　D. 改变工作方式

4. 中国餐饮业的经营模式发展趋势是________。

A. 流程化　　B. 科学化　　C. 连锁规模化　　D. 精细化

三、简答题

1. 餐饮业发展电子商务的优劣势有哪些？
2. 餐饮管理信息系统包括哪些模块？
3. 什么是餐饮管理信息系统？
4. 如何在餐饮业中运用电子商务技术措施？

项目七　旅行社电子商务

知识目标

- 了解旅行社应用IT技术的发展历程
- 理解旅行社电子商务的交易模式
- 理解旅行社电子商务的概念及特征
- 理解并掌握旅行社网络营销的模式与手段
- 了解旅行社网络营销的策略
- 了解旅行社网络营销的优势

知识目标

1. 能够下载并运用旅行社电子商务系统
2. 能够设计新的旅游线路

任务　旅行社管理信息系统应用

任务引入

李同就读于某高校的旅游管理专业，他非常喜欢旅游专业，所以大学毕业后就去某大城市应聘于一家国际旅行社的计调部工作。他认为通过他在学校学习的计调部相关知识一定能胜任这份工作，可当他上班后发现事情远远不像他想象得那么轻松，所有的工作均是利用旅行社电子信息系统完成的，面对这种情况他应该怎么办?

任务分析

这个案例就涉及信息技术在旅行社中的应用。随着计算机在我国的普及，越来越多的旅行社开始采用计算机进行信息处理，信息技术在旅行社经营管理中的运用，将使路线设计、团队组合、财务核算、客户关系管理等事务的处理变得快速而准确，强大的信息库支持让企业管理者随时掌握旅游行业的各种信息。旅行社应用信息技术和网络技术发展电子商务，进行网络营销，已经受到了业界的普遍关注。

知识准备

进入 20 世纪 90 年代以来，世界经济已经进入了一个全新的发展阶段。世界经济的发展推动着信息产业的发展，信息技术与网络的应用已成为衡量 21 世纪综合国力与企业竞争力的重要标准。

一、旅行社应用 IT 技术的发展历程

随着人类社会从工业社会向信息社会的过渡，人们对开发和使用信息资源的重视日渐加强，从单纯的计算机应用到以 Internet 为基础的电子商务系统，人们的消费观念和整个商务系统发生了巨大的变化。作为旅游业三大支柱中提供重要分销服务的旅行社，其信息化更是被社会各界所瞩目。

1. 旅行社内部管理信息系统

(1) MIS 的开发与应用。MIS（Management Information System）是管理信息系统。它是一个由人、计算机及其他外围设备等组成的能进行信息的收集、传递、存储、加工、维护和使用的系统。其主要任务是最大限度地利用现代计算机及网络通信技术加强企业的信息管理，通过对企业拥有的人力、物力、财力、设备、技术等资源的调查了解，建立正确的数据，加工处理并编制成各种信息资料及时提供给管理人员，同时企业可以利用 MIS 系统找出目前迫切需要解决的问题，并将信息及时反馈给上层管理人员，使他们了解当前工作的进展或不足，以便进行正确的决策，不断提高企业的管理水平和经济效益。

(2) DSS 的开发与应用。DSS（Decision Support System）是决策支持系统。它是辅助决策者通过数据、模型和知识，以人机交互方式进行半结构化或非结构化决策的计算机应用系统，也是管理信息系统（MIS）向更高一级发展而产生的先进的信息管理系统。它为决策者提供分析问题、建立模型、模拟决策过程和方案的环境，调用各种信息资源和分析工具，帮助决策者提高决策水平和质量。

2. Intranet 应用

Intranet 又称为企业内部网，它实际上是采用 Internet 技术建立的企业内部局域网，实现企业内部计算机之间的联网和信息处理。当然 Intranet 并非一定要和 Internet 连接在一起，它完全可以自成一体作为一个独立的网络。Intranet 主要是面向各单位内部。

3. Extranet 应用

Extranet（外联网或组织协作系统）是指利用公共的或私有的通信设施来连接各联

系单位或不同合作者之间的应用系统。Extranet 把企业内部已存在的网络扩展到企业之外，使得可以完成一些合作性的商业应用（如企业和其客户及供应商之间的电子、供应链管理等）。Extranet 是 Intranet 的扩展和延伸，它介于 Internet 和 Intranet 之间，主要是针对合作者或向公众提供有选择的服务系统。在旅游服务领域中应用到的外联网系统有以下几种。

（1）CRS。CRS（Central Reservation System）即中央预订系统也称代理人系统，该系统可为航空机票代理人提供航班信息查询、航段销售、订座记录、机上座位预订等服务。旅游从业人员可以利用 CRS，为顾客预订全球大部分航空公司的机票、酒店、租车以及其他和旅游相关的服务，如旅游地点的安排、保险、游轮甚至火车等，也都可以通过 CRS 直接预订。

通过 CRS 还可以直接获取世界各地旅游相关资讯，包括航空公司、旅馆、租车公司的日程表，机场的设施、转机的时间、机场税、签证、护照、检疫等。此外，信用卡查询、超重行李计费等，皆有助于旅游从业人员对旅客提供更完善的服务。

（2）BSP。BSP（Bank Settlement Plan）即开账和结算计划系统。它是为连接航空公司和其销售代理人而设立的一种标准化体系，同时也是为航空公司及其销售代理人提供航空运输的销售管理及财务结算的简捷途径。实行 BSP 后，旅行社代航空公司出售机票，通过自动转账，其间省去了大量的账单往来，提高了销售与结算的效率，并促使航空公司与旅行社在销售管理及市场调研各方面实行一体化电脑联网。现已有几十家中外航空公司和众多的代理人加盟，其成员销售款回收速度提高，并杜绝了差票率。

（3）GDS。GDS（Global Distribution System）即全球分销系统，是应用于民用航空运输及整个旅游业的大型计算机信息服务系统。

由于旅游业的迅猛发展，从航空公司订座系统中分流出来的面向旅行服务的 GDS 系统，如今已经发展成为服务于整个旅游业的一个产业，除了原有的航空运输业，旅馆、租车、旅游公司、铁路公司等也纷纷加入到 GDS 中来。经过技术与商务的不断发展，GDS 已经能够为旅行者提供及时、准确、全面的信息服务，并且可以满足消费者旅行中包括交通、住宿、娱乐、支付及其他后续服务的全方位需求。通过 GDS，遍及全球的旅游销售机构可以及时地从航空公司、旅馆、租车公司、旅游公司获取大量的与旅游相关的信息，从而为顾客提供快捷、便利、可靠的服务。GDS 通过专用网络和系统将代理商和旅游产品进行整合，提高了营销效率和市场占有率。

4. Internet 应用

近年来，随着 Internet 技术的快速发展和广泛使用，旅行社基于 Internet 的信息系统应用不仅可以辅助企业管理内部信息资源，包括组团、接团和导游服务，还有助于企业信息、各类用户信息以及财务结算的数据处理，而更重要的是 Internet 信息系统提供一个开放、安全和可控的展示和交易平台，并开展一种新型的商业活动即电子商务。

国家旅游局于1991年正式启动的“金旅工程”，成为我国旅游业国家级电脑网络系统建设的标志。“金旅工程”包括内部办公、管理业务和公共商务三个网络，整合国内外旅游信息资源，建设并完善政府管理旅游的办公自动化网络与面向旅游市场的电子商务系统。

电子商务的迅速发展是因特网技术日益成熟的直接结果，是网络技术发展的新方向。因特网本身所具有的开放性、全球性、低成本和高效率的特点已成为电子商务的内在特征。电子商务的应用与普及不仅改变了传统的交易方式和人们的消费观念，还对旅行社的经营模式带来了巨大的冲击。企业所建立的电子商务平台，通过网络进行生产、营销、销售和流通活动，它不仅是指基于因特网上的交易活动，而且是指所有利用电子信息技术（IT）来解决问题、降低成本、增加价值和创造商业、贸易机会的商业活动，包括通过网络实现从线路查询、预订、电子支付等一系列的活动。

小资料

十佳电子商务应用示范企业之杭州海内外商务旅游有限公司

浙江海内外商务旅游有限公司是全国国际旅行社百强企业，浙江省旅行社协会副会长单位，是集出境、入境、国内旅游以及航空、运输、展览、控股投资、媒体广告等为一体的大型化综合性国际旅游企业集群。连续多年被评为浙江省和杭州市国际旅行社十强、十佳企业，多次荣获政府和旅游行业管理部门颁发的各类荣誉称号。

为了适应旅游消费环境和模式的变化，公司从2007年起开展旅游电子商务，并且创立了自己特有的旅游电子商务模式——建立以B2C＋B2B为基础的旅游新型产销合一模式。它突破了传统旅行社运作的陈旧，完全依托网络技术、自主开发的软件平台、先进的科学管理以及新型运作模式来构建旅游电子商务平台，发展旅游电子商务，以期能够在业界率先做到旅游功能、产品、营销、服务和管理国际化，通过电子商务平台来开拓新的市场和渠道，改变旅游结构。

公司现已上线捷登旅游、捷登游学、足迹天下等针对不同客户群及销售不同产品的网站，同时还针对入境市场，建立了多个不同语言的外文网站。凭借这些网站，公司业务覆盖面遍及全世界。此处，公司还专门建立了自己的电子商务平台系统，通过网站平台和CMS，将自主开发的CRM和ERP系统与网站对接，并通过与境内外知名的第三方支付平台进行合作，使得客户可以在网站上完成线路自主设计、预订以及产品订购。

公司以旅游网站为基础平台，通过网站为客户提供旅游资讯、在线服务、订购、支付、网上社区交流。此外，针对现有旅行社行业内的结构分工不明确、企业内部的操作流程缺失、管理水平落后、整体协调性差、缺乏业务前瞻性和抗风险能力等特点，公司自己研制开发的旅行社 ERP 系统进行整合，在提高了生产效率的同时，也杜绝了传统旅行社中一个计调一统天下的弊端。该系统克服了旅行社行业操作的复杂性和多变性，将原料采购、客户管理服务、线路自动安排报价、计调服务和财务管理有机地结合在一起，大大提高了旅行社管理的整体性以及服务的效率。特别是在现在旅行社行业的操作缺乏统一标准和规范的情况下，以规范和标准来对旅行社的所有运作进行管理，可以说是传统旅行社操作模式的一次巨大变革。

目前，电子商务平台的应用取得了明显的成效，一是完善了网站销售展示平台，扩大了网站 SEM 以及 SEO 营销，增加了电子商务平台的网上销售比例和成交量；二是实现了旅行社网站和内部网信息实时互动，对产品的宣传和推广起到了实时性，宣传推广经费节约 15%；三是 ERP 系统处理日常业务使得力公费用及成本降低 20%；四是网络组团做到实时处理，客户满意率及订单率明显提高。

二、旅行社电子商务

旅游业的行业特性决定了主要提供服务类消费，其商务活动的核心是信息流、资金流，也因此被公认为适合于进行电子商务模式销售和业务开展的行业。旅行社应用电子商务，目的是调整企业同消费者、企业同企业、企业内部关系，从而扩大销售，拓展市场，并实现内部电子化管理的全部商业经营过程。

旅行社电子商务这种服务模式的最大特点是在线、即时的为旅游者服务，在时间上体现出快捷和便利，因此被称为在线旅游服务模式（Online Travel Service，OTS）。

1. 旅行社电子商务的定义

旅行社电子商务是指一整套的、基于互联网技术的、有着规范的业务流程的在线旅游中介服务，是指专业从事旅行中介服务的企业组织建立并实施一整套基于规范业务流程的，以先进的计算机技术、互联网技术及通信技术为基础的在线旅行服务模式体系。

其基本特征如下。

一是主体或“载体”是旅行社或旅行中介服务机构；二是旅行社电子商务的核心是一系列旅游业务的规范流程；三是旅行社电子商务的基础是互联网技术和万维网技术的应用；四是旅行社电子商务（ETA）的创新竞争力在于在线旅行服务模式，这种服务模式的最大特点是在线、即时地为旅游者服务，在时空上体现出快捷和便利；五是旅行社电子商务体系是一个人机结合的系统，涉及企业运作的各个层面（产品设计、市场营销、企业管理 MIS、客户管理 CRM、资源管理 ERP、供应链管理 SCM）。

小资料

作为目前中国唯一的一家上市旅行社，中青旅控股公司改革传统旅游经营模式，设立电子商务公司，创办并开通了综合性旅游网站“青旅在线”。用Internet平台进行网络营销，旅行社则作为“后台”，主要从事具体的市场调研、产品研发、接待等环节，由此形成利用旅游网站与旅行社业务互补的旅游经营新格局，并带动传统旅游产业的升级。将传统和现代巧妙地结合在一起，各取所长，互为依托，青旅在线所走的路不仅代表着旅游电子商务的发展方向，而且也代表了整个互联网电子商务发展的方向，用传统销售网络的后台支持，建立实物与虚拟、创新与传统相结合的商务网站，是旅行社发展的大趋势。在这一根本性的转变过程中，坚实、庞大的资金支持是极其重要的。中青旅控股公司通过发行上市股票来筹措资金是可行的办法。中青旅股票以往的成功表现证明它可以发挥在传统旅游企业向复合型旅游企业转型这一过程中的决定性作用，同时也为旅行社在网络时代发展自身规模并开拓新市场奠定了基础。

2. 旅行社电子商务的交易模式

电子商务的迅速发展是因特网技术日益成熟的直接结果，是网络技术发展的新方向。因特网本身所具有的开放性、全球性、低成本和高效率的特点已成为电子商务的内在特征。旅行社电子商务系统的主要表现形式为旅行社网站、网页、内部管理系统及外部协作平台或网络。从类别上看旅游电子商务交易类别分为B2B、B2C、C2B及C2C等模式。

(1) B2B，即旅行社对旅游企业的电子商务模式。B2B泛指旅行社与旅游企业之间的购买、销售和交换旅游产品及服务与信息交换的过程。交易形式包括旅行社向酒店、餐馆、其他旅行社、景点、车队等旅游企业采购资源以及与航空公司、景点、目的地旅行社、汽车公司、餐厅等建立良好关系；旅游地旅行社批量订采购旅游资源、当地旅游饭店客房、景区门票；客源地组团社与目的地地接社之间的委托、支付关系，等等。各类旅游企业之间存在着复杂的代理、交易、合作关系，而B2B的出现大大提高了旅游企业之间的信息共享和对接运作效率，提高了整个旅游业的运作效率。

比如，浙江东方海外旅游有限公司与千岛湖景区签订协议，门票按照协议的优惠价格结算，另外旅行社每年向千岛湖景区发送一定数量的游客后，到了年底，千岛湖景区将会给该旅行社一定的额外返利，奖励其对景区销售的贡献。

(2) B2C，即旅行社对旅游消费者的电子商务的模式。B2C是指旅行社对旅游消费者的电子商务，即旅游电子零售。旅游者通过远程搜索、预订旅游产品。优点是减少了时空带来的信息不对称。目前最广泛应用的旅游电子商务之一就是通过网络对旅行社企业门户网站、旅游目的地的营销系统等进行订房、订票，比如，众人熟悉的携程网预订机票和酒店业务。互联网的便利使得旅行社网站成为旅游消费者查找旅游目的地、查询最实惠的价格、预订机票与旅馆时最常用的一种工具。

旅游企业提供自助行程、价格、网络服务、商务旅游，利用24小时的呼叫系统来支撑全网的预订服务体系，大大降低服务成本，能顺应社会的发展，适应旅游者个性化需求的提高。

(3) C2B，即旅游者对旅行社的电子商务模式。C2B泛指旅游者在专业的旅游网站、门户网站旅游频道提出需求，若干旅行社通过竞争来满足旅游者的需求，或者是由旅游者通过网络结成群体（团购）与旅游企业讨价还价。通过这种平台，旅游者上网直接发布需求信息。旅行社查询后，双方交流，自愿达成交易。这是一种达成旅游者需求的个性化服务，能很好地满足顾客、丰富产品。杭州国际旅行社网站，有一个板块是“团队询价”，有意向出游的消费者可以在网站上填写好出游的各项要求，留下联系方式后，等待旅行社与消费者洽谈。

(4) C2C，即旅游者对旅游者的电子商务模式。C2C这种交易方式在我国还处于起步阶段，主要是旅游者通过网络平台来销售自己的产品。可以是交通票、旅游纪念品、旅游线路行程、旅游经验等。在所花费用较少甚至是免费的情况下，不受地域、时间限制地向全国各地及世界各地的旅游者进行销售。如中青旅的有些员工在个人的博客上或是其他网络平台（淘宝网等）上，发布旅游线路、酒店、机票等信息，与上网寻找相关产品的消费者联系交易。该模式在业内还处于原始或者萌芽状态。

小资料

北京金色旅游网 toursmart. com. cn 是中国较大的旅游企业，是北京旅游集团创立的大型旅游业电子商务网站，主要提供各类与旅游相关服务的预订业务，包括酒店、机票、租车等。金色旅游网同时提供电话服务，客户可以使用电话通过金色旅游网的电话服务中心（客服中心）完成预订业务，并与网上预订系统无缝集成。金色旅游电子商务网站应用系统主体由网上信息发布与查询、网上预订系统、会员管理系统、电话服务系统、订单管理及业务处理系统、信息统计分析、传统业务支持等功能模块组成。

三、网络营销的手段和模式

21世纪是信息产业的时代，互联网作为一种信息传播的重要途径，已经深入到社会的各个角落中，随着旅行社电子商务的发展，旅行社也积极参与到网络营销当中。旅行社网络营销是指旅行社以因特网为媒介，传播旅游产品信息，引导消费者在网络环境里选择品牌，购买旅游产品，进而完成旅游产品销售的营销方式。旅游产品作为一种特殊的服务产品，也比较适合进行网络营销，但与传统营销相比，其理念和战略、原则和手段略有不同。

网络营销的模式与手段有多种，旅行社可根据自己的业务特点以及未来旅游电子商务的发展选择适合旅行社的模式与手段。

1. 网络广告

网络广告就是旅行社利用网站上的广告横幅、文本链接、多媒体的方法，在互联网刊登或发布广告，通过网络传递到互联网用户的一种高科技广告运作方式。网络广告具有广泛性、开放性、直接性、针对性、可控性的优点，因而被广大用户所认可。其种类有以下几种。

(1) 网幅广告（包含 Banner、Button、通栏、竖边、巨幅等)。网幅广告是以 GIF、JPG、Flash 等格式建立的图像文件，定位在网页中大多用来表现广告内容，同时还可使用 Java 等语言使其产生交互性，用 Shockwave 等插件工具增强表现力。

(2) 电子邮件广告。电子邮件广告具有针对性强、费用低廉的特点，而且广告内容不受限制。特别是针对性强的特点，它可以针对具体某一个人发送特定的广告，为其他网上广告方式所不及。

(3) 弹出式广告。访客在请求登录网页时强制插入一个广告页面或弹出广告窗口。插播式广告有各种尺寸，有全屏的也有小窗口的，而且互动的程度也不同，从静态的到动态的都有。浏览者可以关闭窗口不看广告，但是它们的出现没有任何征兆，而且肯定会被浏览者看到。

(4) 文本链接广告。文本链接广告是以一排文字作为一个广告，点击可以进入相应的广告页面。这是一种对浏览者干扰最少，但却比较有效果的网络广告形式。与传统的四大传播媒体（报纸、杂志、电视、广播）广告及近来备受垂青的户外广告相比，网络广告具有得天独厚的优势，是实施现代营销媒体战略的重要一部分。

2. 网站推广

网站推广就是以国际互联网络为基础，利用数字化的信息和网络媒体的交互性来辅助营销目标实现的一种新型的市场营销方式。简单地说，网站推广就是以互联网为主要手段进行的，为达到一定营销目的的推广活动，其策略有以下几种。

(1) 电子邮件推广。电子邮件是最有效的网络许可营销方法之一。分为广告邮件、电子杂志两种。前者通过广泛发布邮件信息获得第一注意力；后者通过用户许可，获得定期、定向宣传效果，起到事半功倍的效果；每周给网站注册者发送电子邮件通信（E-mail Newsletter)。通信中提供行业的新闻和一些技巧，并链接回公司网站。每月制作电子杂志，免费向会员的电子邮箱发送，同时放到各类电子杂志网站让网友免费下载阅读。

(2) 搜索引擎加注。统计表明，50%以上的访问量均来自搜索引擎；有效加注搜索引擎是注意力推广的必备手段之一；加注搜索引擎既要注意措辞和选择好引擎，也要注意定期跟踪加注效果，并作出合理的修正或补充；比如 Google、雅虎和 MSN，搜狐，新浪，百度等知名的搜索引擎和目录网站，通过所提交的关键词能够出现在搜索结果列表里。这些收录常常需要一些时间。

(3) 加入友情链接联盟。加入友情链接联盟最大的一个好处就是不仅可以提高网站在互联网上的曝光率，提高网站的反向链接数量和 pr 值，还因为注册友情链接联盟留下了网站的信息，并为自己生成了一个自助化的友情链接系统，这样别人就可以不在通知我的情况下加好我的友情链接，使友情链接变得更加轻松。在与这些网站做友情链接的时候一定要确定对方网站的价值，确定是否做了这个友情链接对自己的网站的流量有好处。

(4) 论坛推广。整理50个人气最旺的相关主题网站进行有计划的发帖，做好细节，才有好效果。论坛发帖推广最大的一个要领就是选择很热门的素材，然后去一个相关的人气旺的版区发帖宣传。

(5) 导航网站登录。网站建设完成之后，第一件事情就是向各大搜索引擎提交新网站。搜索引擎提交包括提交给搜索引擎爬虫和提交给分类目录。提交给搜索引擎爬虫的目的是让搜索引擎将网站收录到索引数据库。检验网站是否被搜索引擎收录的办法是直接在搜索引擎中搜索网址，查看能否找到网站结果。提交给搜索引擎分类目录有两个目的，一是为了使用户通过分类目录检索到网站，二是为网站获得一个高质量的外部链接，有助于增加网站的链接广度。

3. 网络调研

网络调研是指科学地、系统地、有目的地收集、整理、分析和研究所有与市场有关的方法需求、购买动机的信息，以此作为营销决策的基础。旅行社利用互联网开展网络调研，一般有以下四种。

(1) 企业在自己的网站进行市场调研。就大型旅行社而言，其网站的常客多是一些对该企业有兴趣或与企业业务有一定关系的上网者，他们对企业有一定了解，这将有利于访问者提供更准确有效的信息，也为调研过程中及时双向交流提供了便利。

(2) 借助专业网络市场研究公司的网站进行调研。这对那些资金和技术薄弱的中小旅行社及企业是一种有效的选择。旅行社制定调研内容及调研方式，将调研信息输入选定的网站，就可以在委托的网站获取调研数据及进展信息。这些站点上网者众多，扩大了调查面，专业市场研究公司所具备的市场调研能力也将提高调研效果。

(3) 旅行社可以利用计算机辅助电话询问系统（CATI）开展调研工作。目前这种方法在美国十分普及，而在我国却没有一家旅行社利用此方法进行市场调研活动。当旅行社利用这种方式进行调研时，系统可以根据随机数据抽样得出电话号码并拨号，被访问者的电话接通后，旅行社的访问员则坐在旅行社计算机终端直接向被访问者进行提问。计算机终端的屏幕上会显示需要提出的问题及备选答案，同时，计算机会根据被调查者以前问题的回答，自动显示与被访者个人有关的问题或直接跳过选择其他合适的问题。另外，系统还能帮助整理问卷，可以省略旅行社人员数据的编辑及录入工作，数据结果可以以SPSS、SAS软件格式存储。

(4) 利用电子邮件调研，选择群发邮件按已选定的E-mail地址寄发电子邮件，电子邮件的内容是旅行社的调查问卷，被访问者回答完毕后将问卷回复给旅行社。

4. 网络促销

网络促销是通过网络传递商品和服务的存在、性能、功效及特征等信息。多媒体技术提供了近似于现实交易过程中的商品表现形式，双向的、快捷的信息传播模式，将互不见面的交易双方的意愿表达得淋漓尽致，也留给对方充分的思考时间。在这种环境下，传统的促销方法显得软弱无力，这种建立在计算机与现代通信技术基础上的促销方式还将随着这些技术的不断发展而改进。因此，网络营销者不仅要熟悉传统的营销技巧，而且需要掌握相应的计算机和网络技术知识，以一系列新的促销方法和手段，促进交易双方融合。

5. 搜索引擎营销（Search Engine Marketing，SEM）

简单来说，搜索引擎营销就是基于搜索引擎平台的网络营销，利用人们对搜索引擎的依赖和使用习惯，在人们检索信息的时候尽可能将营销信息传递给目标客户。搜索引擎营销追求最高的性价比，以最小的投入，获得最大的来自搜索引擎的访问量，并产生商业价值。搜索引擎营销的最主要工作是扩大搜索引擎在营销业务中的比重，通过对网站进行搜索优化，更多地挖掘企业的潜在客户，帮助企业实现更高的转化率。搜索引擎营销具有精准匹配性、广泛覆盖性、强大的信息聚合性等特点。

6. 病毒营销

所谓病毒营销就是通过用户的口碑宣传网络，信息像病毒一样传播和扩散，利用快速复制的方式传向数以千计、数以百万的大众。病毒式营销已经成为网络营销最为独特的手段，被越来越多的商家和网站成功利用。

7. 无线营销（手机网络营销）

随着3G时代的正式到来，手机上网已经成为中国网民重要的上网方式。在中国这个将近14亿人口的大国中，拥有手机的人数已超过5亿人，除了老年人、幼儿、偏远山区的居民等特殊群体外，绝大部分人都拥有手机，贴身程度远超过电脑及其他电子产品！随着电信技术的发展，手机可以运用的传播形式也越来越多样化，除文字外，彩色动画、影音等传播形式越来越受广告主的青睐，手机逐渐成为继电视、广播、报刊、网络之后的第五媒体。

无线营销（手机网络营销）的特点是便携性、精准性、移动性、互动性、创新性、整合性。

除了以上的方式，还有RSS营销、博客营销、社区营销、网络事件营销、网络视频营销等多种方式。

四、旅行社网络营销的策略

网络营销策略是企业根据自身在市场中所处地位不同而采取的一些网络营销组合，包括网页策略、网络品牌策略、产品策略、价格策略、促销策略、渠道策略和顾客服务策略。

1. 网页策略

旅行社可以选择比较有优势的地址建立自己的网站，建立后应有专人进行维护，并注意宣传，这一点上节省了原来传统市场营销的很多广告费用，而且搜索引擎的大量使用会提高搜索率，一定程度上对于中小旅行社来说比广告效果要好。

2. 网络品牌策略

网络营销的重要任务之一就是在互联网上建立并推广企业的品牌，知名企业的网下品牌可以在网上得以延伸，一般企业则可以通过互联网快速树立品牌形象，并提升企业整体形象。网络品牌建设是以企业网站建设为基础，通过一系列的推广措施，达到顾客和公众对企业的认知和认可的目的。在一定程度上说，网络品牌的价值甚至高于通过网络获得的直接收益。

3. 价格策略

网络营销价格策略是成本与价格的直接对话，由于信息的开放性，消费者很容易掌握同行业各个竞争者的价格，如何引导游客做出购买决策是关键。除此之外，由于竞争者的冲击，网络营销的价格策略应该适时调整，企业营销的目的不同，可根据时间不同制定价格。

4. 促销策略

营销的基本目的是为增加销售提供帮助，大部分网络营销方法都与直接或间接促进销售有关。以网络广告为代表，网上促销没有传统营销模式下的人员促销或者直接接触式的促销，取而代之的是使用大量的网络广告这种软营销模式来达到促销效果。这种做法对于中小旅行社企业来说可以节省大量人力支出、财力支出。通过网络广告的效应可以在更多人力到达不了的地方挖掘潜在消费者，可以通过网络的丰富资源与非竞争对手达成合作的联盟，以此拓宽产品的消费层面。网络促销还可以避免现实中促销的千篇一律，可以根据本企业的文化，以及帮助宣传的网站的企业文化相结合来达到最佳的促销效果。

5. 产品策略

旅行社要使用网络营销方法必须明确自己的产品或者服务项目，明确哪些是网络消费者选择的产品，然后定为目标群体，产品网络销售的费用远低于其他销售渠道的销售费用，以便获得更大的利润。

6. 渠道策略

网络营销的渠道应该本着让消费者方便的原则设置。为了在网络中吸引消费者关注自己的产品，可以根据旅行社的产品联合其他中小旅行社企业的相关产品为自己企业的产品外延，相关产品的同时出现会更加吸引消费者的关注。为了促进消费者购买，应该及时在网站发布促销信息、新产品信息、公司动态，为了方便购买还要提供多种支付模式，让消费者有更多的选择。

7. 顾客服务策略

网络营销与传统营销模式不同还在于它特有的互动方式，传统营销模式人与人之间的交流十分重要，营销手法比较单一。网络营销则可以根据自身公司产品的特性，根据特定的目标客户群，特有的企业文化来加强互动，节约开支，形式新颖多样，避免了原有营销模式的老套单一。

五、旅行社网络营销的优势

旅行社网络营销与传统的营销相比，具有非常明显的优势。

1. 降低企业营销成本，改变传统交易模式

传统的交易模式一般都是顾客与企业交易，而企业再与其他企业交易，环节较多，也比较烦琐。网上交易改变了传统的交易模式，使得顾客与企业直接见面，省去了中间商的层层加价，降低了旅行社旅游线路的报价，将更多的优惠转移给旅游者，减少了顾客的旅游花费。互联网的大容量、高速化、互动性，改变了受时空限制的服务方式和较低的服务效率，可以将顾客的需求及时快速地反馈给旅行社，有利于旅游企业与顾客的双向沟通。另外，旅行社企业的各种信息在网络上以数字化的形式存在，可以以最低的成本发送并及时修改，如市场调研、客户满意度调查、广告、营业推广活动等。省去了常规营销方法的大量费用，实现了旅行社营销费用的降低。

2. 适应现代旅游者多样化、个性化的需求

社会的进步与发展，使旅游者对旅游经营者的要求越来越高，旅游者更加注重个性化需求的满足，更愿意自由支配时间，选择自己喜爱的旅游项目和有针对性、有主题、有重点的旅游方式，随心所欲地进行旅游活动。传统旅行社的经营模式已经不适应现代旅游者的散客化和个性化需求，旅行社可以利用因特网向旅游者分类提供超大量的旅游信息，旅游者在网上查询自己感兴趣的旅游产品各类要素的信息，旅行社提供必要的组装指导服务，就可以形成因团而异、因人而异的时尚旅游产品。互联网技术的广泛运用，使这一涉及面广泛、需求复杂的个性化旅游产品得以实现。

3. 改变传统促销方式，建立良好客户关系

传统的促销经常以打广告、发传单、降低价格等方式进行，不及网上促销的优点，比如，宣传面广泛、网页设计图文并茂、表现手法灵活、内容容易更新、成本低廉，可以与上网者进行双向信息交流，以满足不断变化的市场需求的特点。而且网络营销可以随时给用户提供最新、最实用的旅游信息，以便吸引更多的旅游客源，真正起到促销的作用。同时，利用电子商务充分了解顾客，加强与顾客的沟通，与旅游者建立良好的合作关系，不仅有利于树立良好的企业形象，而且有利于顾客忠诚度的提高，为旅游企业赢得社会形象和企业利益的双赢。

任务实施

第一步，下载安装并登录《旅游信息管理软件》。

进入系统按照首次运行流程进行。

系统维护，为系统添加维持正常工作的资源。

客户关系管理，建立处理一些客户信息。

线路管理，为旅行社添加旅游线路，安排该线路上的食，住，行。

团队计调，进行团队运作。

前台处理，实现家庭，个人，单位三种报名方式。

财务管理，为财务人员的审核提供良好的帮助。

第二步，点击进入线路设计管理。

1. 线路管理界面

在主菜单下单击“线路管理”，将会看到如图 7－1 所示的线路管理界面。

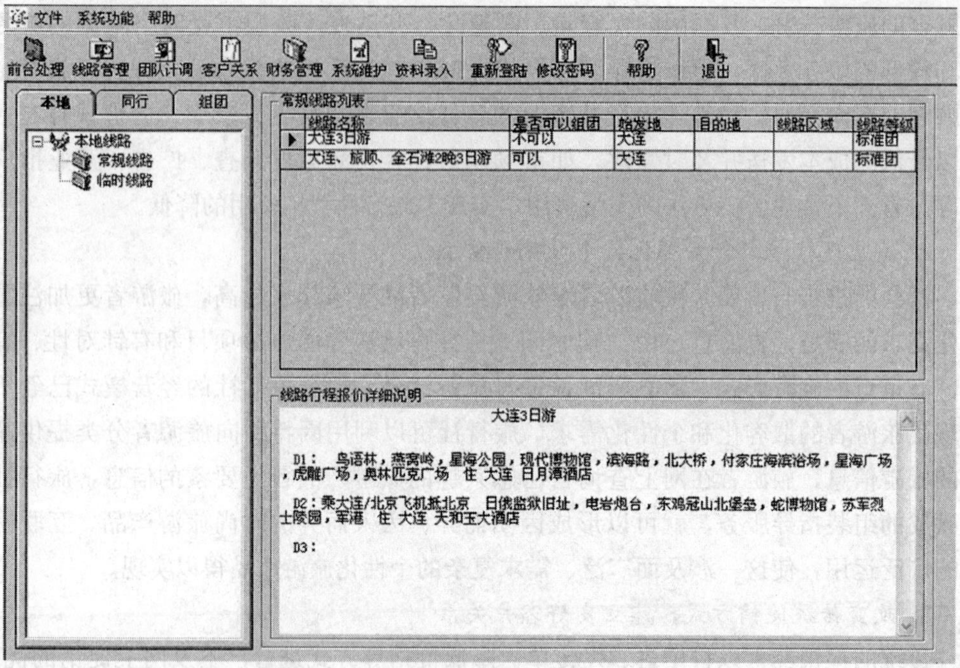

图 7－1 线路管理界面

在左侧选择线路区域信息后，将会在右侧的线路信息列表中显示出所有的可被选择的内容（比如，在“本地”线中选择“常规线路”，将会在线路列表中显示出所有的常规线路信息，同时在“线路行程与说明”中显示默认线路的内容）。

当在线路列表中任意点选某一条线路时，将会在“线路行程报价详细说明”中显示出被选择线路的相关信息。

2. 新建线路

可以进行拼合线路或重新建一条线路。

当单击右键时，在右键菜单中选择“新建/完全新建”功能，将会调用“线路行程安排”窗口来新建一条线路，如图 7－2 所示

填写线路基本信息。包括始发地、目的地、线路区域、线路等级、线路名称、线路简称（线路简称由始发地、目的地直接生成）、线路状态、行程天数、用餐标准、线路类型等。

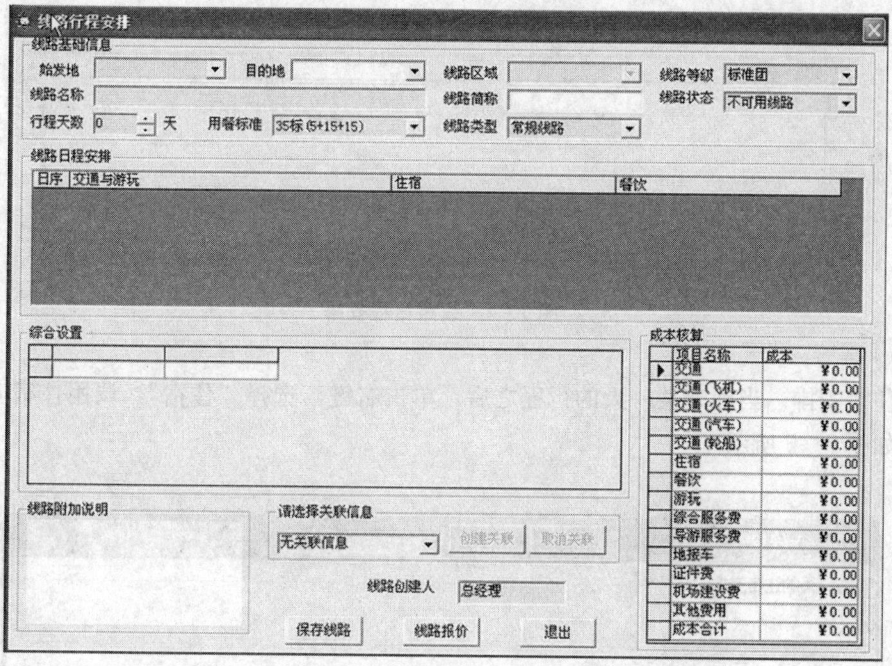

图 7-2　新建线路行程安排

首先要填写线路基本信息。通过下拉箭头或手工输入的方式来选择始发地和目的地；通过下拉箭头的方式来选择线路区域、线路等级、用餐标准、线路类型；单击上下箭头来确定行程天数，同时在“线路行程安排”中显示出你所确定的天数；线路名称由始发地和目的地以及行程天数组成；线路简称由始发地和目的地组成。填写完成的线路基本信息如图 7-3 所示。

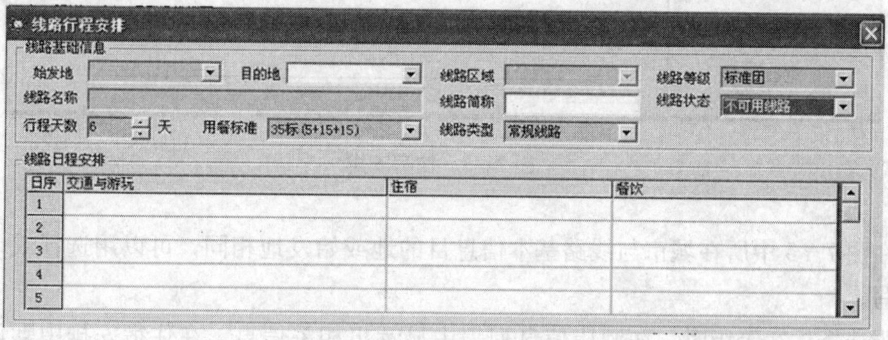

图 7-3　线路行程安排信息

①行程安排。在线路行程安排中，首先必须确定需要安排的是哪一天的行程内容，即用左键在线路行程安排中单击该日所在的行，此时被选择中的单元格显示为黄色，如图 7-4 所示。

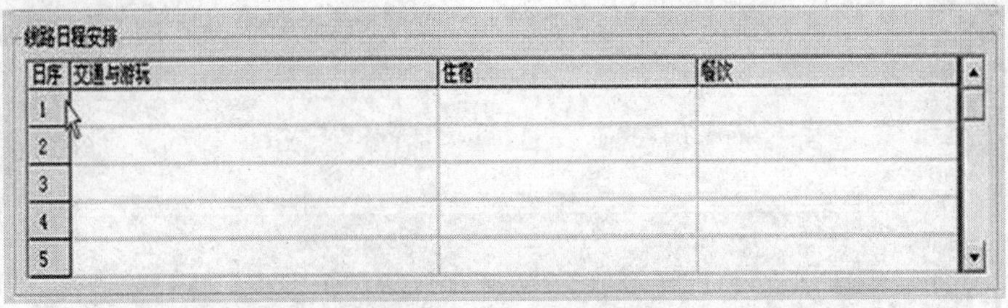

图 7-4　线路日程安排

住宿安排。当确定某一天的行程之后，单击右键，选择“住宿”，调用住宿安排窗口，如图 7-5 所示。

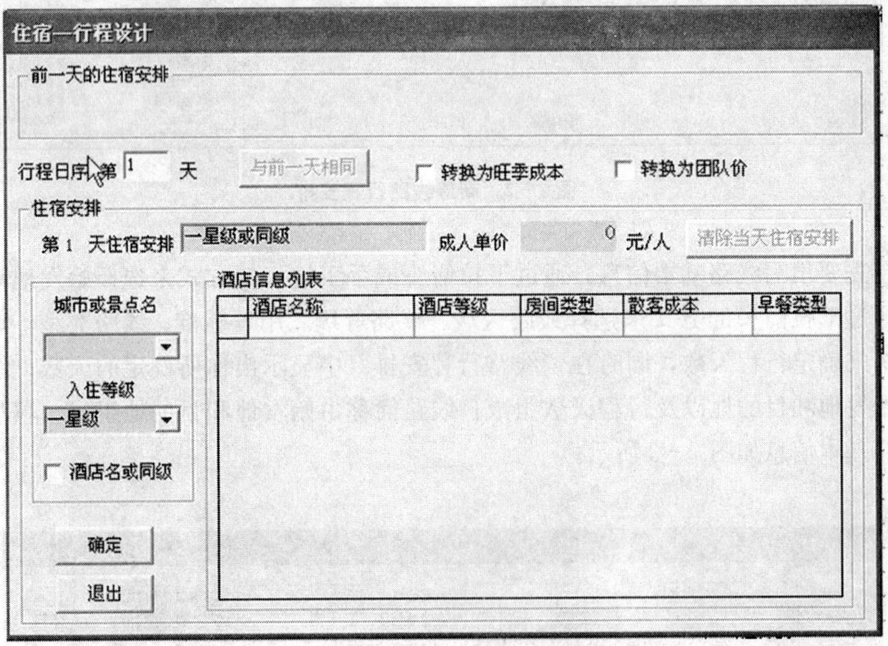

图 7-5　住宿安排

在图 7-5 中所在城市与线路基本信息目的地或始发地相同，可以用选择或录入方式填写。

当选择住宿等级时，在酒店信息列表中显示出相关信息。在住宿安排中默认值为城市名加上酒店；当在酒店信息列表中选择某一个酒店时，将会在住宿安排中显示出被选择酒店名称和单价，如图 7-6 所示。

当选择“转换为旺季成本”时，将会在列表中列出所选择的城市与住宿等级下的旺季成本价格；当选择“转换为团队成本”时，将会在列表中列出所选择的城市与住宿等级下的团队成本价格。

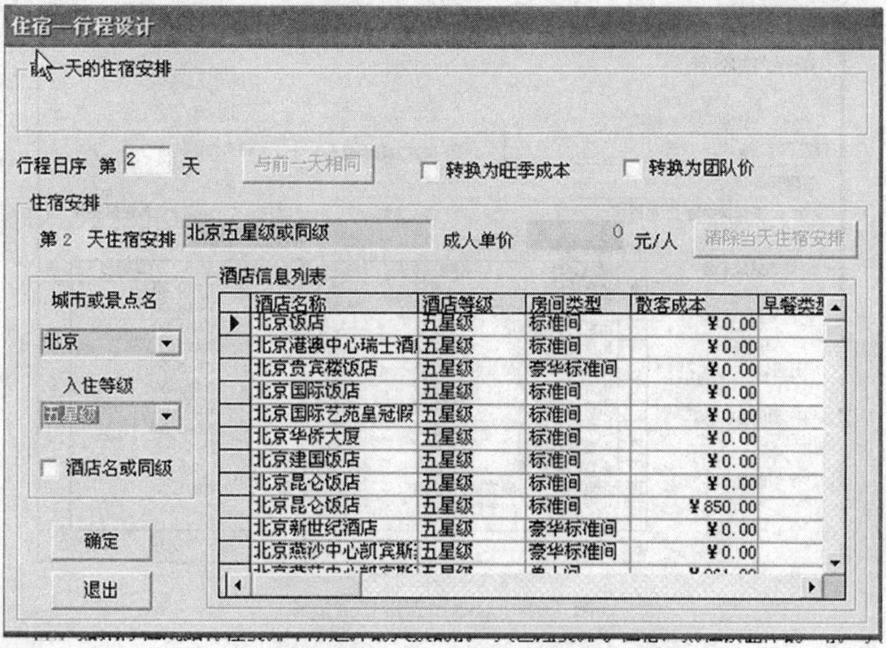

图 7－6　酒店信息列表

如果你在线路行程安排中所选择的天数的前一天已经安排了住宿，则在该窗口的“前一天的住宿安排”中显示出前一天的住宿内容，为当天的住宿提供参考，同时“与前一天相同”按钮变为可用，如图 7－7 所示。当单击该按钮时，将当天的住宿安排与前一天相同。

图 7－7　住宿信息中的前一天的住宿安排

如果要修改住宿信息，以相同的方式来调用该窗口，当线路行程安排中的内容不为空时，在该窗口中显示出你已经安排的信息，以方便修改；同时，“清除当天住宿安排”按钮变为可用，如图 7－8 所示。

当你单击该按钮时，将会清空当天的住宿内容并退出该窗口。当线路行程安排中的内容为空时，可以选择需要的住宿内容。

当确定了住宿安排与单价之后，单击确定按钮保存住宿安排并退出。

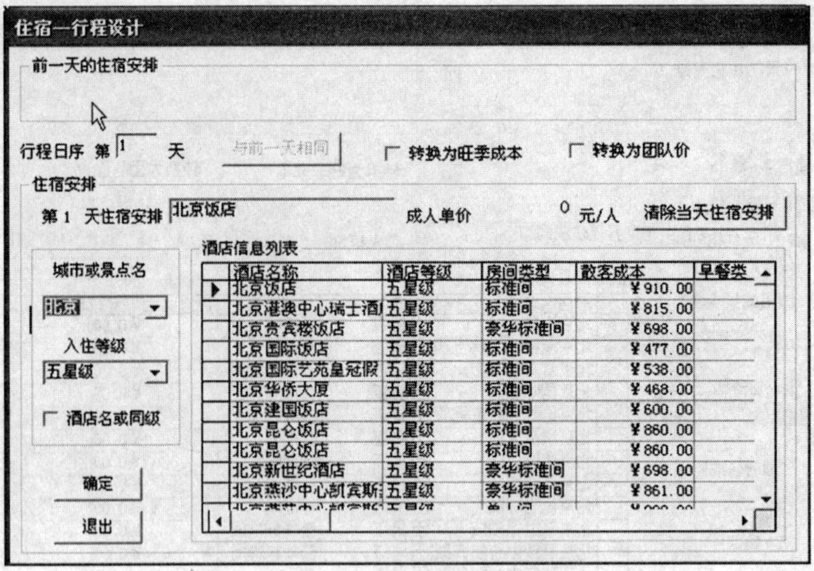

图 7-8　显示已安排住宿信息

交通安排（大交通）。当确定某一天的行程之后，单击右键，选择“交通”，调用交通安排窗口，如图 7-9 所示。

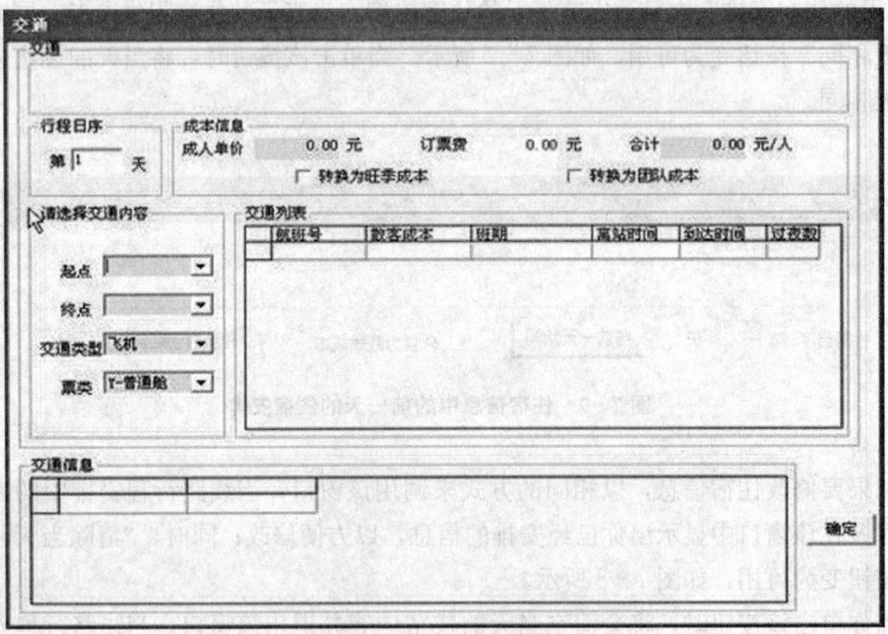

图 7-9　交通安排

在图 7-9 中，起点与终点和线路基本信息中的始发地和目的地相同，可以通过下拉箭头来选择或手工输入；交通类型和票类通过下拉箭头来选择。在交通列表中显示出所有满足所选择条件的交通信息，同时在“成本信息”中列出被选中的某一项的成本信息，并且该成本信息可以手工修改。

当选择“转换为旺季成本”时，将会在列表中列出所选择的旺季成本价格；当选择“转换为团队成本”时，将会在列表中列出所选择的团队成本价格。

当在交通列表中任意选择一条交通信息后，单击右键，如果要选择该交通信息，则单击“确定该项交通信息”，即将被选中的交通添加到交通信息表中，如图 7-10 所示。

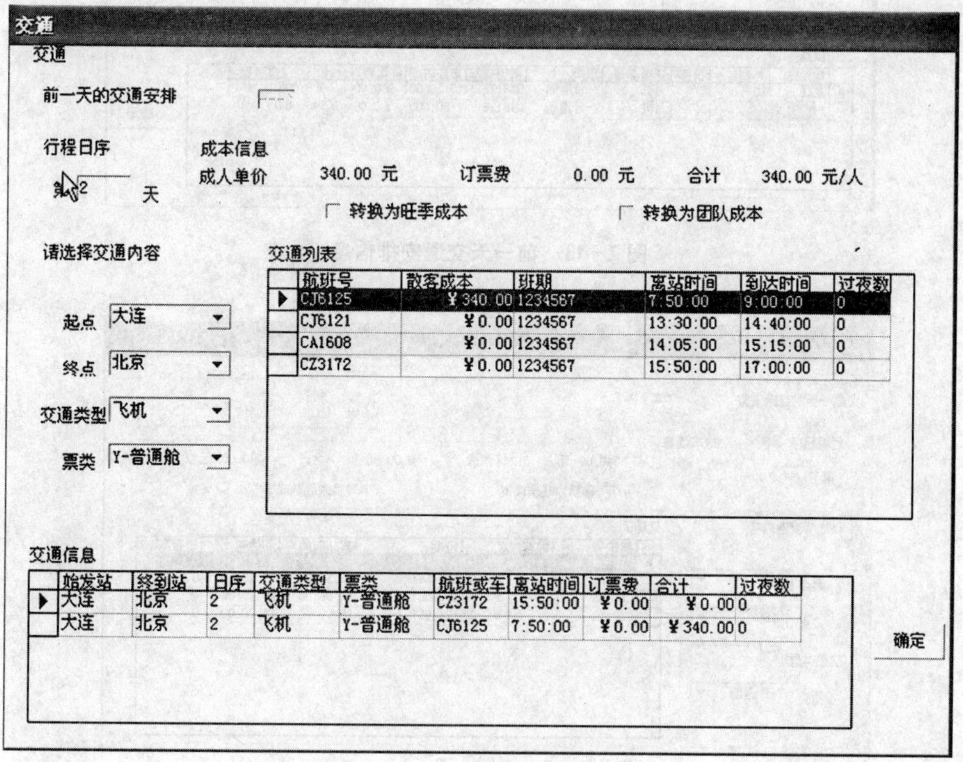

图 7-10　确定添加交通信息

如果要删除在“交通信息”表中已经被选择的内容，则单击右键，选择“删除”功能即可。

如果你在线路行程安排中所选择的天数的前一天已经安排了交通，则在该窗口的最上方中显示出前一天的交通安排，为当天的交通选择提供参考，如图 7-11 所示

如果要修改已经安排的交通内容，则调用该窗口，将交通信息列出来，以供修改，如图 7-12 所示。

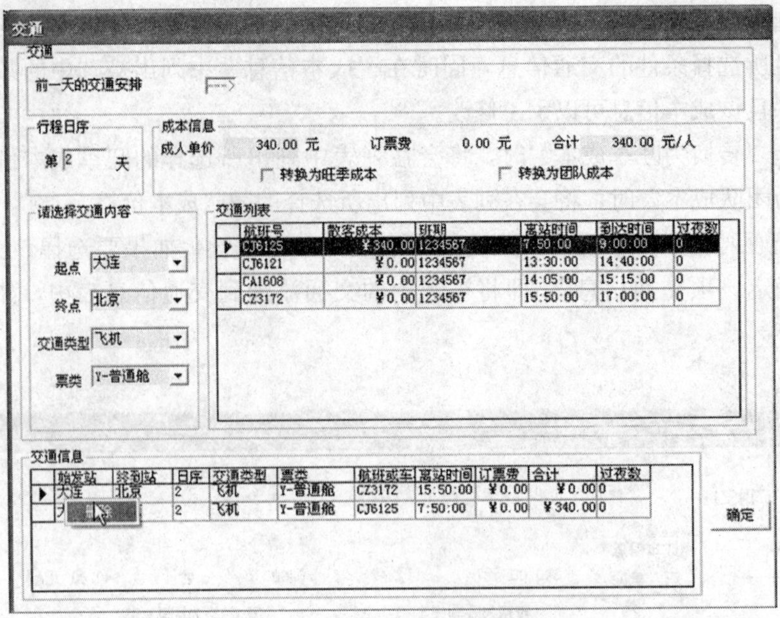

图 7-11　前一天交通安排信息

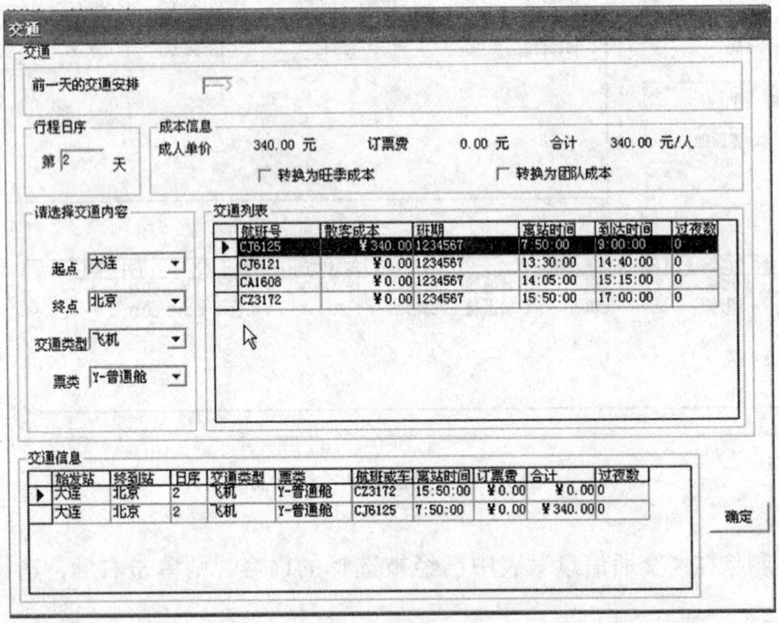

图 7-12　已安排的交通信息

餐饮安排。当确定某一天的行程之后，单击右键，选择“餐饮”，调用餐饮安排窗口，如图 7-13 所示。

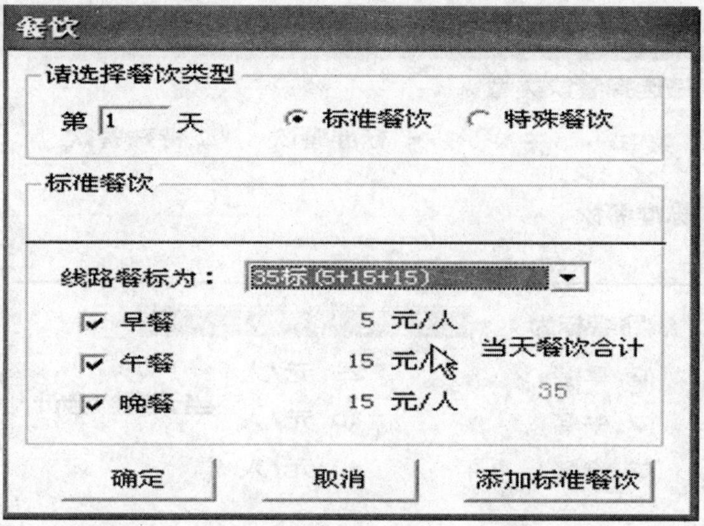

图 7－13　餐饮安排

标准餐饮。当调用餐饮功能时，系统默认为“标准餐饮”。默认餐标为线路基本信息中的餐标，可以通过下拉箭头来选择相应的餐标。默认为选择早、午、晚，并显示出三餐的价格。如果不选择其中的一个，将其前面的对号去掉即可。同时在右侧显示出当天餐饮合计，如图 7－14 所示。

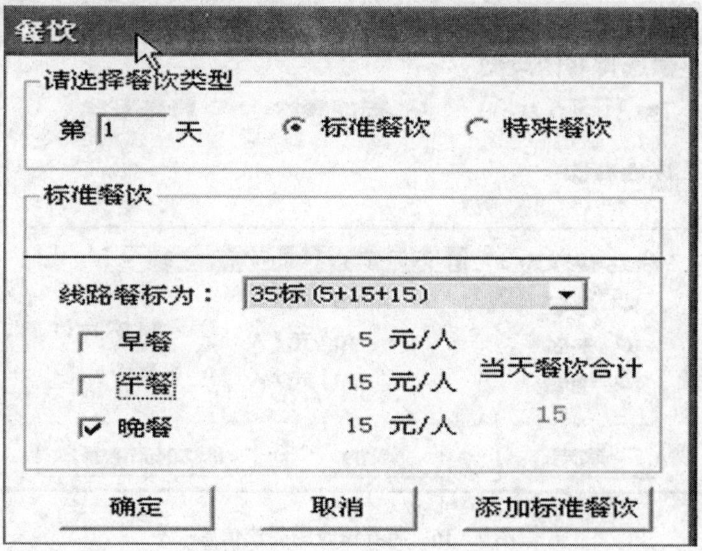

图 7－14　当天餐饮合计

如果你在线路行程安排中所选择的天数的前一天已经安排了餐饮信息，则在该窗体中显示出前一天的餐饮价格合计，为当天的餐饮提供参考，如图 7－15 所示。

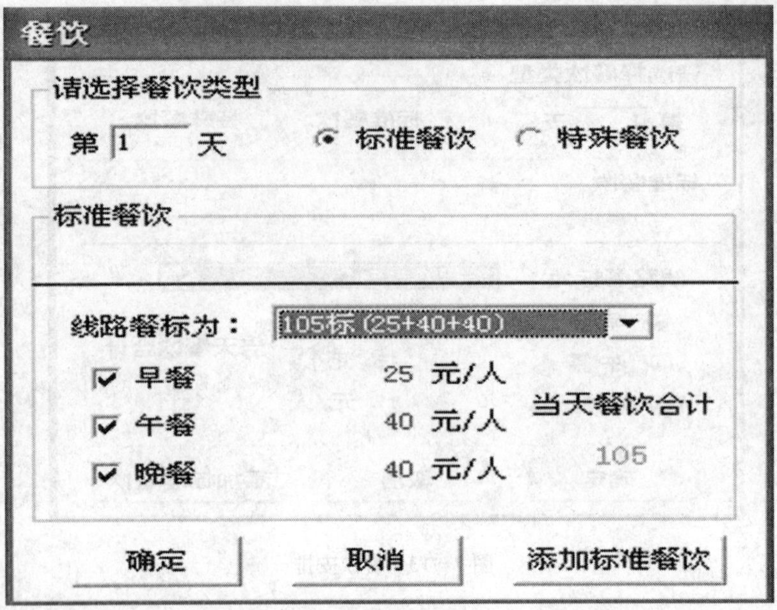

图 7-15　前一天餐饮合计

如果要修改某一天的餐饮信息，调用该窗口之后，将要修改的餐饮信息显示出来，以供修改时参考，如图 7-16 所示。

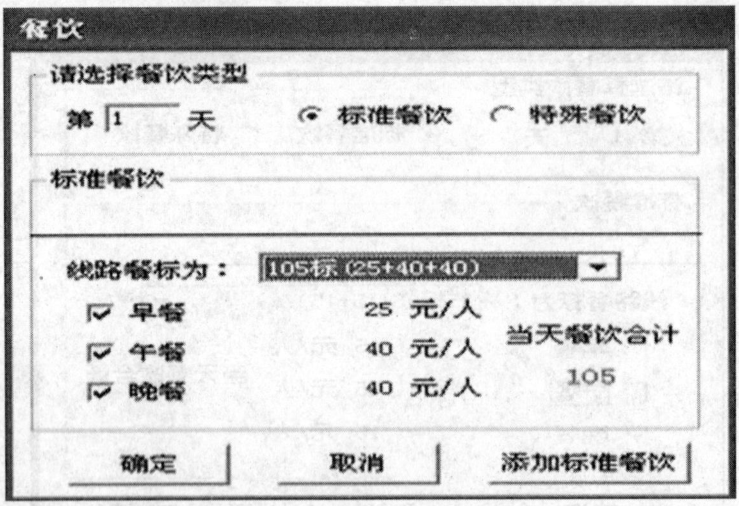

图 7-16　将要修改的餐饮信息

特殊餐饮。如果要添加特殊餐饮，则单击“特殊餐饮”选项，同时“添加特殊餐饮”按钮变为可用，如图 7-17 所示。

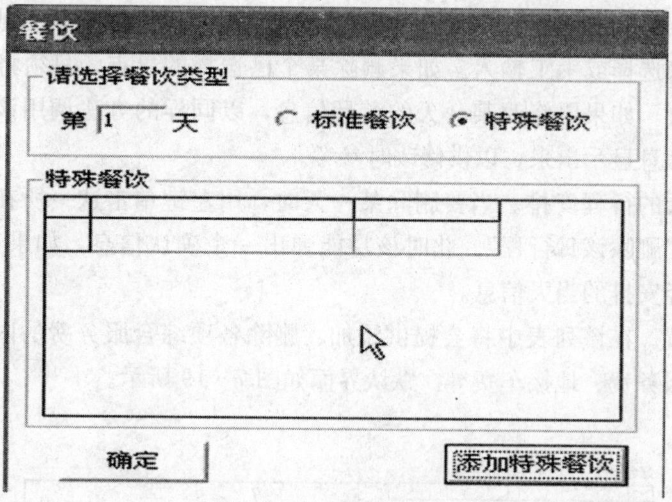

图 7－17　添加特殊餐饮

单击“添加特殊餐饮”按钮，调用特殊餐饮添加功能。

在图 7－17 中的城市名称与线路基本信息的目的地或始发地相同，也可通过下拉箭头来选择或手工输入。特殊餐饮名称的内容与所选的城市相关联，通过下拉箭头来选择在该城市下的餐饮内容或手工输入；当输入价格时，“确定”按钮变为可用，如果单击“确定”按钮，则在特殊餐饮列表中列出所添加的特殊餐饮。

游玩安排。当确定某一天的行程之后，单击右键，选择“游玩”，调用游玩安排窗口，如图 7－18 所示

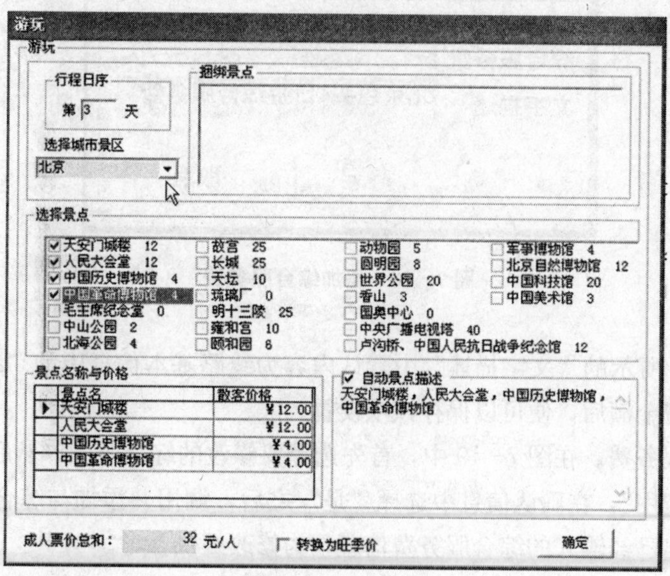

图 7－18　游玩安排

在图 7－18 中“选择城市景区”的内容为线路基本信息中的目的地或始发地，也可通过下拉箭头来选择或手工输入。如果删除某个已选择的景点，只须将相应的景点前的对号去掉即可。如果要修改某一天的游玩信息，以同样的方法调用该窗口之后，将要修改的游玩信息显示出来，以供修改时参考。

删除某一天的行程安排。当要删除某一天时，用左键单击这一所在行，然后再单击右键，选择“删除该日行程”。此时该功能弹出一个确认信息，如果选择“是”，将会删除所有已经安排的当天信息。

②综合设置。在该列表中将会提供添加、删除各项综合服务费的内容，包括综合服务费、导游服务费、地接车费等。默认界面如图 7－19 所示。

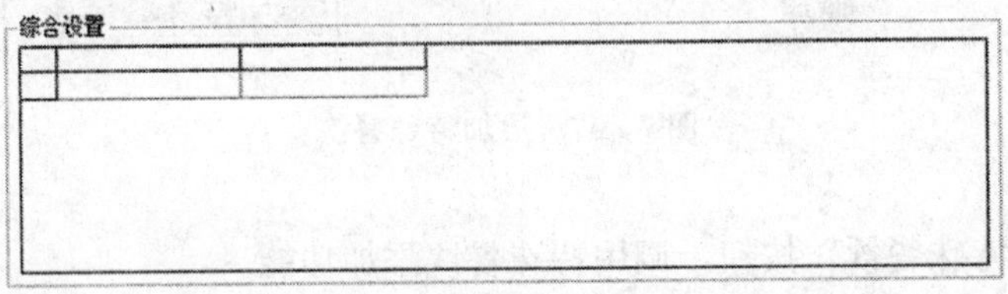

图 7－19　综合设置

综合服务费。添加综合服务费，在图 7－19 中单击右键，选择“添加综合服务费”，调用如图 7－20 所示的“综合服务费”功能。

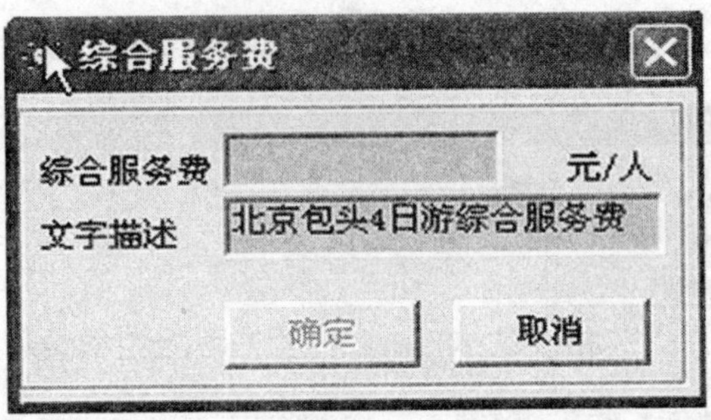

图 7－20　添加综合服务费

在图 7－20 所示的“文字描述”中默认内容为线路基本信息中的“线路名称”。当手工输入服务费金额后，便可以保存该项设置。

修改综合服务费。在图 7－19 中，首先选择要修改的综合服务，然后单击右键，选择“修改此项费用”，在确认信息中选择“是”之后，调用并添加与综合服务费相同的窗口，并显示出已经输入的综合服务费信息，为修改提供参考。

删除综合服务费。在图 7－19 中，首先选择要删除的综合服务，然后单击右键，选择“删除此项费用”，如果选择“是”，将会删除已添加的综合服务费信息。

导游服务费。在图 7－19 中单击右键，选择“添加导游服务费”，调用如图 7－21 所示的“导游服务费”功能。

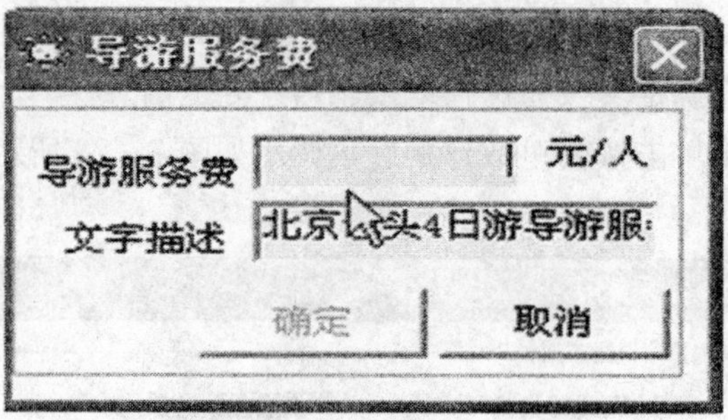

图 7－21　添加导游服务费

在图 7－21 所示的“文字描述”中默认内容为线路基本信息中的“线路名称”。当手工输入服务费金额后，便可以保存该项设置。

修改导游服务费。在图 7－19 中，首先选择要修改的导游服务，然后单击右键，选择“修改此项费用”，在确认信息中选择“是”之后，调用并添加与导游服务费相同的窗口，并显示出已经输入的导游服务费的信息，为修改提供参考。

删除导游服务费。在图 7－19 中，首先选择要删除的导游服务，然后单击右键，选择“删除此项费用”，如果选择“是”，将会删除已添加的导游服务费信息。

添加地接车费用。按常规地段计费。在图 7－19 中单击右键，选择“增加地接车费用”，调用如图 7－22 所示的“增加地接车费用”功能。

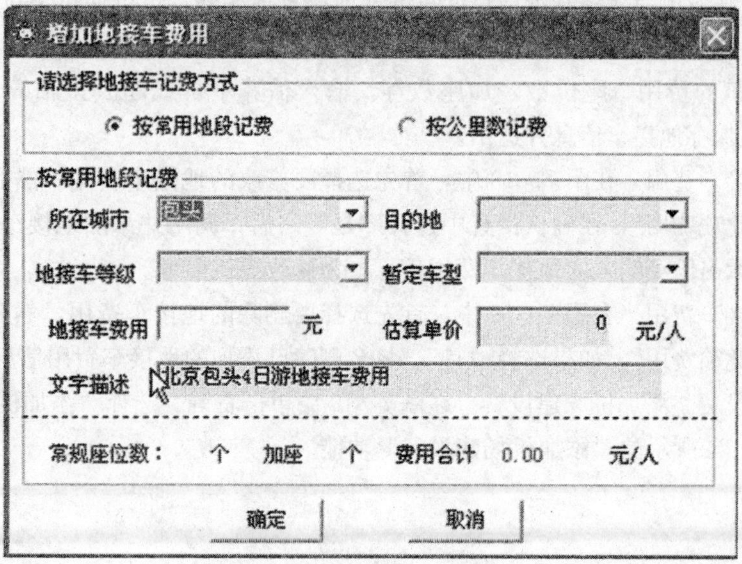

图 7－22　增加地接车费用

系统默认是按常规地段计费。在图 7－22 所示的“文字描述”中默认内容为线路基本信息中的“线路名称”＋“地接车费用”。所在城市与线路基本信息中的目的地或始发地相同，也可通过下拉箭头选择或手工输入；目的地就是被选择城市下的所有景点名称。当选择了等级与车型之后，将会列出地接车的费用、座位数、加座数等。输入估算单价之后，单击“确定”按钮保存地接车信息并退出。

按公里数计费。当单击按公里数计费后，调用如图 7－23 所示的功能。

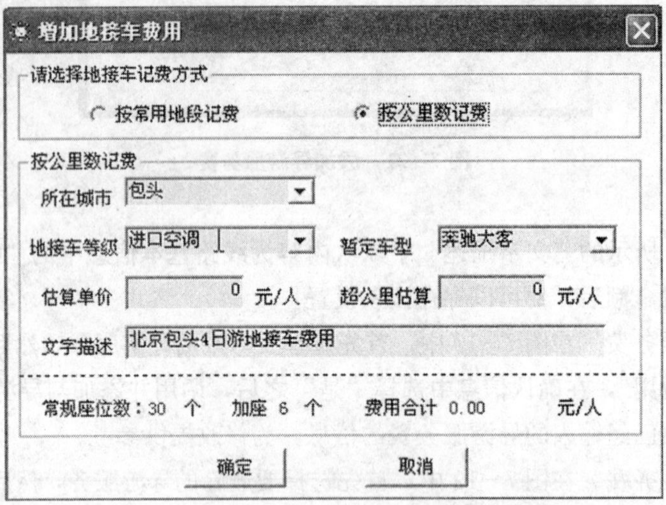

图 7－23 地接车费用计费

在图 7－23 的“文字描述”中默认内容为线路基本信息中的“线路名称”＋“地接车费用”。所在城市与线路基本信息的目的地或始发地相同，也可通过下拉箭头选择或手工输入；目的地就是被选择城市下的所有景点名称。当选择了等级与车型之后，将会列出地接车的费用、座位数、加座数等。输入估算单价或超公里估算之后，单击“确定”按钮保存地接车信息并退出。

修改地接车费用。在图 7－19 中，首先选择要修改的地接车费用，然后单击右键，选择“修改此项费用”，在确认信息中选择“是”之后，调用并添加地接车费用相同的窗口，并显示出已经输入的地接车费用信息，为修改提供参考。

删除地接车费用。在图 7－19 中，首先选择要删除的地接车费用，然后单击右键，选择“删除此项费用”，如果选择“是”，将会删除已添加的地接车费用信息。

机场建设费。添加机场建设费。在图 7－19 中单击右键，选择“添加机场建设费”，调用如图 7－24 所示的“添加机场建设费”功能。

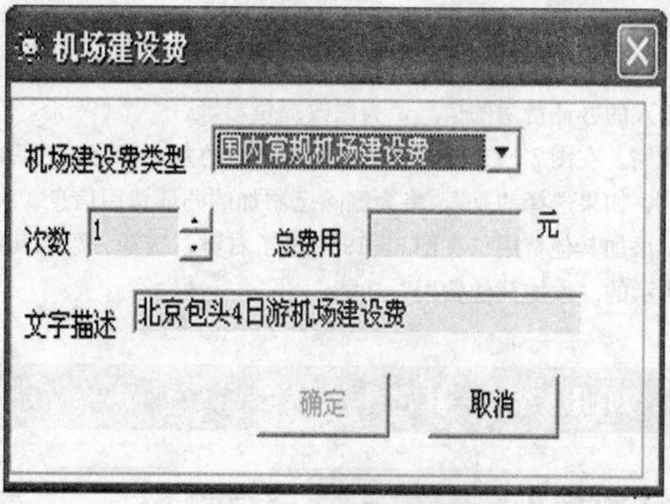

图 7-24 添加机场建设费

在图 7-24 所示的“文字描述”中默认内容为线路基本信息中的“线路名称”+“机场建设费”。机场建设费类型通过下拉箭头来选择。当输入总费用后，单击“确定”按钮来保存机场建设费信息并退出。

修改机场建设费。在图 7-19 中，首先选择要修改的机场建设费，然后单击右键，选择“修改此项费用”，在确认信息中选择“是”之后，调用并添加机场建设费相同的窗口，并显示出已经输入的机场建设费的信息，为修改提供参考。

删除机场建设费。在图 7-19 中，首先选择要删除的机场建设费，然后单击右键，选择“删除此项费用”，如果选择“是”，将会删除已添加的机场建设费信息。

办证费用。添加办证费用。在图 7-19 中单击右键，选择“添加办证费用”，调用如图 7-25 所示的“添加办证费用”功能。

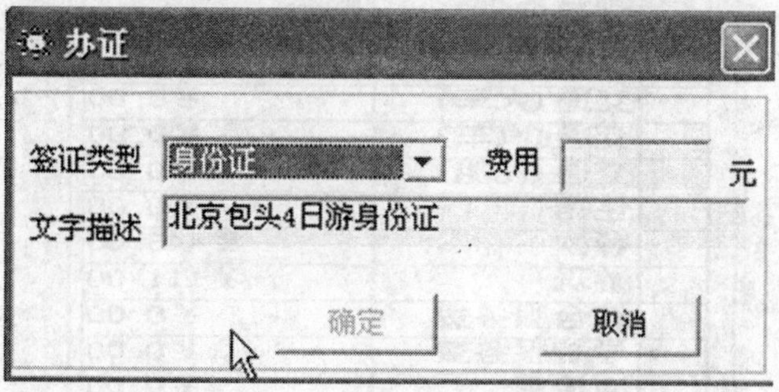

图 7-25 添加办证费用

在图 7-25 的“文字描述”中默认内容为线路基本信息中的“线路名称”+“办证费”。签证类型通过下拉箭头来选择。当输入费用后，单击“确定”按钮来保存添加办证费用信息并退出。

修改办证费用。在图 7 - 19 中，首先选择要修改的办证费用，然后单击右键，选择“修改此项费用”，在确认信息中选择“是”之后，调用并添加办证费用相同的窗口，并显示出已经输入的办证费用的信息，为修改提供参考。

删除办证费用。在图 7 - 19 中，首先选择要删除的办证费用，然后单击右键，选择“删除此项费用”，如果选择“是”，将会删除已添加的办证费用信息。

其他费用。添加其他费用。在图 7 - 19 中单击右键，选择“添加其他费用”时，调用如图 7 - 26 所示的“添加其他费用”功能。

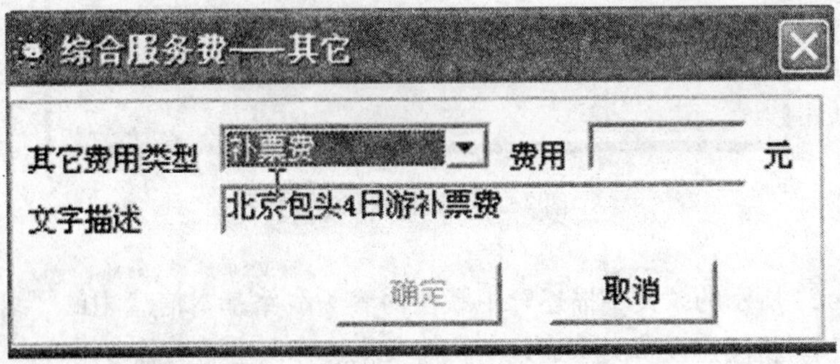

图 7 - 26　添加其他费用

修改其他费用。在图 7 - 19 中，首先选择要修改的其他费用，然后单击右键，选择“修改此项费用”，在确认信息中选择“是”之后，调用并添加其他费用相同的窗口，并显示出已经输入的其他费用的信息，为修改提供参考。

③成本核算。在成本核算列表中将显示出所有行程安排的各项成本，如图 7 - 27 所示。

成本核算

项目名称	成本
交通	¥0.00
交通（飞机）	¥0.00
交通（火车）	¥0.00
交通（汽车）	¥0.00
交通（轮船）	¥0.00
住宿	¥0.00
餐饮	¥445.00
游玩	¥111.00
综合服务费	¥0.00
导游服务费	¥0.00
地接车	¥0.00
证件费	¥0.00
机场建设费	¥0.00
其他费用	¥0.00
成本合计	¥556.00

图 7 - 27　计算成本

在该列表中将会随时与行程中每一项的添加、修改、删除所产生的成本而相关联。动态的反映出所有成本之和。

④线路附加说明：这部分内容允许旅行社自己根据实际情况需要进行填写。

⑤创建关联信息。系统默认为“无关联信息”。如果是新建一条本地线路，则在关联信息下拉框中只有一个关联对方旅行社信息；否则在关联信息下拉框中则有关联对方旅行社信息、关联个人信息、关联单位信息三种。

关联对方旅行社信息。当选择关联对方旅行社信息时，单击创建关联按钮，调用如图 7－28 所示的关联旅行社信息。

图 7－28　关联旅行社信息

在图 7－28 中，单击请选择关联信息的下拉箭头来选择关联旅行社名称。如果没有，则单击“增加”按钮来添加一个关联旅行社信息，如图 7－29 所示。

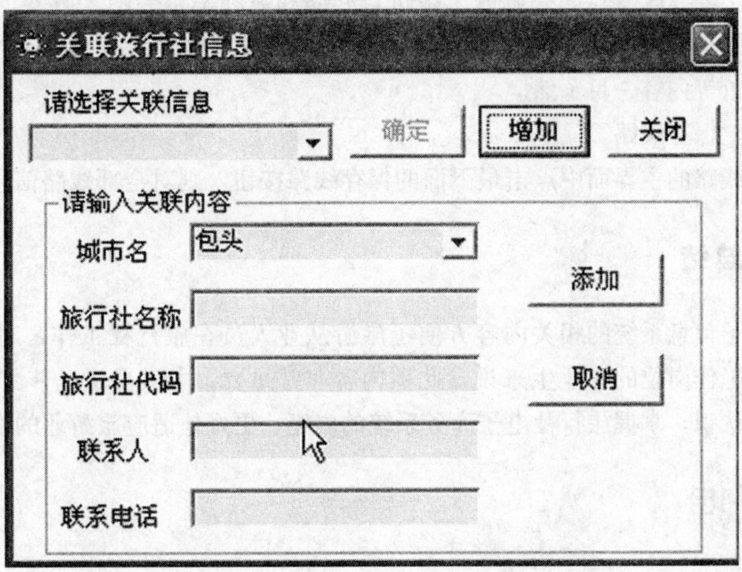

图 7－29　添加一个关联旅行社信息

在图 7－29 中城市名与线路基本信息中的目的地或始发地相同，也可通过下拉框来选择或手工输入。当输入完相关信息之后，单击“添加”按钮来新增加一个旅行社关联信息，并把新添加的旅行社名称加入到关联信息下拉框中。

单击“确定”按钮，获取关联信息并退出。

⑥线路报价。当想知道一条线路的成本、利润、对外报价等有关价格信息时，进入线路报价系统中，如图 7－30 所示。

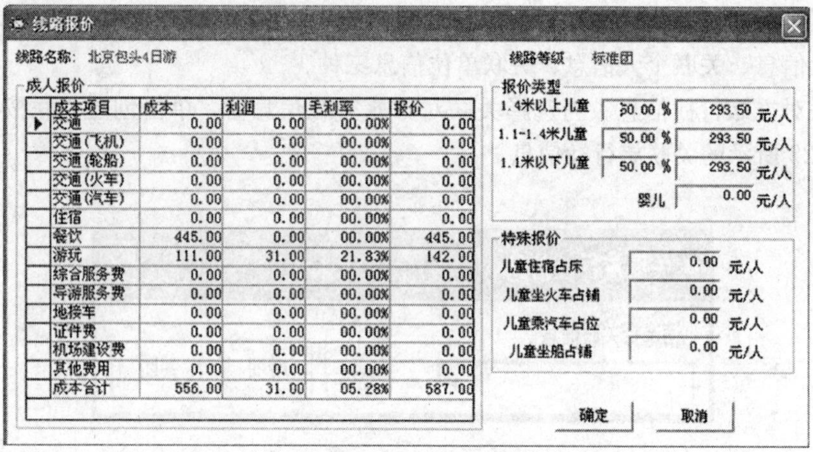

图 7－30 线路报价窗口

在线路报价功能中，可以修改其中任何一项内容，如果修改了成本项，将不会改变其成本值。如果修改了利润，毛利率和报价将会随之改变；如果修改了毛利率，利润和报价将会随之改变；如果修改了报价，利润和毛利率将会随之改变。报价类型与特殊报价是根据需要来手工输入其报价的价格。通过该操作将会使线路成本、利润、毛利率、报价等内容一目了然。

第三步，保存线路。

在新建线路的主界面中点击最下面的保存线路按钮，则对全部线路信息进行保存。

任务总结

掌握电子信息系统的相关内容方便了旅游从业人员在旅行社工作，对于刚刚走向社会，走向工作岗位的毕业生来说，此项内容非常重要，尤其要进一步加强对旅行社电子商务的认识，掌握旅行社电子商务系统的内容，更好地适应旅游业的发展。

实训项目

目标

1. 通过实训使学生能够下载并运用旅行社电子商务系统。

2. 培养学生对本地旅游线路的设计，激发从事电子商务行业的热情。

内容与要求

学生下载、浏览并运用旅行社电子商务系统，了解线路设计管理首先是一个按照地区进行分类的线路信息库。在此基础上可以根据不同的条件（行程天数、经停城市、线路名称、线路类型、关联信息）对线路信息进行查找、打印线路的行程及报价，还可以对线路信息进行修改和维护，当然还可以利用该系统新建一条线路或者对原有的线路进行拼装。此外在整个线路管理中包含的线路报价系统是旅行社实现快速报价的关键。

组织与实施评价

1. 以项目团队为学习小组，小组规模一般是5～8人，小组的各项工作由小组长负责指挥协调。

2. 建立沟通协调机制，团队成员共同商讨、集思广义协作完成任务。

3. 各项目团队根据实训内容互相进行交流、讨论，并点评。

4. 评价与总结：各项目团队提交线路设计的实训报告，并根据报告进行评估。

评估指标及标准

如下表所示。

旅游线路设计评分表

被考评人：　　　　　　　　　　　　　　考评地点：

考评内容		分值/分	自我评价/分	小组评价/分	实际得分/分
进行旅游线路设计的能力	下载并了解旅行社电子商务系统	15			
	熟悉系统的相关内容	10			
	填写线路基本信息	40			
	小组讨论中发言情况	25			
	参与讨论的积极性	10			
合　计		100			

注：1. 实际得分＝自我评价×40％＋小组评价×60％。

2. 考评满分100分，59分及以下为不及格，60～74分为及格，75～84分为良好，85分及以上为优秀。

复习思考题

一、填空题

1. 网幅广告包含Banner、Button、________、________、________。

2. 无线营销（手机网络营销）的特点是________、________、移动性、互动性、创新性、________。

3. GDS（Global Distribution System）即________，是应用于民用航空运输及整个旅游业的大型计算机信息服务系统。

4. 旅行社网络营销策略是企业根据自身所在市场中所处地位不同而采取的一些网络营销组合，它包括网页策略、网络品牌策略、________、________促销策略、________和顾客服务策略。

二、选择题

1. 旅行社对旅游消费者的电子商务是指________。

A. B2C　　B. B2B　　C. C2B　　D. C2C

2. Extranet（外联网或组织协作系统）是指利用公共的或私有的通信设施来连接各联系单位或不同合作者之间的应用系统。在旅游服务领域中应用到的外联网系统有________。

A. CRS　　B. BSP　　C. GDS　　D. MIS

3. 下列对于旅行社电子商务表述正确的有________。

A. 旅行社电子商务的核心是一系列旅游业务的规范流程

B. 旅行社电子商务体系是一个人机结合的系统，涉及企业运作的各个层面

C. 旅行社电子商务这种服务模式的最大特点是在线、即时地为旅游者服务

D. 旅行社电子商务又被称为在线旅游服务模式

4. 旅行社网络营销与传统的营销相比，具有的优势是________。

A. 适应现代旅游者多样化、个性化的需求

B. 降低企业营销成本

C. 建立良好客户关系

D. 改变传统促销方式

三、简答题

1. 什么是旅行社电子商务？其特征有哪些？

2. 旅行社网络营销的手段与模式有哪些？

四、实训题

请从互联网上搜索并下载普世旅行社管理系统，体验系统的功能，尤其是旅游线路设计。

项目八 景区电子商务

知识目标

- 掌握景区电子商务的概念
- 了解景区实现电子商务的途径
- 理解电子景区的特点
- 了解电子景区的作用
- 理解景区电子商务的构建原则
- 了解我国电子景区的建设成效
- 了解电子景区存在的问题
- 理解景区电子商务的管理模式

能力目标

1. 了解信息管理系统在景区的应用情况
2. 理解并运用景区电子商务系统

任务 景区信息化管理与应用

任务引入

旅游专业的李林想通过实践使自己的专业理论和技能等方面都有更大的提高。如果有机会他更乐意到著名的风景名胜区工作，这样可以更全面地认识景区电子商务系统。在大学期间他就听专业老师提及过电子景区的内容，他认为景区实现电子商务不大可能，平时去景区买票、导游提供讲解服务，或者说虚拟地进行一次风景名胜区的旅游难道都可以通过电子商务实现吗？怎样才能让他对景区信息化有一个更全面的认识？

任务分析

以上案例反映了信息技术在景区中的应用。近年来风景名胜区管理体系逐步建立，保护管理和接待服务水平逐年提高。特别是最近几年，伴随着信息化技术的突飞猛进及风景名胜资源保护与利用理念的不断提升，数字化技术逐步成为新时期国家级风景名胜区现代化建设管理的主要手段，管理水平不断提高，效益日益显现。景区电子商务是景区基于互联网技术，为顾客提供门票及其他服务预订，顾客通过网站，查询景区作息，预订景区门票与服务。GIS 和 ERP 作为两种模式在电子景区规划和建设中起着重要的作用。

知识准备

一、旅游景区与旅游目的地的关系

旅游目的地不就是旅游景区吗？旅游景区和旅游目的地有着怎样的关系，如果是为什么再次强调，如果不一样，区别又在哪？

旅游景区也称旅游地、旅游目的地，一般是指由若干地域上相连的，具有共性特征的旅游吸引物、交通网络及旅游服务设施组成的地域单元。广义上讲，任何一个可供旅游者或来访游客参观游览或开展其他休闲活动的场所都可以称为旅游景区。所以说旅游目的地就是旅游景区，旅游景区就是旅游目的地，因为旅游目的地包括旅游景区，但旅游景区也有不能涵盖旅游目的地的部分，解释一下二者的区别就在于旅游景区是独立或相对独立的单位，是以某一特色为主、划分明确的面积不大的专门场所，其主要满足旅游者旅游活动中某一方面的旅游需要。而旅游目的地不仅从范围上包括大量的旅游景点或多个旅游景区，而且从内容上包括食、住、行、游、购、娱等多种要素，是一个国家或地区旅游经营者向旅游者提供以满足其旅游需要的全部物质产品和服务的总和。

前面关于旅游目的地电子商务介绍得比较全面，下面仅从旅游景区的电子商务简单说起。

二、景区电子商务的概念

《国民经济和社会发展第十一个五年规划纲要》明确指出，要大力发展现代服务业，应用现代经营方式和信息技术改造提升传统服务业，提高服务业的比重和水平。景区作为重要的旅游目的地之一，要大力发展现代旅游服务业就必须提高信息化水平。

小资料

作为全国首批18家数字化景区建设试点单位，地处河南修武县的云台山率先按照“资源保护数字化、经营管理智能化、产业整合网络化”的目标，投资1.5亿元在景区全面实施了数字化景区建设工程。目前，包括电子门禁、智能监控、多媒体展示、GPS车辆调度、LED信息发布、电子商务、智能全景导游图等系统在内的信息化工程全部建成并投入使用。

数字化工程的全面实施，不仅提升了云台山的景区品位，而且在领导科学决策、合理调控游客、避免票款流失方面发挥了巨大的作用。通过先进的GPS全球卫星定位系统，实现对景区所有大巴车辆的实时定位，并实时了解车内司机、讲解员的服务态度等信息；通过安装在各景点、停车场以及景区各岔路口的摄像头，工作人员可以实时了解各景点在任何时间段内的游客流量，并对车辆、人员等进行合理调配，保证游客的安全以及游览秩序，同时对景区的自然资源进行有效监控，防止地质灾害的发生，很好地保护了景区内珍贵的地质资源。

云台山电子商务系统的开通使广大游客足不出户，就可以通过网络提前买到景区门票，目前有5%的游客是通过网络在线支付的方式购买到景区门票的。此外，环境监测、规划管理、智能广播等系统正在规划实施当中。

关于信息化在当今社会提及是最多的，学校、医院等都强调数字化、信息化，而景区电子商务如何理解？景区电子商务虽然指的是行业信息化的一种，但不是简单的景区数字化或电子化，不是用计算机技术对现有景区的业务与管理流程进行被动、简单、平面、反射的模仿和代码实现，其目的不在于将现有的流程不加优化、机械移动到信息系统中，不是为电子化而电子化。景区电子商务是指以信息技术、通信技术、存储技术等现代数字化技术，优化景区的业务流程与管理流程，目的在于为游客、景区和社会创造更多的价值。

因此，景区电子商务的概念是指景区基于互联网技术，为顾客提供门票及其他服务预订，顾客通过网站，查询景区作息、预订景区门票与服务。

小资料

景区引路人驴妈妈

2008年5月26日驴妈妈景区直销网（http://www.lvama.com，如图8-1所示）上线前夕，《中国旅游报》就曾报道过这家新型的B2C电子商务网站。随后，驴妈妈景区又推出了第二版网站，三个月的时间，这家网站的加盟景区达到四百多家。驴妈妈的速度是看不见的，其魅力在哪里？

图8－1 “驴妈妈”网页

驴妈妈一版网站的主要使命是传播理念，影响很大。三个月之后，推出二版网站来兑现其对广大游客和景区的承诺，驴妈妈二版网站在风格上更富亲和力，在功能方面也更好地结合了景区分销和景区精准营销的需要，并充分融入 Web2.0 功能，具有以下四大特点。

首先，二版网站除了为加盟景区提供游客预订外，还通过强大的社区活动直接为加盟景区输送数量可观的游客。一方面，推出二版网站的驴妈妈已经与全国上百家自驾、户外等旅游类俱乐部、团体建立了良好的合作关系，这些俱乐部、团体将驴妈妈加盟景区作为自身活动的目的地并直接在网站上采购相关票务；另一方面，二版驴妈妈将“最好玩”作为自己的主打频道之一，根据时令、节庆并结合景区营销节点等，利用自身俱乐部资源和数百家合作俱乐部资源，常态地在网站会员中发起主题出游活动，直接为景区带来数量可观的游客；此外，二版驴妈妈特别设置了“限时抢购”专区和“景区团购”板块，起到非常吸引眼球的效果，后者由游客自行发起特定加盟景区门票的网上团购，通过游客之间的口碑效应，实现加盟景区门票的团体销售。

其次，二版网站对加盟景区的介绍不仅内容更加全面、清晰，而且图片更加丰富、精彩和富有感染力；另外二版网站在挖掘景区营销价值方面具有更强的把握能力。

再次，驴妈妈二版网站为加盟景区提供了超值的免费宣传推广机会。一方面，加盟景区除了在网站“门票订购”板块上可以免费常规展示、推广，还将有机会在《携程自由行》杂志上获得免费特别推荐；另一方面，二版网站特别重视并推出了游客与景区之间的网上互动，景区通过在线为游客提供咨询服务，树立了良好形象，实现了超值营销收益。

最后，驴妈妈二版网站推出了“热闹目的地”频道，与地方政府旅游主管部门、大型旅游集团合作，搭建目的地综合旅游电子商务平台，为目的地景区提供整体推广和统一营销。例如，三亚市旅游产业发展局委托其搭建“天涯通”三亚驴妈妈频道，桂林旅游发展总公司和桂林旅游股份有限公司与其合作建设“桂林驴妈妈”等，收到了很好的营销效果。

三、景区实现电子商务的途径

景区如何实现电子商务，出售电子门票或是建立一个网站是景区实现电子商务的全部吗？其实景区真正实现电子商务包括多种手段的联合运用。

1. 首先建设自己的网站

风景名胜区的信息是丰富而有个性的，很多人知道但没有去过，不知道究竟是怎样的，通过建立网站让想去的游客了解是最好的宣传手段。网络技术的进步使景区很容易建立动态的网站，并且能够方便地更新。

2. 加入预订体系或专业网站

风景区的信息出现在网上分类目标中，通过预订系统进行销售，包括旅游批发商和顾客自订服务，将网站当做宣传媒体，进行各种网络宣传和广告促销。

3. 建立信息化场地设施

电子商务不仅体现在网络营销方面，而且应建设完善旅游景区现场的信息化设施，与前端形成呼应。比如，利用信息技术能够有效监控景区的人流和设施使用情况，电子门票、电子导游等技术的应用都是真正实现电子商务的途径。

4. 有完善的景区电子商务系统

系统应将售票、检票、系统中心管理有机地结合在一起，连成一个独立的网络系统，使各点售票、检票上传的数据与中心服务器的数据实时同步。系统既要保证网络的畅通，系统才能正常工作，也要注重数据管理的安全性、严密性。因此网络系统的质量与安全性显得尤为重要。

四、景区电子商务的特点

景区实现电子商务具有以下特点。

1. 景区信息突破时空性

以互联网为代表的新媒体，不仅带来旅游信息传播渠道的转移，更重要的是，它不同于传统媒体的传播特征，将对整个旅游信息格局、旅游产品格局和旅游交易市场格局，以至于对整个旅游业产生深远的影响。在遥远的云南西北边境，有一个过去几乎与世隔绝的少数民族自治地区，怒江。它位于青藏高原的南缘，高山深谷，经济非常落后。而当我们从互联网上查询“怒江，旅游”的时候，能找到的网页数量多达58万多篇，已经相当于“北京，旅游”网页数的近1/3。从地方图志、摄影作品到自助旅游攻略，其信息的丰富翔实程度完全超出了你的预想。

景区电子商务突破了时间和空间的限制，可以全球不间断地通过互联网络为任何一个角落的旅游者提供景区信息、接受预订等服务。先进的网络信息可以使人们随时随地了解自身所需要的景区信息，为旅游者提供方便的信息服务。

2. 服务更直接、更高效

信息技术没有应用于景区之前，旅游者要想了解景区的内容更多地就是听别人介绍或通过图片了解，要想更深入地了解须到景区实地游览。但是电子景区的实现让游客更直观、直接地了解景区信息、适时预订，提高了景区的营销效率。

3. 满足游客多样化、个性化的要求

从近年国际旅游发展趋势来看，随着世界各国经济的发展与人们生活水平的提高，人们将更加重视精神调剂，积极地参加旅游活动。景区的开发将呈现出主题式和运动式两大特点，各种专项主题和参与型旅游活动通过网络传递让更多的人了解、参与和体验，以满足游客多样化、个性化的需求。

4. 运用科技手段更显人性化

通过科技手段，提高景区档次，促进景区转型。避免由于导游个人因素带来的服务质量不稳定。为游客提供全面客观和标准化的服务。比如，各种导游机、电子导游等具有内容丰富、语音清晰、操作简单、外型美观、携带方便、适用性强等特点，充分体现人性化服务的理念。

5. 电子景区最优化组合

中小景区善于开展电子商务合作，与其他机构共享电子商务技术设施和资源。另外，多方位实现电子商务，如建立网站、加入专业网站、建立相关信息化设施。

五、景区信息管理系统构建的原则

1. 个性原则

景区电子商务网络的构建应该突出景区特色，把各项构建要素有机地结合，确定一个鲜明的主题，以此来树立景区的旅游形象，这样才能给游客留下深刻的印象，具有吸引力。

2. 兼容原则

景区电子商务网络的构建，要遵循兼容原则。一是各构建系统的兼容，景区电子商务网络是一个协调的统一体，各系统独立运作但又不能单独存在，因此在网络构建中要确保各系统的技术兼容，最终通过 Web 集成；二是各项交易功能的兼容，网络交易功能是交易各环节功能的整合，因此必须确保在不同技术支持下的各项交易功能的兼容。

3. 协调原则

景区电子商务网络的构建，在突出本景区特色的同时，还要坚持协调原则。在规划的指导下，统一各要素的构建步伐与构建风格，协调网络各要素之间的关系，使网络的信息发布系统、网络支持系统、服务管理系统和形象演示系统，在共同突出整个网络个性的同时也展现各自的特色。

4. 优化原则

景区电子商务的构建，要使各系统的整体效能得到最大的发挥，即整合景区的资源，优化信息发布内容，合理选择目标市场。在网络技术的支持下，通过定制化的服务手段，实现景区产品电子交易最大化，同时树立景区个性鲜明的旅游形象。

六、电子景区的作用

近年来我国以旅游中介网站为代表的旅游业电子商务发展迅速，相比之下景区旅游电子商务发展却相对滞后。作为旅游产业链中最重要的一环，旅游景区发展电子商务对于促进景区旅游业进一步快速发展，提升景区旅游业整体竞争实力，协调开发利用和资源保护的矛盾，实现旅游业可持续发展具有重要的意义。电子商务在景区的发展中具有以下作用。

1. 用信息化的手段介绍旅游体验

旅游景区经营者通过互联网实现动态模拟、虚拟实景等介绍旅游体验，并为旅游者提供交流旅游体验的场所，有效地辅助了旅游景区的宣传促销。

（1）明确景区的主题。在向消费者介绍景区时，缺乏明确的主题，而只介绍环境、设施与服务，消费者就抓不到主题，也就无法形成深刻的印象。

（2）营造情景线索。以人性化的方式，介绍个性化的旅游体验及其全过程，甚至采用互动信息技术模拟游览的情景过程，将加深游客心中对体验的感知和向往。线索可是多个，每个线索都必须支持景区主题，并以一定故事情节衔接服务、设施与活动，以吸引消费者。

（3）整合文字、声音、图像、视频等多种信息形式，充分展示景区形象。实际旅游过程中的体验是多种感官刺激的集合，在提供“体验预览”时也要体现这一特征。例如，三维全景技术提供了一种很好的方式，网站浏览者可通过鼠标操控模拟游览过程中的前进，看到渐次呈现在游览者面前的旅游景观和上下左右各个方向的景象。

（4）提供交流体验的场所。这可充分发挥已有游客的经验叙述对潜在游客的带动作用。

2. 能够有效地传递旅游景区的相关信息，为旅游者提供全面的信息服务

我国国内旅游市场的发展态势在组织和接待方式方面更重视团体向散客和家庭的转变，旅游者个性化、多样化的需求体现更加明显，旅游者在作出旅游决策之前，总是多渠道了解景区的相关信息，保证使自己的旅游价值更好地得以体现。旅游者需要了解的景区信息包括以下几项。

景区的状况、交通方式；景区的活动项目和服务设施；价格及优惠；邻近的其他景点及相关项目；地理位置、气候条件等。

3. 弥补景区传统营销手段的不足

景区电子商务由于采用了互联网平台，在全世界范围内展示了景区信息，可以让任何一个地方的旅游者了解景区。在传统条件下，景区和旅游者信息传递手段有限，而通过纸质媒体传递景区信息，又使得传递的范围有局限性。

4. 能满足游客求新、求变、求知等多方面的需求

旅游的过程就是一个求知、求变、求新的过程，旅游的竞争也是一个文化的竞争。

就目前来说，很多人对景区电子商务没有太多的认识，而旅游景区实现电子商务，比如电子门票、电子导游、景区三维虚拟等，在很大程度上满足了游客求知、求变、求新的需求。

七、我国电子景区的建设成效

我国的景区电子商务建设，从体制上看，有两条渠道正在推行景区电子商务的建设与实施。

首先是国家“金旅工程”推进的旅游目的地市场营销系统（DMS），包含了一些风景名胜区；其次是国家风景名胜区数字化建设工程。

景区尤其是旅游价值较高的国家级景区，实施的景区电子商务规划与建设更有代表性。

1. 初步具备了数字化建设的基础

2002年年底，国家级风景名胜区监管信息系统建设研发和试点工作开始，形成了现代数字化景区建设的重要基础。2004年，九寨沟和黄山被纳入国家“十五”科技攻关计划重点项目数字景区示范工程，探索景区现代化管理和服务的新模式和新机制。2005年，在全国范围内选择了22个国家级风景名胜区列为试点单位，进一步加强数字化景区建设的指导和培育。2006年，电子景区建设的有关内容纳入国家“十一五”重大科技支撑项目现代服务业专题，预示着数字化景区建设面向未来发展的巨大潜力和光明前景。从启动国家级风景名胜区监管信息系统工作至今，景区数字化建设取得了许多成果。

2. 监管信息系统显现初见成效

在2005年对八达岭等13处世界遗产及国家级风景名胜区进行的遥感监测核查中，卫星数据的采集面积3万余平方千米，监测面积1万余平方千米；2006年对石花洞等11个国家级风景名胜区进行的遥感监测核查，卫星数据的采集面积超过5.5万平方千米，监测面积达2.5万平方千米。通过连续两年的监测核查，不仅客观地反映了被监测国家级风景名胜区的地形地貌和规划建设状况，也反映了几年来风景名胜区综合整治、资源保护的工作成效，同时也初步显现了数字化管理的权威性及对破坏风景名胜资源等不法行为的震慑力。

3. 推进国家级风景名胜区中央数据库建设

与国际上通行的由中央政府直接管理国家公园的做法不同，我国的风景名胜区虽然作为国家公共资源，但其管理职能和责任主要依靠所在地方政府以及相关职能部门来实现。因此对于国家级风景名胜区保护、规划、建设、管理和利用等各方面的基础资料，缺乏统一、系统和完整的积累。国家级风景名胜区监管信息系统建设工作的实施，从一开始就将系统中央数据库的建设作为工作重点，力图通过监管信息系统建设，建立并完善国家、省、景区管理机构各个层面的系统管理数据库。目前，在建的中央数据库已经储存了100个以上的国家级风景名胜区的地理信息资料、规划资料、卫星遥感影像资料和监测核查资料。卫星遥感影像面积超过8.5万平方千米，监测数据面积3.5万平方千米，各类资料的收集和整理也逐步由纸质文件向电子化文档过渡。按照系统中央数据库建设的规划要求，所有数据正在按照基础信息、规划信息、遥感信息和监测信息4个模块进行系统分类，统一纳入监管信息系统网络管理平台。

4. 景区电子商务建设试点成效显著

据初步统计，目前已有石林、青城山—都江堰等12个试点景区的数字化建设总体方案通过建设部专家组的评审；黄山、峨眉山等8个试点景区初步建成了综合性的数字化指挥调度中心；九寨沟、武陵源等10个试点景区开通了门票网络预售，累计销售额超过10亿元；龙门、庐山等15个试点景区安装使用了电子门禁系统；十三陵、钟山、天山天池等20个试点景区建成LED大屏幕信息发布系统，通过卫星转播实现了景区资源相互推介宣传；大部分试点景区还都建成使用了森林防火或集游客安全、资源保护等多功能为一体的综合视频监控系统，实现了对主要景区、景点和游人集中地带的实时监控。在九寨沟和黄山两个数字化示范景区建设经验基础上，住房与城乡建设部编制印发了《国家重点风景名胜区数字化景区建设指南（试行)》，对数字化建设目标、技术路线、重点建设项目和具体实施办法等都提出了明确要求和统一技术标准，促进了试点景区规范化建设和信息共享，对风景名胜区行业数字化建设起到很好的总揽和指导作用，如图8-2所示。

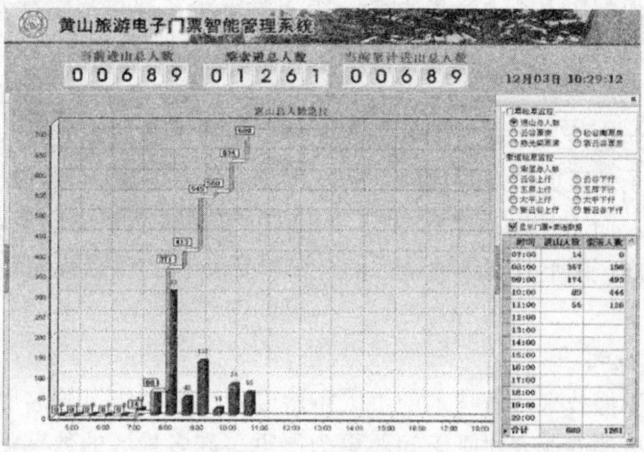

图8-2 黄山旅游电子门票智能管理系统界面

小资料

安徽黄山风景区电子商务

为全面推进黄山数字景区建设，进一步提升景区信息化管理水平，黄山风景区于2007年11月18日全线启用电子售检票信息化管理系统。该系统运用防伪性高、存储信息量大的二维条码作为门票介质。整个系统采用两台IBM小型机P55A双机热备份作为后台服务器，后台数据库运用的是稳定性极高的Oracle，网络利用当今先进的WLAN技术覆盖了全山9个售票点、26个检票点，共采用了30多台售票工作站、60台无线手持检票机、多台三辊闸检票机等其他相关设备，系统应黄山管理层的要求，增加了显示准确、实时、精美的大屏显示及Web领导查询，实现了领导移动办公的发展趋势。

黄山风景区售检票信息化管理系统是"数字黄山"建设的重要组成部分，是实现管理科学化、现代化的重要手段。并通过网络实时传输检票数据到服务器和指挥中心，大屏进行实时显示，给管理层提供科学、及时的决策依据，便于管理层根据实际情况指挥调度游客进山，提升黄山旅游的服务管理水平和科学决策能力。

八、目前我国的景区电子商务存在的问题

1. 认识不足

许多景区经营管理人员尤其是负责人对数字化建设缺乏足够认识，认为信息化资源在景区应用没什么必要，尤其是实施电子景区建设，需要现代信息技术的支撑和大量资金的投入。但是，实质上电子景区建设的技术问题不是瓶颈，资金投入问题也不是关键。部分景区之所以不能正常开展数字化建设，关键是景区决策层对景区数字化建设的认识理解和工作方式方法有偏差，不了解数字化建设对提高景区核心竞争力、现代化管理水平的作用，缺乏对高端景区未来发展重要性的认识。

2. 电子商务功能较弱

如果用"纸上谈兵"形容景区电子商务可以说是不全面，但是这样形容也不是没有道理。提到电子景区更多人的认识是从网上浏览一些景区信息，景区的信息编排多是以景区为中心，而不是以顾客为中心，可以说仅是表面上的信息，实用的比较少。从各种书刊、杂志、网上看到各种电子商务的应用举例，可以说是实际的太少，虚拟的太多。

3. 专业人才匮乏

专业的人才不懂技术，懂技术的不太了解专业。国家级风景名胜区都存在人才瓶颈问题，偏远景区的专业人才匮乏问题更为严重。许多景区的数字化建设从方案制订到各系统实施和维护基本只能依靠外援，没有自己稳定的专业技术队伍。例如，DMS是国家"金旅工程"的样板项目，但是几乎所有的城市DMS都是以外包的形式完成的，网站上的信息发布、数据维护与技术支持全部依靠第三方提供，这种模式下的电子景区建设效果就很难取得较高的游客认可度和满意度。

所以，景区要想真正实现电子商务应该更好地建设国家监管系统网络平台，适时推广景区建设试点单位经验，并且还要建设和实施一批电子景区重点项目和工程，真正使景区实现电子商务。

九、景区电子商务的管理模式

随着我国经济社会的全面发展和人们精神文化需求的日益增长，旅游正在迅猛发

展。同时，也应该清醒地认识到在蓬勃红火的旅游背后存在的诸多问题，当前市场的背景下，我国的风景旅游区却仍然延续着计划经济的模式，大部分还属于事业单位性质，纯属公益事业，经费靠财政拨款。旅游区管理机构虽然既有保护的职能，又有组织生产、发展经济、解决就业和社区管理的职能，但因政企不分、事企不分导致了诸多弊端，如资金短缺、经济效益低下、机构臃肿等。由于风景旅游区不同于一般的企业，有着自身的特殊性，因此必须充分利用市场机制，积极探索旅游景区经营管理的新模式，景区的模式大致分为 GIS 和 ERP 两种。

1. 地理信息系统模式（Geographic Information System 或 Geo-Information System，GIS）

我国地理信息系统起步稍晚，但发展势头相当迅猛。20 世纪 70 年代初期，我国开始推广电子计算机在测量、制图和遥感领域中的应用。进入 20 世纪 80 年代之后，我国执行“六五”、“七五”计划，国民经济全面发展，很快对“信息革命”作出强烈响应。在大力开展遥感应用的同时，GIS 也全面进入试验阶段。在专题试验和应用方面，用于辅助城市规划的各种小型信息系统在城市建设和规划部门也获得了认可。同时在学术交流和人才培养方面也得到很大发展。20 世纪 80 年代末到 90 年代以来，我国的 GIS 随着社会主义市场经济的发展走上了全面发展阶段。国家测绘局正在全国范围内建立数字化测绘信息产业。进入 20 世纪 90 年代以来，沿海、沿江经济开发区的发展，土地的有偿使用和外资的引进，急需 GIS 为之服务，有力地促进了城市地理信息系统的发展。后来用于城市规划、土地管理、交通、电力及各种基础设施管理的城市信息系统在我国许多城市相继建立。

（1）旅游地理信息系统的概念。地理信息系统有时又称为“地学信息系统”或“资源与环境信息系统”，它是在计算机硬、软件系统支持下，对整个或部分地球表层（包括大气层）空间中的有关地理分布数据进行采集、储存、管理、运算、分析、显示和描述的技术系统。

旅游地理信息系统是运用 GIS 技术进行景区资源推广及管理的方法，它借助 GIS 强大的地学分析与空间数据管理功能，通过空间分析与操作提供一个景区景点的丰富生动的图像、声音资料及电子地图，同时提供相应的统计、分析、规划管理功能，为来访的游客提供各种信息查询服务。

（2）景区地理信息系统的分类。GIS 按研究的范围大小可分为全球性的、区域性的和局部性的；按研究内容的不同可分为综合性的与专题性的。同级的各种专业应用系统集中起来，可以构成相应地域同级的区域综合系统。在规划、建立应用系统时应统一规划这两种系统的发展，以减少重复浪费，提高数据共享程度和实用性。

（3）景区地理信息系统的特点如下。

具有一定的广泛性。它的基本原理是系统工程，即从系统的观点出发，立足于景区整体，统筹全局，又将系统分析和系统综合有机地结合起来，采用定量的或定性与定量相结合的方法，提供 GIS 工程的建设模式。同时，GIS 工程在很大程度上是计算机软件系统，它在软件设计和实现上要遵循软件工程的原理，研究软件开发的方法和软件开发工具，争取以较少的代价获取用户满意的软件产品，支持GIS工程。

针对性。景区GIS工程总是面向景区的应用而存在，它随着用户的背景、要求、能力、用途等诸多因素而发生变化。这一方法说明GIS具有很强的功用性，另外则要求从系统高度抽象出符合一般GIS工程设计和建设的思路及模式，用以指导各种GIS工程建设。

涵盖范围很广。它贯穿景区工程的设计、优化、建设、评价、维护更新等全过程，并综合考虑人的因素、物的因素，使其整体统筹考虑，做到"物尽其用，人尽其能"，以最小的代价取得最佳的收益。

涉及因素众多。概括起来可以分为硬件、软件、数据及人。硬件是构成GIS系统的物理基础；软件是形成GIS系统的驱动模型；数据是GIS系统的血液；人则是活跃在GIS工程中的一个十分重要的因素，人既是系统的提出者，又是系统的设计者、建设者，同时还是系统的使用者、维护者。如果人的作用发挥得好，可以增强系统的功能，增加系统的效益，为系统增值，反之会削弱系统应有的潜能。如果说硬件、软件、数据表现出某种层次关系的话，即软件构筑于硬件之上，数据依赖软件存在，那么，人的作用就是嵌入在整个GIS工程领域之中。

（4）面向景区的旅游地理信息系统具有以下功能。

为咨询者提供旅游指南。建立整个景区的电子平面图，上面有关于景区的图片及文字说明，使咨询者对景区景点有一个感性认识。

为咨询者提供任意景点问路查询及景区中多个景点的最佳访问路线查询。当咨询者选择了景点后，通过查询系统能在电子地图上或以文本的方式输出路线信息。游客可能打算在旅行中访问不止一个景点时，系统能够提供多个景点的最优路线，这个访问路线是实时动态的最优路线，最优路线的设计原则是多景点访问路径的最短化和计划访问景点的客流流量最优化。景区管理人员通过数字化门禁监控系统将景区内各景点的客流流量与流向的实时数据输入旅游地理信息系统，系统根据实时数据对多景点最优路线加以动态调整，使得游客在不拥挤的条件下实现访问路径最短，从而节省时间和开销并能防止旺季时的局部拥挤。

2. 资源管理系统模式

旅游景区资源管理系统属于一种旅游服务综合信息咨询与显示系统平台。通过计算机的网络管理使景区的管理人员能全面、及时、准确地掌握整个景区的所有情况，便于资源的合理调度和分配、及时发现和处理各种突发事件，便于管理、反应迅速，进一步提高景区的现代化管理水平。

构建景区的ERP系统首先要设计景区数字化门禁监控系统，数字化门禁监控系统是旅游景区ERP系统工作的基本数据来源之一，也是景区实施ERP项目的关键步骤。数字化门禁监控系统安置在旅游景区（包括景区内的每一个分区）的每一个出入口，通过局域网与景区管理调度中心联结，与景区磁卡式门票配合使用。当游客进出旅游景区（包括景区内的每一个分区）时，都将通过数字化门禁并刷卡，数据就会即时传输到景区管理调度中心，这时，景区管理调度中心就能即时了解到景区（包括景区内的每一个分区）游客的流量和流向，并根据这些实时信息发布指令，让景区管理人员或导游员通过改变游览路径对景区（包括景区内的每一个分区）内的人流进行调节，使景区内游客的流量和流向保持平衡，避免游客过于拥挤而影响观赏质量和游览安全，同时可通过这些实时信息对分散于景区各个部分的管理人员进行合理配置，以实现人力资源的最优化。

任务实施

第一步，进入景区电子商务系统。

本系统对绍兴鲁迅故里等 10 个景点进行了不同票型（共有一千多种票型）、不同线路的组合，统一宣传、销售，如图 8－3 所示。

图 8－3　绍兴景区电子商务系统首页

根据景区实际情况该系统主要由库存管理子系统、售票管理子系统、感应卡管理子系统、检票管理子系统、财务结算子系统、系统管理子系统、领导报表查询统计分析及决策支持管理子系统、客户关系管理子系统等组成。

第二步，点击进入门票预订功能。

实现网上销售景区门票和景区内观光车票，购买的门票可以实现网上支付、网上退票，景区还可以制订全年每天的票务销售计划等，有效拓展销售渠道并合理调节全年客源分布。

门票预订流程如下。

(1) 游客（个人）或旅行社注册并登录电子商务系统，如图 8－4 所示。

图 8－4　景区电子商务系统界面

（2）游客登录后，即进入门票预订默认页面，进行购票或其他业务选择操作。如图 8－5 所示为门票预购选择页面，选择购票日期、数量、景点，系统将自动为您计算所选购的价格，如果没有选择日期或没有选择门票，系统将自动提醒。

图 8－5　门票预购选择页面

（3）当选择所购门票后，点下一步进入领票人信息填写页面，如图 8－6 所示。

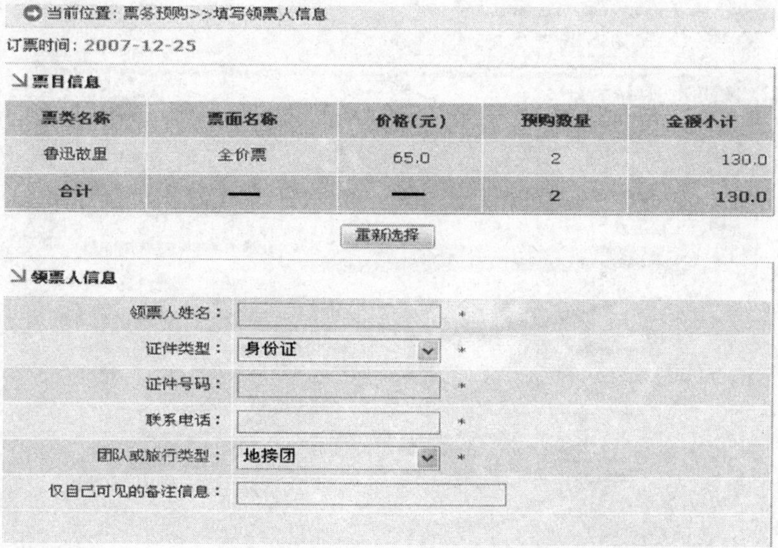

图 8-6　领票人信息填写页面

（4）资料填写完毕，进入订单生成页面，如图 8-7 所示。

图 8-7　订单生成页面

（5）确认订单无误后，点开始支付，进入在线银联支付页面，如图 8-8 所示。

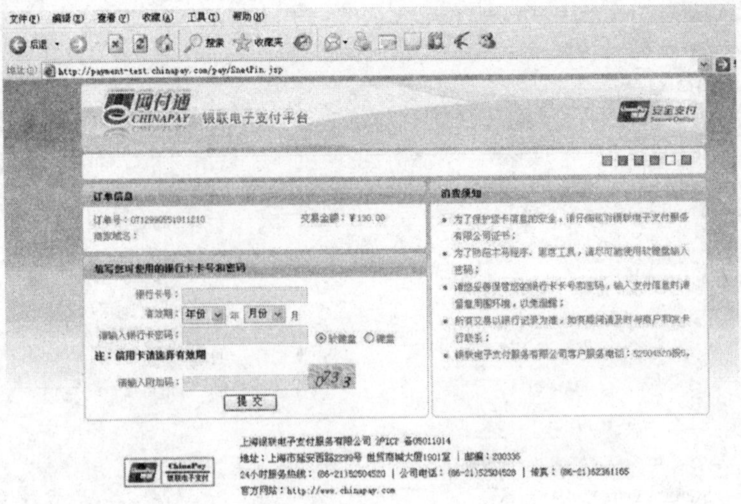

图 8－8　在线银联支付页面

第三步，酒店预订功能。

整合景区内外酒店和途经地酒店资源，通过网上销售的方式，使游客能提前预订行程中的入住酒店，方便游客的同时能提升景区旅游服务质量。此功能主要页面如图 8－9 所示。

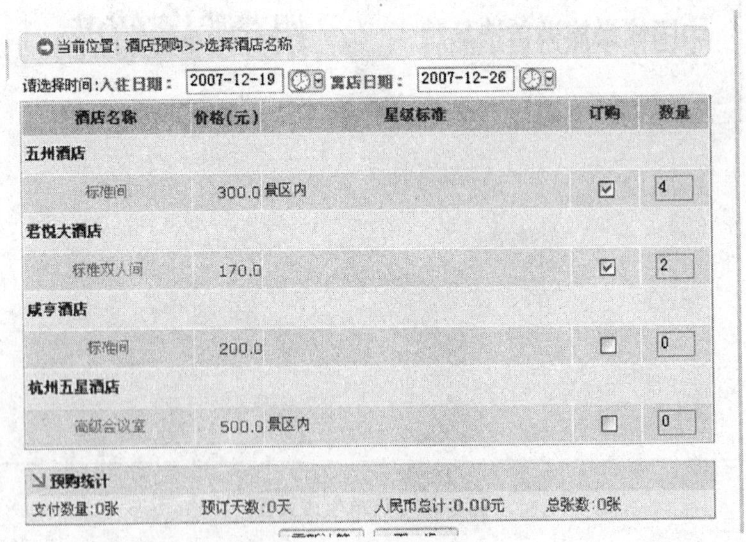

图 8－9　预订酒店页面

选择酒店后，点下一步，进入预订人资料提交页面，如图 8－10 所示。

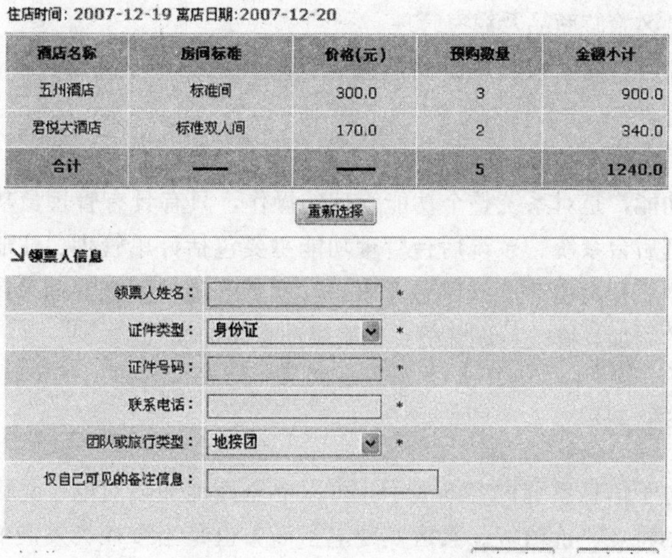

图 8－10　预订人资料提交页面

第四步，线路包车预订功能。

解决旅游社团队的景区内观光包车问题，可以提前预订观光包车，方便旅行社组团，有效调配和控制景区内观光车资源，保证游客的旅游质量。

第五步，订餐功能。

该功能可以实现游客与景区签订相关协议的酒店、饭店进行商务订餐。如图 8－11 所示。

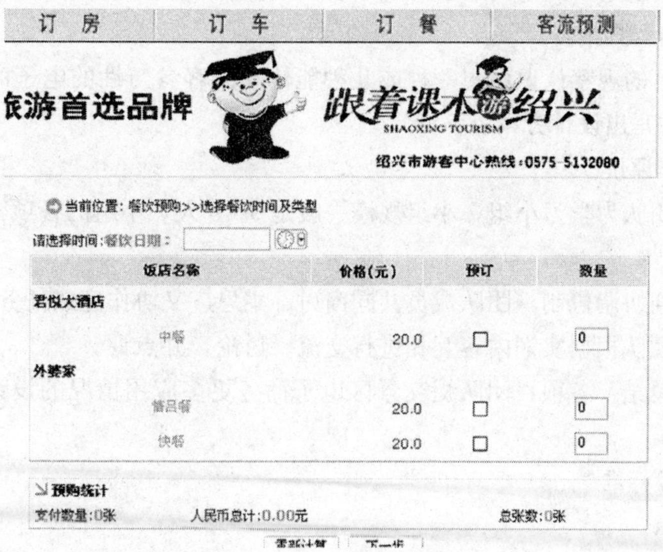

图 8－11　订餐功能页面

第六步，景区旅游商品及商家管理。

可对景区商店、商家以及旅游商品进行管理，主要有商品库存、商品交易查询、商家信息管理等。

第七步，后台管理功能。

后台管理功能，是对系统整个功能管理的操作，只有具有管理员功能权限的用户才可以进入管理后台系统。系统后台管理功能主要包括订单管理、注册用户管理、门票种类管理、酒店预订管理、线路包车管理、就餐管理，所有管理采用动态管理，对前台系统资料的添加、修改、删除等，都采用动态添加模式。

任务总结

通过景区电子信息系统内容的展示，可以更全面地加强对电子景区的认识，了解景区电子商务的特点、价值等。景区实现电子商务也是当今社会发展的形势所需，对于从事旅游专业的人来说，正确理解并掌握电子景区的相关内容显得尤为重要。

实训项目

目标

1. 通过实训使学生能够理解景区电子商务。

2. 培养学生关注本地景区应用信息系统的情况，激发从事电子商务的热情。

3. 培养学生结合景区电子商务的相关知识正确理解运用景区电子商务的能力。

内容与要求

1. 亲自到实现电子商务的景区了解系统的运用情况或从网上了解景区电子商务的运用情况并写出调查报告。

2. 根据自己的观察认识设想一种或几种能体现游客参与性的电子商务以及在景区的更多应用，并写出设计方案。

组织与实施评价

1. 以项目团队为学习小组，小组规模一般是5～8人，小组的各项工作由小组长负责指挥协调。

2. 建立沟通协调机制，团队成员共同商讨、集思广义协作完成任务。

3. 各项目团队根据实训内容互相进行交流、讨论，并点评。

4. 评价与总结：各项目团队提交景区电子商务更多应用情况的设计报告，并根据报告进行评估。

评估指标及标准

如下表所示。

景区电子商务探究评分表

被考评人：　　　　　　　　　　　　　　　　　　　　　　考评地点：

考评内容		分值/分	自我评价/分	小组评价/分	实际得分/分
调查景区电子商务及更多应用设想	查找并了解景区电子商务系统	15			
	调查本地景区电子商务的实施情况	20			
	结合认识写出调查报告	20			
	景区电子商务的更多应用设想	25			
	小组讨论中的积极性以及发言情况	20			
合　计		100			

注：1. 实际得分＝自我评价×40％＋小组评价×60％。

2. 考评满分100分，59分及以下为不及格，60～74分为及格，75～84分为良好，85分及以上为优秀。

复习思考题

一、填空题

1. 景区电子商务的概念是指景区基于________，为顾客提供________，顾客通过网站，查询景区作息预订________。

2. 景区实现电子商务的途径有________；________；________；________。

3. 旅游地理信息系统是运用GIS技术进行景区资源推广及管理的方法，它借助GIS强大的地学分析与__________功能，通过空间分析与操作提供一个景区景点丰富生动的图像及电子地图，同时提供相应的统计、分析、规划管理功能，为来访的游客提供各种信息查询服务。

4. 面向景区的旅游地理信息系统具有以下功能，首先是__________；其次是为咨询者提供__________及景区图中多个景点的最佳访问路线查询。

二、选择题

1. 景区地理信息系统的特点是________。

A. 具有一定的广泛性　　　　B. 针对性

C. 涵盖范围很广　　　　D. 涉及因素众多

2. 电子景区的管理模式有________。

A. 电子商务系统模式　　　　B. 地理信息系统模式

C. 资源管理系统模式　　　　D. 决策支持系统模式

3. 电子景区的作用有________。

A. 弥补景区传统营销手段的不足

B. 用信息化的手段介绍旅游体验

C. 能够有效地传递旅游景区的相关信息，为旅游者提供全面的信息服务

D. 能满足游客求新、求变、求知等多方面的需求

4. 构建景区信息管理系统应遵循的原则是________。

A. 协调原则　　B. 个性原则　　C. 兼容原则　　D. 优化原则

三、简答题

1. 景区电子商务的特点有哪些？

2. 目前我国景区电子商务存在的问题是什么？

3. 景区电子商务的价值体现在哪？

参考文献

[1] 朱若男，辛江，刘娜．旅游电子商务［M］．北京：中国旅游出版社，2008.

[2] 韩林．旅游电子商务［M］．重庆：重庆大学出版社，2008.

[3] 董林峰，王康寿．旅游电子商务［M］．天津：南开大学出版社，2009.

[4] 杨路明，巫宁．现代旅游电子商务教程［M］．北京：电子工业出版社，2007.

[5] 杜文才，常颖，杜锋．实用旅游电子商务［M］．北京：对外经济贸易大学出版社，2009.

[6] 马勇，李玺．旅游规划与开发［M］．2版．北京：高等教育出版社，2006.

[7] 刘喜敏，马朝阳．网络营销［M］．3版．大连：大连理工大学出版社，2009.

[8] 徐天宇．电子商务系统规划与设计［M］．2版．北京：清华大学出版社，2010.

[9] 韩海雯，宋永欣，黎晓华．电子商务网站规划与建设［M］．北京：清华大学出版社，2007.

[10] 黄建康．企业电子商务管理与战略［M］．南京：东南大学出版社，2004.

[11] 李东贤．电子市场——B2B电子商务的成功策略［M］．北京：清华大学出版社，2003.

[12] 石岩．电子商务应用综合实训指导［M］．北京：中国水利电力出版社，2008.

[13] 肖红，郑琦．电子商务综合实训［M］．北京：机械工业出版社，2010.

[14] 康晓东．电子商务及应用［M］．北京：电子工业出版社，2004.

[15] 刘克强．电子商务平台建设［M］．北京：人民邮电出版社，2007.

[16] 慧聪网．http：//www.hc360.com.

[17] 当当网．http：//www.dangdang.com.

[18] 淘宝网．http：//www.taobao.com.

[19] Mapbar 网．http：//www.mapbar.com.

[20] 同程旅游网．http：//www.17u.com.

[21] 携程旅行网．http：//www.ctrip.com.

[22] 瑞星网．http：//www.rising.com.cn.

[23] 宏杰软件开发有限公司网站．http：//www.55tools.com.

[24] 中国工商银行网上银行．http：//www.ICBC.com.cn.

[25] 搜狐旅游频道 . http：//travel. sohu. com.
[26] 新浪旅游频道——乐途旅游 . http：//travel. sina. com. cn.
[27] 青旅在线 . http：//www. cytsonline. com.
[28] 中国旅游饭店网 . http：//www. ctha. org. cn.
[29] 中国旅游网 . http：//www. china. travel.
[30] 黄山旅游网 . http：//www. hsta. gov. cn.
[31] 黄果树风景名胜区网站 . http：//www. hgscn. com.
[32] “走遍欧洲”网站 . http：//www. eueueu. com.
[33] 去哪儿网站 . http：//www. qunar. com.
[34] 信息产业部备案网站 . http：//www. miibeian. gov. cn.
[35] 桂林旅游网 . http：//www. guilin. com. cn.
[36] 浪漫大连旅游网 . http：//www. visitdl. com.
[37] 苏州旅游网 . http：//www. visitsz. com.
[38] 佛山旅游网 . http：//www. visitfoshan. com.
[39] 厦门旅游网 . http：//www. visitxm. com.
[40] 成都旅游门户网 . http：//www. cdta. gov. cn.
[41] 石家庄旅游咨询网 . http：//www. sjztour. com. cn.
[42] “金旅工程”规划框架 . http：//www. cnta. gov. cn/ziliao/ztj/2—7. asp.
[43] 中华美食网 . http：//www. 5eat. com.
[44] 中国饮食文化网 . http：//www. ccas. com. cn.
[45] 驴妈妈网 . http：//www. lvmama. com.
[46] 艾瑞咨询集团 . http：//www. iresearch. com. cn.